주인공은 선을 넘는다

주인공은 선을 넘는다

초판 1쇄 발행 2020년 2월 27일
초판 2쇄 발행 2021년 5월 17일

지은이   오후
펴낸이   문채원
편집   이은미

펴낸곳   도서출판 사우
출판등록   2014-000017호
주소   서울시 양천구 목동동로 50, 1223-508
전화   02-2642-6420
팩스   0504-156-6085
전자우편   sawoopub@gmail.com

ISBN 979-11-87332-49-7 03300

• 이 도서의 국립중앙도서관 출판예정도서목록(CIP)은 서지정보유통지원시스템 홈페이지
(http://seoji.nl.go.kr)와 국가자료종합목록 구축시스템(http://kolis-net.nl.go.kr)에서 이용하
실 수 있습니다. (CIP제어번호 : CIP2020005080)

REC 100%

나와 당신의 존엄을 지키기 위한 11개의 시선

지은이 오후 ——

AUTO
ISO

0.0

사우

사회자 : 태리 씨는 저에게 미묘한 긴장감을 주네요.

김태리 : 제가 (당신의) 작은 숲을 망쳤나요?

– 2018.03.01.
  JTBC 뉴스룸 인터뷰 중

나는 '아나키스트'다. 농담이 아니다.

물론 평소에는 굳이 이 단어를 사용하지 않는다. 사용하더라도 웃어넘길 목적으로 가볍게 사용한다. 만약 누군가 당신에게 정치 성향을 묻는다면, 진보라고 대답하든 보수라고 대답하든, 그 사람은 어차피 자기가 하고 싶은 말을 할 것이 분명하므로, "아나키스트"라고 답변하는 것은 훌륭한 방어가 된다. 종편 출연자처럼 아무 말이나 떠들 준비가 되어 있는 사람도 아나키스트라는 답변에는 할 말을 잃는다. 그런데 몇몇 사람은 쓸데없이 진지해서 "무정부주의요? 과격하시네요. 국가 없이 정말 살 수 있겠어요?"라며 포기하지 않고 말을 걸어온다.

나는 아직 이 질문에 적절한 대답을 찾지 못했다. 이렇게 대답하는 방법도 있을 것이다.

"아나키즘과 무정부주의는 다른 개념입니다. 무정부 상태를 의미하는 아나키(Anarchy)와, 아나키즘은 둘 다 지도자가 없다는 뜻의 고대 그리스어 아나르코스(ἄναρχος)에서 유래했지만 같은 뜻은 아니죠. 아나키즘은 무정부주의가 아니라 지배에 대한 저항, 권위에 대한 저항을 의미합니다."

아니다. 이건 길고 재미가 없으며 아나키스트치고 너무 친절하다. 또 다른 질문이 이어질 것이 뻔하다. 결국 나는 설명하기를 포기하고 이렇게 답변한다.

"네, 저는 무정부주의자예요."

거짓말은 아니다. 그런 질문을 하는 사람은 국가와 정부가 없는 상태가 두려워 부당한 지배를 당연하게 받아들이니까. 그런 사람에게 아나키즘은 무정부주의가 맞다.

많은 사람이 무정부 상태를 겁낸다. 국가가 없는 건 상상할 수도 없다고 말한다. 물론 나도 그런 혼란을 원하지 않는다. 하지만 언젠가 그런 순간이 올 수도 있다. 이 전제를 받아들일 수 없는 사람은 그 사람이 평소에 얼마나 진보적이든 간에 극단적 상황에서는 늘 국가주의자가 된다. "지금은 어쩔 수 없다"는 핑계와 함께 전쟁에 뛰어든다. 그래서 나쁜 정부는 늘 적을 만든다. 그러면 정부에 반항적인 이들도 국가라는 대의 아래 하나가 된다.

그런 의미에서 모든 국가는 우파다. 심지어 공산주의 국가였던 소련, 중국, 북한, 쿠바도 주류는 늘 우파였다. 입으로는 전 세계 노동자에게 단결하라고 말했지만, 최후의 순간에는 언제나 자신들의 국가와 권력을 더 중시했다.

결국, 세상에 진정한 좌파는 아나키스트뿐이다.

우리에게는 신도, 조국도, 주인도 없다.

No Gods, No Country, No Masters.

우리 지금 여기 아나키즘

얼마 전 한 나이 든 논객의 칼럼을 읽었다. 그는 '요즘 젊은이들'이 아나키즘에 빠져 사회를 존중하지 않고 개인주의자가 되어 간다며 현실을 개탄했다. 그 칼럼은 어디서부터 손을 대야 할지 감이 안 올 정도로 엉망진창이었는데, 그는 일단 개인주의나 아나키즘의 뜻조차 제대로 모르는 것 같았다. 하지만 가장 큰 문제는 그가 '요즘 젊은이들'의 상황을 전혀 모른다는 것이었다.

그의 말대로 '요즘 젊은이들'이 과거보다 타인과의 관계가 느슨한 것은 일부 사실일지 모른다. 그들이 기존의 규칙을 불신하는 정도가 과거보다 더 강해진 것도 사실일 수 있고, 그것을 개인주의가 강화된 탓이라고 한다면, 그것까진 (동의하진 않지만) 그러려니 할 수 있다. 하지만 대다수 '요즘 젊은이들'은(대체 그가 말하는 요즘 젊은이들의 범위가 정확히 어디인지는 모르겠지만) 아나키즘과는 백만 광년쯤 떨어져 있다.

사람들은 젊은 세대일수록 진보적이고 개방적일 것이라 착각한다. 물론 10년 전쯤만 해도 실제로 그렇기도 했다. 하지만 최소한 지금의 이십 대는 (일부 쟁점에서) 바로 윗세대보다 오히려 더 보수적인 성향을 보인다. '아웃사이더'에 대한 평가가 대표적이다. 과거에는 젊은 시절의 일탈이 용기나 경험으로 여겨졌지만, 지금 젊은 세대에게는 조리돌림의 대상일 뿐이다.

새로운 세대는 기존 사회에 환멸을 느끼지만, 규칙 밖으로 벗어나려 하진 않는다. '소확행'은 소소하고 확실하지만, 어디까지나 사회가 허락하는 작은 행복만을 추구할 뿐 자유와는 거리가 멀다. 저항의 상징이라 할 수 있는 힙합 스타들조차 어려운 환경을 극복한 자신의 모습을 머니스웩(돈자랑)으로 과시한다. 그들의 스토리는 눈물 나게 감동적이지만 지독히 체제 순응적이다. 그들이 금목걸이 대신 슈트를 걸쳤다 해도 나는 전혀 이상하게 느끼지 않을 것이다.

윗세대 역시 우울하긴 마찬가지다. 한국의 노인 빈곤율은 세계 최고이며, 노인 자살은 우주 최고다. 그들은 젊은 시절 조국의 발전에 온몸을 바쳤지만, 국가는 사실상 아무것도 해주지 않았다. 시대의 승리자가 된 86세대는 자신들의 특권을 이해하지 못한 채, "세대가 아니라 계급이 중요하다"며 누구나 아는 사실을 자기들만 아는 척 진지하게 떠들고 있다. 그런데 왜 하필 상층 계급에 86세대가 많은지, 왜 그들의 자녀만 좋은 학교에 가고 성공하는지에 대해서는 침묵으로 일관한다.

아나키즘이 퍼져서 우리 사회가 해체된 것이 아니다. 사람들은 여전히 규칙 속에서 규칙을 지키며 살아간다. 하지만 사회는 이미 신뢰를 잃었기에 사람들은 자신이 지키는 규칙을 신뢰하지 않는다. 더 이상 공동체에도 의미를 두지 않는다. 그렇다고 규칙을 벗어던지느냐 하면, 그것도 아니다. 치열한 경쟁 속에서 살아가는 사람들은 누구도 규칙을 어기는 것을 허용하지 않는다. 젊은이뿐 아니라 모든 사회 구성원이 선을 넘어가지 않고 적당히 살아간다. 모두 규칙을 지키지만, 그래서 오히려 불안하고 날카롭다. 잔뜩 움츠려 있다가 누군가 선을 넘어가면 벌떼처럼 달라붙어 승냥이처럼 물어뜯는다. 파시즘도 국가주의도 아닌 이 묘한 '정의의 강박'은 해체도 재구성도 아닌 애매한 상태에서 사회를 지옥으로 몰아넣는다.

우리는 모두가 비난하지만 누구도 바꾸려 하지 않는 시대를 살아가고 있다. 사회는 출구를 잃었고, 전체를 강조한 기존 사상들은 오히려 사회를 원자화시키고 개인을 고립시킨다.

그래서 지금 여기 우리에게는 아나키즘이 필요하다.

아나키즘은 삶과 태도의 문제

이 책은 아나키즘을 소개하고 정리하지 않는다. 그럴 능력도 없지만 그럴 생각도 없다. 대신 영화를 볼 것이다. 영화를 보고 아나키스트를 자처하며 현실을 살아가는 '나'라는 캐릭터가 어떤 생각을 하는지를 뜨개질하는 할머니처럼 조곤조곤 이야기해볼까 한다. 거기에는 일말의 인문학적 지식도 있고, 사회에 대한 불만도 있고, 나름의 대안도 있고, 적당한 타협도 있고, 엉뚱한 상상도 있다.

그럼 왜 하필 영화일까?
아나키즘은 삶의 문제고 태도의 문제다. 각자의 삶에서 설명할 수 있다면 좋겠지만, 내 삶은 여러분이 모르고, 여러분 삶은 내가 모른다. 우리가 모두 공유할 만한 삶은 예술밖에 없다.

영화를 본다고 표현하긴 했지만, 책에 언급된 영화를 독자들이 꼭 볼 필요는 없다. 이 책은 영화 비평서가 아니다. 영화는 하나의 일화일 뿐이며 필요한 이야기는 안 본 사람도 이해할 수 있도록 충분히 써 두었다. 어떤 면에서는 영화를 안 보는 것이 책을 더 잘 이해하는 방법일 수도 있다. 어차피 영화에서 일부만 떼서 내 마음대로 해석했으니까. 다만 스포일러는 감당해야 한다. 하지만 걱정하지 마시라. 훌륭한 영화는 스포일러 정도로 스포일되지 않는다. 반전이 있는 영화는 결과를 알고 볼 때, 더 집중해서 보게 된다는 연구 결과도 있다. 이 책을 읽고 영화를 찾아본다면, 더 좋은 감상이 될 수도 있다. 그러니 영화를 보지 않았다는 이유로 이 책의 구매를 망설이지 마라(주세요. 제발).

그럼 당신이 책을 덮기 전에 얼른 본론으로 넘어가자.

차례

01 주인공은 깨어 있다

제럴드의 게임(2017)
Gerald's Game

장르 | 생존

> **"산다는 것은 세상에서 가장 드문 일이다.**
> **대다수 사람은 그저 존재할 뿐이다."**

– Oscar Wilde,
〈The Soul of Man Under Socialism〉

지금부터 머릿속으로 그림을 그려보자. 당신은 결혼한 50대 여성이다. 남편과의 관계는 나쁘지 않지만, 예전 같지는 않다. 젊을 때는 죽고 못 사는 사이였지만, 지금은 나이 때문인지 애정이 식은 건지, 관계도 잠자리도 시들하다.

당신과 남편은 새로운 활력을 얻기 위해 주말 동안 휴가를 떠나기로 했다. 깊은 숲속에 있는 별장. 주변에 사람의 흔적이 보이지 않을 정도로 외진 곳이다. 센스 있는 남편은 이미 그곳 냉장고에 최고급 식재료를 가득 채워뒀다. 당신은 오는 길에 본 길 잃은 개에게 고기 한 덩이를 잘라준다. 개는 조심스레 다가와 고기를 먹는다. 큰 개지만 사나워 보이지는 않는다. 개를 가볍게 쓰다듬는다. 완벽한 휴가다.

남편이 샤워하는 사이, 당신은 미리 준비한 섹시한 속옷과 슬립을 입는다. 평소에는 이런 옷을 입지 않지만 오늘은 특별한 날이니까. 남편은 비아그라를 한 알 꺼내 먹는다. 물컵은 침대 위 선반에 올려둔다. 그리고는 준비한 수갑 2개를 꺼낸다. 남편은 상황극을 원한다. 당신은 수갑이 내키진 않지만, 남편의 성의를 봐서 따라준다. 남편은 수갑으로 당신의 양손을 침대 양쪽 기둥에 묶는다. 당신은 이제 움직일 수 없다.

갑자기 과거의 좋지 않은 기억이 떠오른다. 기분이 이상해져 남편에게 풀어달라고 소리친다. 하지만 그는 당신이 역할에 몰입한 것으로 착각한다. 당신은 격렬히 저항하고, 깜짝 놀란 남편은 갑자기 가슴을 부여잡고 쓰러진다. 비아그라 때문에 심장마비가 온 것이다. 경련을 일으킨 남편은 그대로 쓰러지고 당신 역시 깜짝 놀라 의식을 잃는다.

정신을 차리니 발밑에는 남편의 시체가 있다. 수갑 때문에 움직일 수가 없다. 발로 열쇠를 가져오려 하지만 거리가 너무 멀다. 스마트폰도 닿지 않는다. 소리를 질러도 소용이 없다. 시간이 지나자 당신이 아까 고기를 줬던 떠돌이 개가 방으로 들어온다. 배가 고픈 개는 남편의 시체 냄새를 맡는다. 깜짝 놀란 당신이 소리를 지르고 발버둥을 치자 개는 물러선다. 시간이 지나자 개는 다시 남편 시체 쪽으로 접근한다. 이번에는 당신이 아무리 소리를 질러도 개는 물러서지 않는다.

당신은 어떻게 이 상황을 빠져나갈 것인가?

***

나는 생각한다. 고로 존재한다?

앞의 상황은 영화 〈제럴드의 게임〉의 도입부다. 스티븐 킹의 소설을 원작으로 한 작품인데, 베스트셀러 작가다운 흥미로운 설정이다. 주인공이 어떻게 그 상황에서 빠져나갔는지 궁금한 분은 찾아서 보시라(기대만큼 흥미롭진 않다).

데카르트는 말했다. "인간은 생각한다. 고로 존재한다." 학교 다닐 때 수도 없이 들은 말이다. 데카르트라는 단어를 듣는 순간, 대부분 반사적으로 저 말이 입 밖으로 튀어나올 것이다. 우리는 저 말을 들을 때, 아무 생각 없이 '그렇지, 인간은 생각하는 존재지' 하며 가볍게 넘겨버린다.

그런데 정말? 정말 인간은 생각하는 존재인가? 당신은 생각하는 존재인가?

자, 상상을 해보자.

일요일 아침 침대에서 일어났다. 당신은 무엇을 하는가? 나는 일단 화장실로 간다. 멍하니 일을 보고 손을 씻고 부엌으로 가서 냉장고 문을 열고 물통을 꺼내 물을 마신다. 침대로 다시 가서 눕는다. 일요일이니까 한 시간쯤 더 자겠지.

이 과정에서 과연 나는 생각을 조금이라도 했을까?

무의식적으로 늘 하던 대로 했을 것이다. 일과 전체로 확장해보자. 일어나 출근하고, 직장에서 눈치 좀 보고, 일하고, 퇴근하고, 집에 와서 TV 보며 맥주 한잔 마시고, 간단히 운동하고, 샤워하고, 잠을 자는, ctrl+C, ctrl+V 되는 일상에서 우리는 과연 얼마나 생각을 하면서 살까? 한 시간? 두 시간? 데카르트의 말에 따르면, 생각하지 않는 동안 우리는 존재하지 않는 것인가?

그렇다면 우리는 언제 생각을 할까? 다시 일요일 아침으로 가보자. 화장실에 가려고 방문 손잡이를 돌렸다. 문이 열리지 않는다. 다시 한두 번 문고리를 돌린다. 여전히 열리지 않는다. 그때 당신은 정신이 번쩍 들 것이다. '이게 왜 이러지?' 머릿속 회로가 돌아간다. '문이 고장 났나?' '문에 뭐가 끼었나?' 당신은 이 상황에서 벗어나기 위해 생각을 한다.

동거인의 이름을 불러도 대답이 없다. 있는 힘껏 문을 밀어본다. 조금씩 문이 열린다. 문 앞에는 20킬로그램짜리 쌀 포대가 있다. 아마 동거인이 배송받은 쌀을 문 앞에 놓아두고 나간 것 같다. 잠깐의 긴장이 풀리면서 당신은 다시 일상으로 돌아온다. 화장실로 간다. 소변을 보고 물을 내린다. 이번에는 물이 내려가지 않는다. 당신의 머리는 이제 완전히 깨어난다. '뭐지? 동파야? 별로 안 추운데?'

그렇다. 우리는 평범한 일상이 아니라 예상하지 못한 상황을 만났을 때 생각을 한다. 그렇게 따지면 생각을 하는 것이 꼭 좋다고 볼 수도 없다. 안 좋은 일이 일어났을 때 우리는 훨씬 많은 생각을 한다. 하지만 생각을 하지 않는 일상이 반복된다면, 금세 바보가 되어버릴 것이다.

많은 철학자가 여행을 권하는 것도 이런 이유에서다. 여행을 가면 평소에는 당연하게 해왔던 것들이 모두 해결해야 할 과제가 된다. 여행자의 머리는 끊임없이 움직인다. '아, 이 지역은 지하철을 이렇게 타는구나. 여기는 왜 이런 방식을 쓰지?' 이처럼 낯선 환경에 놓이면 별생각 없이 당연하게 지나치던 것들이 모두 생각할 거리가 된다.

아쉽게도 우리는 여행자가 아니다. 별다른 생각 없이 반복되는 일상을 살아갈 뿐이다. 심지어 고도로 기술이 발전한 시대에 살지만, 몇십만 년 전 수렵채집 시대의 조상보다 머리를 쓰지 않는다.

──────────── 인간 공동체의 지식은 고대 인간 무리의 그것보다 훨씬 더 크지만, 개인 수준에서 보자면, 고대 수렵채집인은 역사상 가장 아는 것이 많고 기술이 뛰어난 사람들이었다. 사피엔스의 평균 뇌 용적은 수렵채집 시대보다 오히려 줄어들었다는 증거가 일부 존재한다. 그 시대에 생존하려면 누구나 뛰어난 지적 능력을 지녀야 했다. 하지만 농업과 산업이 발달하자 사람들은 생존을 위해 다른 사람들의 기술에 더 많이 의존할 수 있게 되었고, '바보들을 위한 생태적 지위'가 새롭게 생겨났다. 별 볼 일 없는 유전자를 가진 사람이라도 살아남을 수 있으며, 물품을 배달하거나 조립라인에서 단순노동을 하면서 그 유전자를 후손에게 물려줄 수 있게 되었다. ─『사피엔스』, 유발 하라리

수렵채집민은 24시간 생존의 위협을 느꼈다. 먹을거리를 찾아야 하고, 그 과정에서 동물의 습격을 받을 수 있기에 늘 주변을 경계했다. 살아남으려면 끊임없이 생각하고 실행해야 했다. 문명이 발전하면서 인류는 조금씩 안전해졌다. 안전은 소중한 가치이지만, 안

전해진 만큼 우리는 생각을 하지 않게 되었다.

생각을 한다는 건, 생존에 크나큰 위험이 닥쳤다는 뜻이고, 피곤한 일이다. 머리를 쓰면 에너지가 소모되고 배가 고파진다. 인류가 머리를 쓰고 싶어 하지 않는 건, 어쩌면 본능일지도 모른다.

개와 늑대를 비교해보면 이해가 쉽다. 늑대는 개로 진화하면서 두뇌 용량이 줄었다. 늑대는 인간의 지배를 받게 되면서(개와 인간은 친구라고 말하고 싶지만, 그렇게 말하는 건 위선이다), 자유를 잃은 대신 먹이를 쉽게 구할 수 있게 됐다. 덕분에 생각을 덜 하게 됐고, 덩달아 뇌 용량도 줄어들었으며, 무엇보다 순해졌다.

어쩌면 인간도 마찬가지일지 모른다. 과거에는 왕과 귀족이 모든 결정을 내렸다. 지배층은 평민들이 생각하기를 원하지 않았다. 피지배층은 시키는 대로만 하면 됐다. 생각하지 않고 산다는 건 꽤 큰 장점이다. 우리는 생각하지 않을 때 편안함을 느낀다(일요일 아침을 떠올려보라).

민주주의 사회는 사람을 가만히 놔두지 않는다. 내가 주인이라고 하면서 결정을 내리라고 요구한다. 나는 지금의 민주주의 체제가 역사상 가장 훌륭한 정치체제라고 말할 생각은 없다. 시대별로 상황에 맞는 정치체제가 필요했을 것이고, 거기에는 어느 정도 장단점이 있을 거다(현재의 중국을 봐라. 얼마나 비민주적이면서 효율적으로 굴러가는지).

하지만 우리가 민주주의 사회에 살기로 했다면, 그것이 최선이라고 생각한다면, 우리는 끊임없이 생각하고 결정을 내려야 한다. 생각하기를 포기하고 결정을 남에게 맡기는 순간, 당신 위에 군림하는 누군가가 생길 것이다. 기득권자들은 예나 지금이나 당신에게 생각할 필요 없다고 부추긴다. "그냥 편하게 살아. 재밌는 거 많잖아?" 이 얼마나 달콤한 제안인가.

윤민석 씨가 작사 작곡한 노래 〈헌법 제1조〉는 제목 그대로 대한민국 헌법 제1조 조항에 음을 만들어 붙인 곡이다. 가사의 절반은 '대한민국은 민주공화국이다'이다. 몇 번 부르다 보면 대한민국이 민주공화국인 걸 누가 모른다고 이렇게까지 강조하나 싶을 정도다. 우리는 민주공화국에서 살고 있으므로, 이 체제가 세계 표준이라 믿는다. 하지만 민주공화국은 결코 세계 보편이 아니다. 한국은 동아시아에서 유일한 민주공화국이다. 중국은 민주주의가 아니고(선거가 없다), 일본은 공화정이 아니며(천황이 있다), 대만은 국가가 아니다(국가인데 중국 때문에 제대로 국가 대접을 못 받고 있다). 그리고 북한은 그냥 … 뭐, 음… 북한이다.

우리가 당연하다고 여기는 민주주의 체제 자체가 인류 역사상 매우 희귀하다. 그리스 아테네를 포함해서 과거에도 민주주의가 몇 차례 시도된 적이 있었지만, 오래지 않아 절대 권력이 등장했고, 민주주의는 백일몽처럼 사라졌다. 우리는 역사의 아주 예외적인 순간을 살고 있는지도 모른다. 어쩌면 민주주의는 인간의 본능에 맞지 않는 체제일지도 모른다.

그러니 생각하기를 멈추지 마라. 그래야 이 꿈에서 깨어나지 않는다.

영화란 일상에서 깨어나기

재미있는 영화에는 딱 두 가지 요소만 있으면 된다. 바로 사건과 캐릭터. 영화 시나리오를 쓰는 일은 생각보다 간단하다. 먼저 영화의 중심이 되는 사건을 설정한다. 사건은 디테일할수록 좋다. 그리고 캐릭터를 만든다. 순서는 바뀌어도 상관없다. 두 가지를 다 만들었으면, 이제 당신이 만든 캐릭터를 사건 속에 던져놓기만 하면 된다. 사건을 만난 캐릭터는 그 상황을 해결하기 위해 알아서 움직일 것이다. 당신은 그를 관찰하기만 하면 된다. 그러면 영화 한 편이 뚝딱 완성된다(참 쉽죠~?).

가령 작가가 〈제럴드의 게임〉의 상황을 설정했다고 하자. 여기에 어떤 과거를 가진 어떤 캐릭터를 넣느냐에 따라 영화는 전혀 다르게 전개될 것이다.

이 영화의 주인공처럼 과거의 트라우마가 있고, 공상에 자주 빠지는 캐릭터라면, 극심한 공포 속에서 환상을 볼 가능성이 높다. 영화의 재미를 위해 플래시백으로 과거 장면을 집어넣고, 그 과정을 통해 주인공이 상황을 타개할 아이디어를 얻을 수 있다.

어떤 캐릭터는 그대로 좌절할 것이고, 어떤 캐릭터는 끊임없이 소리를 지를 것이고, 어떤 캐릭터는 개를 이용해서 탈출하는 방법을 고민할 것이고, 어떤 캐릭터는 선반 위 유리컵을 박살 내고 손을 잘라서라도 탈출할 거다. 사건이 일어나자마자 바로 탈출을 실행하느냐, 목이 말라 죽기 직전에야 실행하느냐, 이 모든 것이 캐릭터에 따라 달라진다.

결국, 영화란 겪어보지 못한 낯선 환경에 캐릭터를 던져서 캐릭터가 생각하게 만드는 것이다. 영화를 바라보는 관객도 주인공과 함께 생각하게 된다. 그런 의미에서 영화란 일상에서 깨어나는 시간이다.

남송 시대의 선승 혜개慧開가 지은 『무문관』 12장에는 서암언 선사의 이야기가 나온다. 그는 아침에 일어나면 큰 소리로 외친다.

"주인공!"

그는 스스로 대답한다.

"네!"

그는 다시 큰 소리로 소리친다.

"주인공, 깨어 있는가?"

그는 큰 소리로 대답한다.

"네, 깨어 있습니다."

매일 아침(혹은 점심 혹은 저녁), 거울 속 자신을 바라보며 큰 소리로 외치자.

주인공, 깨어 있는가?

02 정의를 외치는 사회는	히든피겨스(2016)
정의롭지 않다	*Hidden Figures*
	장르 | 개천에서난용

영화 ⟨히든 피겨스⟩의 주인공은 1960년대 NASA에서 컴퓨터로 일하는 3명의 흑인 여성이다. 여기서 컴퓨터란, 다른 연구원이 빠르게 연구를 할 수 있도록 도와주는 여성 계산원을 뜻한다. 후에 이 명칭을 따서 우리가 사용하는 컴퓨터에 이름을 붙였다. 한국어 자막에서는 이들을 전산원이라 번역하는데, 손으로 계산을 하던 시기였으므로 전자계산원을 줄인 전산원은 잘못된 표현이다.

주인공들은 흑인이고, 여성이기 때문에 많은 차별에 시달린다. '메리 잰슨'은 엔지니어가 되고 싶지만, 엔지니어가 되기 위해서는 백인 학교 수업을 들어야 한다. 유색인종 여성 컴퓨터 팀을 이끄는 '도로시 본'은 이미 팀장 역할을 하고 있지만, 흑인이라는 이유로 팀장으로 진급하지 못한다. '캐서린 존슨'은 수학에 탁월한 재능을 가진 영재지만, 임시직 계산원에 머물러 있다. 영화는 이 3명의 흑인 여성이 특유의 용기와 능력으로 고난과 차별을 극복해내고 성공하는 모습을 그린다.

먼저 메리. 메리는 백인 학교에 입학할 수 있게 허가해달라고 법원에 요청한다. 그녀와 백인 남성 판사의 대화를 잠깐 살펴보자.

판사: 햄프턴 고교는 백인 학교입니다. 버지니아는 아직 분리 정책을 따릅니다. 연방정부가 뭐라든, 대법원이 뭐라든 우리의 법이 법이죠. 대체 흑인 여성이 왜 백인 학교에 가려는 건가요?
메리: 판사님, 누구보다 최초의 중요성을 잘 아시리라 믿습니다.
판사: 무슨 뜻이죠?
메리: 판사님은 가문 최초로 군에서 복무하셨습니다. 대학도 최초로 들어가셨죠. 그리고 주지사 3명이 연속으로 재임명한 최초의 주 판사십니다.
판사: 뒷조사 좀 했군요. 요점이 뭡니까?
메리: 요점은 버지니아 주 흑인 여성 중에 백인 학교에 입학한 사람은 없단 거죠. 전례가 없습니다.
판사: 전례가 없죠.
메리: '앨런 셰퍼드'가 로켓에 타기 전에는 우주로 나간 미국인은 없었습니다. 이제 그 이름은 최초로 우주에 나간 해군 파일럿으로 영원히 기억되겠죠. 그리고 저는 나사의 엔지니어가 될 겁니다. 하지만 백인 학교의 수업을 듣지 않으면 불가능합니다. 그렇다고 피부색을 바꿀 순 없죠. 그래서 어쩔 수 없이 최초가 돼야 하지만 판사님 없이는 불가능합니다.

존경하는 판사님, 오늘 보시는 재판 중에서 100년 뒤 기억될 재판은 뭘까요? 어떤 판결이 판사님을 최초로 만들까요?

누가 들어도 혹할 만한 설득력이다. 100년 뒤 기억될 재판이라니. 결국 그녀는 야간 수업(오직 야간 수업만) 허가를 받아내고 당당히 NASA의 엔지니어가 된다.

다음은 도로시. 도로시는 팀장 일을 수행하고 있지만, 흑인 여성이란 이유로 팀장으로 승진을 못 해 스트레스를 받고 있다. 그녀는 IBM에서 새로 만든 계산하는 기계가 NASA에 도입된다는 사실을 우연히 알게 된다. NASA에 새 기계가 들어왔지만, 누구도 이 기계를 제대로 사용하지 못한다.

그녀는 새 기계가 도입되면 NASA가 곧 계산원을 단축할 것이고, 자신을 포함한 흑인 여성 계산원이 제일 먼저 해고될 것이라는 사실을 직감적으로 알게 된다. 그녀는 살아남기 위해 계산 기계가 도입되기 전에 도서관에서 계산 기계 사용법을 공부하고 다른 흑인 여성 컴퓨터들에게도 사용법을 가르친다.

새 기계 사용법을 몰라 모두가 골치를 썩고 있을 때, 도로시가 등장해 기계를 운용해 보인다. 그녀는 신기술을 다루는 방법을 익힘으로써 동료들을 보호하고 팀장으로 승진한다.

마지막 캐서린. 그녀는 급하게 계산원을 찾는 '우주임무그룹'에 임시 파견된다. 그룹에서 유일한 흑인 여성이다. 여성 직원이 한 명

더 있지만 백인이다. 직속 상사인 쉘든은 기밀이라며 그녀에게 검은 매직으로 중요한 수치가 지워진 알아보기 힘든 자료를 준다. 하지만 그녀는 천부적인 재능으로 문제를 빠르게 해결하고, 팀장인 해리슨은 그녀의 능력을 알아보고 그녀를 중용한다.

그녀의 고난은 사사로운 데서 계속된다. 사무실에는 공용 커피포트가 있다. 백인 동료들은 흑인인 그녀가 이 포트를 사용하는 걸 불쾌해하고, 어느 날부터 흑인용 커피포트가 따로 놓여 있다. 연구동 건물에는 흑인 여성 화장실이 없어서 그녀는 볼일을 볼 때마다 옆 건물로 1킬로미터를 뛰어가야 한다. 여성에게만 과도하게 부여되는 의상 기준 또한 저임금인 그녀에게는 너무 큰 부담이다.

폭우가 쏟아지는 어느 날, 그녀는 비를 홀딱 맞으며 옆 건물 화장실을 다녀온다. 상사 해리슨은 대체 일 안 하고 어디를 싸돌아다니느냐며 화를 낸다. 캐서린은 폭발해서 그동안 쌓인 울분을 토해낸다(이 장면에서 캐서린의 순간 폭발이 강렬한데, 덕분에 이 영화는 〈MTV 어워드〉에서 '최고의 싸움상'을 받았다). 멋진 상사인 해리슨은 커피포트에 붙은 흑인 전용 딱지를 떼어버린다. 해머를 들고 가 화장실에 붙은 흑인 전용 팻말도 날려버린다. 그리고 쿨하게 말한다.

"흑인 화장실도 없고, 백인 화장실도 없다. 이제 아무데나 써. 가까운 곳으로. NASA에선 모두가 같은 색 소변을 본다."

이후 내용은 보지 않아도 충분히 유추할 수 있을 거다. 인종과 성별을 초월한 단합된 노력으로 NASA는 유인 우주선을 무사히 쏘아 올리고, 미국은 소련과의 우주 경쟁에서 승리하는 발판을 마련한다.

***

이 영화는 NASA에서 근무했던 마고 리 셰털리Margot Lee Shetterly가 동료였던 3명의 여성 컴퓨터의 경험을 바탕으로 쓴 소설『히든 피겨스: 미국의 우주 경쟁을 승리로 이끈, 천재 흑인 여성 수학자 이야기』를 원작으로 하고 있다. 개봉 당시 미국 백악관에서 특별 상영됐고, 미셸 오바마가 극찬했다는 점이 홍보가 많이 됐다. 평단이나 관객의 평가도 좋은 편이었는데, 사실 이런 내용의 영화는 감독이 어지간히 망쳐놓지 않는 이상 좋은 평가를 받는다.

실화든 지어낸 이야기든, 조금씩 변주되긴 하지만 이런 이야기의 기본 구조는 대부분 비슷하다. 주인공이 여성이든, 장애인이든, 이민자든, 유색인종이든, 성 소수자든, 가난한 사람이든, 나이가 많든 적든, 그냥 찐따 루저이든 간에 처음에는 편견으로 구박을 받지만, 타고난 재능과 노오오오오오력으로 자신의 불리함을 극복하고 성공한다. 등장인물들은 영화 초반에는 주인공을 무시하지만, 결국 노력에 감복해 주인공에게 용서를 구한다(안타깝게도 착한 주인공은 늘 이들을 용서한다). 한마디로 '개천에서 난 용' 스토리다.

이런 스토리는 인류가 이야기를 시작한 이후 끊임없이 반복되고 반복되고, 변주되고 변주되고, 다시 클래식한 스타일로 돌아가 반복되고 변주된다. 개천 용 스토리가 죽지도 않고 돌아오는 이유는 당연히 잘 먹히기 때문이다. 관객들은 주인공이 역경을 이겨내는 모습을 좋아한다. 삶의 문제에 적극적으로 대응하는 태도는 사람들에게 늘 감동을 준다. 그들을 보며 자신도 노력하면 꿈을 이룰 수 있다는 희망을 품는다. 또, '절대 소수자를 무시해선 안 된다'는 교훈은 언제 들어도 좋다. 특히 이 영화처럼 두 약자를 합친 주인공을 내세운 작품은 그 자체로 가치가 있다.

당신이 본 할리우드 영화를 떠올려보라. 주인공의 90퍼센트는 백인 남성이다. 가끔 흑인 남성 영화나 백인 여성 영화가 나온다. 하지만 흑인 여성 영화는 좀처럼 나오지 않는다(당신은 이 문장을 보기 전까지 그게 이상하다는 생각도 못 했을 수도 있다). 백인 장애인을 다룬 영화는 있지만, 유색인종 장애인을 다룬 영화는 드물다. 백인 성 소수자는 흔하지만, 유색인종 성 소수자는 주인공으로 나오지 않는다.

이는 대부분의 영화 제작자가 '비장애인' '이성애자' '헤테로' '백인' '남성'을 평범한 상태로 상정하고, 거기서 하나의 요소만 틀어서 이야기를 만들기 때문이다. 두 가지 이상 소수자성을 가진 주인공은 그들에겐 너무 복잡한 캐릭터다.

그나마 규모가 작은 영화에서는 이런 시도가 점차 많아지고 있다. 하지만 대규모 상업 영화는 여전히 백인 남성들의 독무대다. 왜 그들에게만 인류의 재앙이 닥치는지는 연구해볼 만한 주제다(혹시 그들 때문에 재앙이 생긴 건 아닐까).

이는 단순히 영화 제작자의 문제만은 아니다. 영화를 보는 관객들도 소수자 캐릭터가 주인공이면 어색하게 느끼고 감정이입이 잘 안 된다. 우리는 제1세계 시스젠더 헤테로 백인 남성 주인공에게는 별다른 설명 없이도 쉽게 감정이입을 한다. 〈007〉 시리즈에서 주인공이 백인 남성이라는 사실에 대해서 누구도 '왜?'라는 질문을 던지지 않는다. 당연하니까. 하지만 제3세계 유색인종 양성애자 장애인 여성 주인공에게는 감정이입을 하지 못하고 영화를 보는 내내 주인공을 타자화해서 바라본다. 심지어 자신이 소수자라 하더라도 주류의 시선에 익숙해져 있기 때문에 세상을 주류의 눈으로 바라본다.

주인공이 누구냐에 따라 영화를 만드는 방식부터 완전히 달라질 수밖에 없다. 사회적 소수자를 주인공으로 설정하면 제작진은 관객의 감정이입을 위해서, 왜 주인공을 소수자로 설정했는지를 구구절절 설명해야 한다.

로맨틱 코미디를 생각해보자. 이 장르의 주인공은 부자든 왕이든 백수든 아티스트든 대학생이든 간에 모두 이성애자다. 똑같은 플롯의 로맨틱 코미디를 만드는데, 주인공을 게이로 만든다고 해보자. 그러면 평론가와 관객은 영화를 보면서 '왜 감독은 주인공을 게이로 설정했을까?'를 고민할 것이다. 영화에서 게이라는 설정을 이용하는 장면이 없다면(사회적 편견에 시달리는 모습 등), 이렇게 평가할 가능성이 높다. '이 영화는 게이가 주인공일 아무런 이유가 없다.'

우리가 얼마나 고정된 시각으로 영화를 보는지는 할리우드 애니메이션 〈개미〉에서 적나라하게 드러난다. 주인공 일개미와 그의 친구 병정개미는 남자 목소리를 내는데(그것도 왠지 백인 남성일 것 같은 느낌적인 느낌), 우리는 자연스럽게 받아들인다. 하지만 모든 일개미와 병정개미는 생물학적으로 암컷이다. 개미에 관해 충분히 사전 자료조사를 했다는 제작진이 이런 기본적인 사실을 몰랐을 리 없다. 그런데 〈개미〉의 주인공은 특별한 설명도 없이 남성이 맡았다. 제작진은 관객의 감정이입을 위해 개미를 '수컷'으로 설정했다.

몇 년 전, 미국에서 자국 내 어린이를 대상으로 대중매체가 자존감에 끼치는 영향을 조사한 적이 있다. 연구진은 어린이들을 인종과 성별로 나눴다. 히스패닉 여자 어린이/남자 어린이, 흑인 여자 어린이/남자 어린이, 아시안 여자 어린이/남자 어린이, 백인 여자 어린이/남자 어린이, 이런 식으로. 그리고 TV를 일정 기간 보게 한 뒤 변화를 조사했다. 결과는 어땠을까? TV 시청 후, 대부분 자존감이 떨어졌다. 하지만 백인 남자 어린이의 경우에는 자존감이 상승했다. 왜 이런 결과가 나왔는지에 대해서는 따로 설명하지 않겠다.

그런 의미에서 〈히든 피겨스〉는 주인공이 '흑인 여성'이라는 이유만으로 의미가 있다. 더불어 주제 의식도 훌륭하고, 묘사도 좋고, 적당한 순간에 관객에게 카타르시스도 선사하니 교육적인 오락 영화로 손색이 없다.

그런데 솔직히 이제 이런 이야기에서 감동은 받을 만큼 충분히 받지 않았나. 지금부터는 삐딱한 시선으로 이 영화를 다시 보려고 한다. 이 영화가 상정하는 세계관을 깨부술 생각이다.

개천의 용? 보수적 세계관의 면죄부

'개천 용' 서사는 차별받는 주인공을 보면서 분노하게도 하지만, 주인공의 성공을 통해 은연중에 '체제 순응'을 강조한다. 이런 영화를 몇 편 떠올려보라. 차별받는 이가 열심히 노력해서 이루고자 하는 것은 주류에 편입되는 것이다. 당연한 귀결이다. 어릴 때 가난하게

산 사람일수록 성공에 대한 욕망이 크다. 오스카 와일드가 말했듯이 "부자들보다 돈에 대하여 더 많이 생각하는 사회 계층이 하나 있다면 그것은 가난한 사람들이다."

개천 용의 성공을 인정해주는 이는 누구인가? 바로 권력자다. 이 영화에서도 마찬가지다. 이 영화의 권력 관계를 단순화해보자면 갑, 을, 병이 등장한다. 주인공은 당연히 가장 아래 있는 병이다. 그리고 주인공을 괴롭히는 을들이 있다. 쉘든, 백인 여성 팀장, 흑인의 입학을 막는 기존 법체계를 을이라 볼 수 있다. 그럼 갑은 누구인가? NASA의 간부, 법원의 판사와 같이 결정을 내리는 사람들이다. 그들은 화장실의 구분을 없앨 수 있고, 흑인의 입학을 허가해줄 권한이 있다. 그들의 인정을 받았기 때문에 우리의 주인공들은 자신의 한계를 극복해낼 수 있었다. 강자의 인정을 받아야만 소수자가 꿈을 펼칠 수 있는 사회, 그게 이 감동적인 영화의 한심한 세계관이다.

시시하지 않나? 그들의 아름다운 노력의 결실이 고작 체제 순응이라니!

그런데 이게 참 어려운 문제다. 현실에서 소수자가 자신의 한계를 극복하는 가장 손쉽고 효과적인 방법은 갑에게 호소하는 것이다. 시스템을 부정하고 새로운 사회를 건설하기에는 시간도 너무 오래 걸리고 성공 가능성도 낮다. 하지만 조직의 리더가 자신의 문제를 알아봐 준다면, 모든 문제가 손쉽게 해결된다.

그래서 우리는 늘 좋은 리더를(좋은 지도자를, 훌륭한 영웅을) 꿈꾼다. 현실의 리더들은 가끔 이 영화에서처럼 제대로 역할을 수행한다. 실제로 개천 용이 등장하기에 사람들은 시스템이 건강하다고 착각하고, 체계는 더 공고화된다. 기득권층은 옆자리에 얼굴마담 자리 하나를 마련해두고, 수많은 사람에게 말한다.

"당신들도 노력하면 얼마든지 이 자리를 차지할 수 있어."

모두가 그 자리를 차지하기 위해 경쟁한다. 우리는 리더가(비록 부패했을지라도) 능력이 있어서 그 자리에 올랐다고 믿는다. 때문에 소수자라도 능력만 있으면, 노력만 하면, 언젠가는 사회가 알아봐 줄 것이라 믿는다. 그래서 누구도 사회체제에 제동을 걸지 않는다. 권력자의 눈에 들기 위해 모두 사회가 요구하는 스펙을 쌓는다.

그래서인지 개천 용이 된 사람 중에는 자기와 같은 처지에 있는 사람들의 처우를 개선하기 위해 노력하는 사람도 있지만, 기존 기득권보다 더 보수적으로 구는 사람도 많다. 이른바 명예 백인, 명예 남성이 되는 것이다. 어쩌면 그렇게 행동했기 때문에 성공할 수 있었는지도 모른다. 고생해서 성공한 사람일수록 자신이 받은 대가가 정당하다고 여기고, 현재의 시스템을 신봉한다.

물론 주류 사회에 편입되기 위해, 제대로 대우받기 위해 투쟁하는 사람들의 노력은 결코 폄하되어서는 안 된다. 그들의 노력은 이 영화처럼 감동적이다. 하지만 사회가 한 단계 더 나아갈 수 있으려면, 뛰어난 개인이 아니라 시스템의 변화에 대해 이야기해야 한다. 주류의 인정을 받아야만 소수자가 인간다운 대우를 받는다면, 정말 그 사회가 평등하고 자유롭다고 할 수 있을까.

역사상 가장 유명한 권투선수 무하마드 알리를 기억할 것이다. 그의 원래 이름은 알리가 아니었다. 알리가 왕성하게 활동하던 20세기 중반은 인종차별이 심한 때였다(안타깝게도 지금도 마찬가지다). 그는 흑인 인권운동에 뛰어들면서, 자신의 이름을 '캐시어스 클레이'에서 '무하마드 알리'로 바꾼다. 그는 개명 이유를 묻는 기자들에게, "캐시어스 클레이는 노예의 이름이기 때문"이라고 답했다.

알리의 본명인 캐시어스 클레이는 19세기 한 백인 농장주의 이름에서 따왔다. 왜 그의 아버지는 알리에게 백인 농장주의 이름을 붙여줬을까? 캐시어스 클레이는 백인 농장주였지만, 노예제를 반대한 인물이다. 그는 노예를 해방하면서 백인이나 흑인이나 동등하다는 뜻에서 클레이라는 자신의 성을 노예들에게 나눠줬다. 그때 해방된 노예 중 한 명이 알리의 조상이다. 그러니까 캐시어스 클레이란 이름은 백인 이름이지만, 노예해방의 이름이기도 하다.

그런데 알리는 왜 캐시어스 클레이를 노예의 이름이라고 생각했을까?

백인 캐시어스 클레이는 훌륭한 사람이다. 그는 인종 차별주의자들에게 생명의 위협을 받았지만, 끝까지 자신의 신념을 지키고 노예를 해방했다. 칭송받아 마땅하다. 하지만 그는 적어도 노예를 가진, 그래서 노예를 해방할 힘이 있는 백인이었다. 그는 갑의 위치에 있었기 때문에 시혜를 베풀 수 있었다. 흑인은 백인이 시혜를 베풀어야 동등한 사람이 될 수 있는 것이다(그런 의미에서 흑인과 백인은 결코 동등해질 수 없다).

알리의 말은 정확하다. 그 이름은 노예의 이름이다. 그의 아버지는 훌륭한 주인을 기리는 마음에서 그 이름을 붙여줬다. 알리가 거부한 것은 단순히 주인의 이름이 아니다. 사회가 구축한 시스템이다.

개천 용은 중요하다. 계급 변화가 없다면, 하층 계급은 힘든 삶을 이겨낼 희망을 품기 힘들다. 우리 사회에서 개천 용이 사라지고 있다는 말을 많이 한다. 과거에는 가난한 사람에게도 사다리가 있었는데, 이제 그 사다리마저 사라져 버렸다는 것이다. 그래서 개천 용이 과거처럼 많아져야 한다고 말하는 이도 많다. 당연히 개천 용이 없는 것보다야 있는 게 좋고, 많을수록 좋지만, 그렇다고 사회 변화를 개천 용을 늘리는 정도로 만족해선 곤란하다. 용이 1명이든 10명이든 여전히 대다수 사람은 개천에 산다.

캐서린이 소속된 팀을 생각해보자. 캐서린은 유일한 흑인이다. 그녀 외에 한 명의 여성이 있는데, 백인이고 연구원이라기보다는 비서에 가깝다. 그 둘 외에는 전원이 백인 남성 연구원이다. 캐서린은 흑인 여성임에도 능력을 인정받아 팀의 일원이 될 수 있었다. 과연 그 팀에 있는 백인 남성들은 모두 캐서린 정도의 능력을 갖추고 있을까? 그녀만큼 노력했을까? NASA에 뽑힐 정도면, 기본적으로 뛰어난 실력을 갖춘 사람들일 것이다. 하지만 그들은 캐서린만큼의 재능 없이도 좋은 교육을 받았을 것이고, 상대적으로 쉽게 발탁됐을 것이다.

영화에서는 이와 관련해 메리와 상사가 대화를 나누는 장면이 있다.

상사: 엔지니어의 머리가 있으면 엔지니어가 돼야 해. 평생 계산

직에 있으면 안 돼.

메리: 전 흑인 여성이에요. 불가능한 꿈을 꾸긴 싫어요.

상사: 하나 물어보지. 자네가 백인 남성이었어도 엔지니어를 꿈
꿨을까?

메리: (잠깐 생각하다) 그럴 필요가 없죠. 벌써 됐을 테니까요.

그렇다. 그녀들이 백인 남성이었다면, 메리는 이미 엔지니어가 됐을 것이고, 캐서린도 이미 정식 연구원이 됐을 것이다. 하지만 메리나 캐서린에게 성별이나 인종은 큰 문제가 아니다. 그녀들은 자신의 꿈을 이룰 재능과 능력을 이미 차고 넘치게 가지고 있으니까. 아무리 약자 집단에 속한 사람이라도 능력이 탁월한 사람은 어쨌든 개천의 용이 되어 인정받을 수 있다. 자신의 약점을 극복한 대가로 약점은 훈장이 되어 대대손손 위인이 된다. 어떤 경우에는 특출한 소수자가 더 좋은 대접을 받기도 한다. 세상에 차별이 없다고 외치고 싶은 기득권층은 늘 얼굴마담을 필요로 하기 때문이다.

특별한 재능이 없는 평범한 약자들은 어떨까? 백인 남성이라면 특별한 재능이 없어도 적당히 교육 받고, 적당한 회사에 취직하고, 운이 좋으면 NASA에 취업할 수도 있다. 반면 평범한(캐서린 정도의 재능이 없거나, 있어도 그 사실을 몰랐을) 흑인 여성은 청소부나 웨이트리스 자리도 운이 좋아야 구할 수 있을 거다. 그 직업들이 하찮다는 게 아니다. 급여부터 모든 조건이 NASA 같진 않다는 말이다.

비슷하게 평범한 능력을 갖춘 사람이라면 기득권 집단에 속하는

것이 훨씬 유리하다. 기득권층은 유능한 한두 명의 약자를 내세워 시스템이 안고 있는 부정을 덮는다.

강자로 태어난 죄

2016년 강남역 살인사건 이후로 여성혐오가 이슈화되자, 상당수의 남성은 "여성들이 모든 남성을 잠재적 가해자 취급을 한다"며 불만을 터뜨렸다. 사람이 죽어가는 마당에 그게 대순가 싶지만, 그들은 "나는 여성을 괴롭히지도 않았는데, 일부 범죄자 때문에 여성들이 모든 남성을 매도한다"며 진지하게 징징댔다.

당시 나는 회사에서 노동 착취를 당하는 중이어서 바깥 접촉이 없었다. 그래서 저 주장을 처음 들었을 때는 한국이 영화 〈마이너리티 리포트〉 같은 곳이 된 줄 알았다. 범죄를 일으키기도 전에, 단지 남성이라는 이유로 경찰이 들이닥쳐 잡아가는 세계라도 된 줄 알았지. 그래서 난 죄 없는 남성의 짓밟힌 인권을 위해 함께 싸울 계획이었다. 하지만 바깥세상에 나와 보니 아쉽게도 그런 일은 전혀 일어나지 않았다. 오히려 성범죄를 저지르고도 아직 잡혀가지 않은 가해자들이 여전히 거리를 활보하고 있었다.

'잠재적 가해자'라는 표현이 무엇을 건드렸기에, 그들이 웅앵웅초키포키 하는지는 잘 모르겠다. 다만 한국 사회에서 30년 이상 살아온 남자로서 저 말을 조금 수정하고 싶다. 우리 사회에서 남성은 '잠재적 가해자'가 아니라 '그냥 가해자'다.

여기서 '가해자'란 법적인 의미가 아니다. 한국에서 남성은 상대적으로 혜택을 누려왔다. 남성은 출생부터 유리했다. 가령 10년 전까지만 해도 많은 태아가 여성 생식기를 가지고 있다는 이유만으로 지워졌다. 나는 임신중절(낙태)이 개인의 자유라고 생각하지만, 아들이 생길 때까지 딸을 지우는 행위가 공공연하게 벌어지는 사회가 제대로 되었다고 생각하진 않는다(참고로 당시에 한국은 낙태가 불법이었는데도 이 지경이었다). 물론 이 잘못을 딸을 지우고 태어난 아들이 저지른 것은 아니다. 하지만 나는 남성이어서 살아남았다.

초등학교 6학년 때 학생회장 선거에 나간 적이 있다. 내가 다닌 학교는 당시 회장과 부회장 선거를 따로 했는데, 이상하게 회장에 출마한 아이는 모두 남자, 부회장에 출마한 아이는 모두 여자였다. 나는 회장이 되었고, 나와 앙숙인 여자아이는 부회장이 되었다. 그 아이와 별것도 아닌 일로 자주 다퉜는데, 결정적인 순간에는 늘 회장인 내 의견이 받아들여졌다. 지금 생각해보면 그 아이는 나보다 성적도 좋았고, 말도 똑 부러지게 했다. 물론 성적이 좋다고 회장이 되는 건 아니지만, 그 아이가 아니라 내가 회장인 이유는 내가 남자였기 때문이다.

몇 년 전 화장실 몰카가 이슈였던 적이 있다. 당시 알고 지내던 여자 지인들은 공중화장실을 이용할 때마다 불안을 호소했으며 일부는 화장실을 가지 않으려고 밖에서는 물을 안 마신다고 말했다. 반면 남자 지인 중에서 공중화장실을 이용하면서 몰카를 걱정하는 이를 본 적이 없다. 이 차이가 단순히 여자들이 예민해서 발생하는 걸까?

남성은 어릴 때부터 여성을 평가하고 착취하는 문화를 보고 자라며 그런 방식에 익숙해진다. 유치원에만 들어가도 여성의 외모를 평가하고 순위를 매긴다. 심지어 자신의 어머니나 선생님까지도 평가의 대상이 된다. 여성 아이돌과 남성 아이돌을 소비하는 방식만 봐도 우리 사회가 여성의 성을 어떻게 착취하는지 드러난다(정 모르겠으면, 구글에 들어가서 '여고생, 여중생'을 검색했을 때 나오는 이미지와 '남고생, 남중생'을 검색했을 때의 이미지를 비교해보라). 그러니 어디에서나 여성은 자신이 대상화된다는 걸 느낀다. 어릴 때부터 이런 경험이 반복되며 내면화된다.

오랫동안 우리 사회에서 여성을 판단하는 가장 큰 잣대는 외모였고, 이런 문화에서 자란 여성은 치장하는 데 많은 시간을 들인다. 외출 전 남녀의 준비 시간을 비교해보면 3배 이상 차이가 난다. 그 시간이 평생 쌓인다고 생각해보라. 안 꾸미면 되지 않느냐고? 물론 안 꾸미면 된다. 하지만 꾸미지 않았을 때 입는 타격은 여성이 남성보다 훨씬 크다. '시간은 공평하다'는 말만큼 헛소리도 없다.

취업할 때도, 진급할 때도, 여성이 피해를 보는 만큼 남성은 혜택을 본다. 〈히든 피겨스〉만 봐도 그렇다. 과연 그곳에서 일하는 남자 조연들이 주인공들만큼 능력이 있을까? 그 정도로 노력을 할까? 물론 혜택을 보는 남성 개개인의 문제는 아니다. 하지만 결국 남성들은 침묵의 동조자이거나 방관자였다.

가해자는 피해자가 느끼는 불안과 피해 의식을 제대로 이해할 수 없다. 그런데 가해자인 남성이 좋은 게 좋은 것이라며 합리적인 척 군다고 해보라. 얼마나 재수가 없겠는가. 가끔은 들어주는 것 외에

할 일이 없을 때도 있는 법이다. 그러니 분노에 찬 여성들의 말에 대해 시시비비를 가리고 말꼬리를 잡으며 비난하지는 말자. 그게 가해자가 취해야 할 최소한의 예의다(그런 의미에서 재수 없게 떠든 걸 사과 드린다).

공정함에 대한 과도한 집착

2010년 한국에서는 마이클 샌델Michael J. Sandel이 쓴 『정의란 무엇인가』란 책이 베스트셀러가 됐다. 이 책은 한국에서만 무려 200만 부가 팔렸다(부럽다). 출판 시장이 다 죽어가는 마당에 기록적인 판매 부수다. 무엇보다 이 책은 그렇게 대중적인 내용도 아니고, 내용이 특별히 좋지도 않았다(개인적 의견). 판매 부수와 책의 수준이 늘 함께 가는 건 아니지만 이 책의 인기는 특별한 현상이었다. 이에 대해서는 여러 분석이 있었는데, 전문가들은 우리 사회의 '정의 강박'이 책의 인기에 한몫했다고 평가한다. 한국 사람들은 왜 정의에 집착할까?

한국이 정의롭지 못하기 때문일 거다. 원래 사회에서 어떤 가치를 추구하는 건 제대로 못 하고 있기 때문이다. 평소에 '왜 사느냐?'고 입버릇처럼 묻는 사람은 인생을 잘못 사는 사람들이다. 자신의 삶이 잘못되었다고 느끼기 때문에 그런 질문을 던지는 거다. 공사장에 '안전제일'이라고 붙여놓은 건, 그곳이 안전하지 않기 때문이다. '정의란 무엇인가?'라니, 거기에 온 사회가 열광하다니, 이런 현상 자체를 심각하게 받아들여야 한다.

그런데 한번 생각해보자. 한국이 정말 그렇게 정의롭지 못한 사회일까?

한국은 이제 후진국이 아니다. 사회 시스템은 체계가 잘 잡혀 있고, 안정적으로 유지되고 있다. 사회의 안정성은 정의의 한 가지 지표라고 할 수 있다. 부패는 사회가 불안정할수록 많이 일어난다. 기득권층의 부패가 없는 건 아니지만, 불안정한 국가들에 비할 바는 아니다. 빈부 격차도 유럽 복지국가와 비교하면 형편없지만, 미국과 비교하면 양호한 수준이다. 그런데도 한국 시민들의 국가 신뢰도는 OECD국가 중에 칠레와 그리스를 제외하고는 가장 낮다(2016년 기준 자료). 칠레와 그리스의 정치 경제적 상황을 생각해보면, 그들보다 신뢰도가 낮기는 사실상 불가능하다. 극심한 빈부 격차와 총기 문제에 시달리는 미국도 한국보다는 국가 신뢰도가 높다. 그러니까 한국은 실제로 정의롭지 않다기보다, 정의롭지 않다고 시민들이 느끼고 있는 것이다. 그렇다면 왜 이런 현상이 나타날까?

한국 사회는 모든 것에 등수를 매긴다. 물론 세계 대부분 나라에서 등수를 매긴다. 하지만 한국 사회에서는 현재의 등수가 미래를 결정짓기 때문에 더욱 집착한다. 중학교, 고등학교, 대학교, 취업에 이르기까지 끊임없이 계속된다. 연애와 결혼조차 순위를 매긴다. 이 과정에서 실수는 용납되지 않는다. 경쟁에서 살아남지 못하면 재기의 기회는 없다. 안전망이 부재하기에 한번 밀리면 삶이 바닥으로 곤두박질친다.

이런 상황에서 경기침체가 지속되고, 빈부 격차가 커지면서 성공의 입구는 점점 좁아진다. 과거에는 100명 중 10명은 성공할 수 있었는데, 이제 한 명밖에 성공할 수 없다. 그러니 아무리 교육 시스템을 바꿔봐야 경쟁은 치열해질 수밖에 없다. 10명 뽑을 때도 그 난리를 피웠는데, 한 명을 뽑으면 어떻게 되겠나.

경쟁이 치열해질수록 게임의 룰과 심판에 대한 관심도 커진다. 한국인들이 생각하는 '정의'란 '누가 이기느냐'를 정하는 룰'이다. 한국 사람들이 사회가 정의롭지 못하다고 느끼는 이유는, 경쟁이 너무나 중요해서 심판 노릇을 하는 정의에 과도하게 집착하기 때문이다.

스포츠 경기를 생각해보라. 심판은 가끔 오심을 한다. 오랜 시간 경기를 하는 축구나 야구 같은 종목에서는 한 경기에도 여러 차례 오심이 나온다. 같은 오심이라도 중요한 경기일수록, 중요한 상황일수록, 심판은 더 크게 욕을 얻어먹는다. 평소에는 관중들이 오심을 잘 인지하지도 못하고, 인지한다 하더라도 그냥 넘어가지만, 중요한 경기에서는 결코 심판의 실수를 묵과하지 않는다.

왜 우리 사회의 부정의는 눈에 더 많이 띌까? 간단하다. 인생 모든 게임이 결승전이기 때문이다. 경쟁이 치열해지면 사람들은 초조해지고 불안해지며, 사소한 실수도 참을 수 없는 상태가 된다. 경쟁이 치열하면 더 깨끗한 세상이 되지 않을까? 아니다. 정반대 결과가 나타난다.

경쟁이 치열하면 힘이 있는 사람은 이기기 위해 편법을 쓰고 심판과 결탁해 승부를 조작한다. 심판의 역할은 점점 중요해지고 몸값은 계속 올라간다. 꼭 반칙을 쓰지 않더라도 사람들은 심판에게 잘 보이려고 애를 쓴다. 처음에는 아니라며 손사래를 치던 겸손한 심판도 시간이 지나면 거만해진다. 결국 심판은 합법적인 권한 이상을 요구하게 되고 당연한 권리라 착각한다. 이런 식으로 부패는 사회 구석구석에 뿌리를 내린다.

부정에 참여하지 못하는 사람들은 불만에 가득 차 있다. 그들은 심판의 부정과 무능함 때문에 자신이 실패할 것이 두렵다. 그들은 공평하지 않은 사회에 분노하고, 공정한 룰과 공정한 심판을 요구한다. 정치권은 부패를 막는 법을 강화한다.

하지만 경쟁이 치열하다는 사실에는 변함이 없다. 법이 없어서 부패가 일어나는 것이 아니다. 기득권은 법을 피하는 또 다른 편법을 찾아내고, 법이 복잡해진 만큼 부패에 들어가는 판돈이 점점 더 커진다. 이전보다 액수가 올랐기 때문에 더 힘 있는 사람만이 부패에 참여한다(오죽하면 롯데 신동빈 회장이 삼성 이재용은 집행유예로 풀려나고 자신은 구속된 것에 대해 억울함을 호소하겠나). 사회 전반적으로 시스템은 향상되지만, 최상위 기득권의 부패는 더 심각해진다. 그러면 사람들은 또다시 정의를 요구하고, 규칙은 더 강화된다. 이 과정이 끊임없이 반복된다.

'김영란법'도 이런 맥락 위에 있다. 이 법은 특정한 직업에 한해 일정 금액 이상의 선물을 금지한 법이다. 여기서 특정 직업은 언론인, 법조인, 공직자, 교사와 그 외 공무원 등이다. 일정한 부분에서 사회의 심판 역할을 하는 직업군이다. 시민들이 김영란법을 열광적으로 지지한 이유는, 심판의 공정성을 강화하는 법이기 때문이다. 그 열광만큼이나 우리 사회에서는 경쟁의 공정함이 중요하다.

그렇다면 한 가지 질문이 생긴다.

정의를 강조하면 정의로운 사회가 될까?

KTX 비정규직 승무원들은 부당해고에 맞서 10년 넘게 투쟁해왔다. 이들은 정규직 전환을 약속한 철도청을 믿고 부당한 노동 착취를 참고 견뎠지만, 2년 차에 사용자 측으로부터 해고 통보를 받았다. 3년이 넘어가면 해고를 함부로 할 수 없기 때문이다. 승무원들은 대규모 투쟁에 들어갔지만, 회사는 사건을 수습하기는커녕 노동자를 추가로 해고했다. 민영화 바람이 거셀 때라 철도청 직원임에도 용역회사와 계약하기도 하고 철도청 정규직이 임시직이 됐다가 해고되는 경우도 있을 정도로 꼬여 있었다. 어쨌든 사용자 측(철도청)의 잘못이었고, 나는 다수의 대중도 당연히 그리 생각하리라 믿었다.

그런데 이 사태를 바라보는 이삼십 대 일부에서 묘한 기류가 흘렀다. 이들은 사용자 측이 잘못했다는 사실에 동의하면서도, 승무원들도 문제가 있다고 지적했다. 그들의 지적은 간단하다. "비정규직 승무원들이 노력도 하지 않고 공짜로 정규직이 되려고 한다"는 것이다. 철도청 정직원은 공무원만큼이나 안정적인 일자린데, 시험도 치르지 않고 정규직이 되겠다고? 몇 년간 죽어라 취업을 준비하는 사람들 입장에서는 너무 불공정하다는 것이다.

사건을 다시 살펴보자. 사용자 측은 비정규직을 3년 이상 고용하면 정규직으로 고용해야 하기 때문에 승무원들을 해고했다. 이 법이 있는 이유는 3년 정도 고정적으로 한 일이라면 정규 일자리로 볼 수 있으니 정규직화를 강제해서 노동자의 권리를 보호하기 위함이다.

정규직화가 급변하는 현대 사회에 적당한가에 대해서는 논쟁을 해볼 수 있다. 설령 그것이 지금의 경제구조에 적합하지 않다고 하더라도 이미 한 약속을 지키라고 주장하는 비정규직 노동자를 비난할 수는 없다. 심지어 그들은 부당한 노동 착취와 해고로 생계에 큰 타격을 받은 사람들이다. 그들이 정규직으로 전환되면, 취업준비생이 걱정하듯이 몇 년간 철도청 공채 자리가 줄어들 수도 있다. 하지만 그건 꼼수를 부린 철도청 잘못이지, 노동자들 잘못이 아니다.

그런데도 경쟁에 쫓기는 이들은 '사용자 측이 그러는 건 원래 그런 거고, 비정규직이 정해진 룰(입사시험)을 지키지 않고 정규직이 되는 것은 정의롭지 않다'고 여긴다. 서울시와 문재인 정부의 공공일자리 정규직화 정책에도 사람들은 똑같은 반응을 보였다. 정책의 방향성에는 동의하지만, 그들이 다른 정규직과 똑같은 대우를 받아서는 안 된다는 것이다.

부당해고를 당한 KTX 비정규직 노동자들은 다행히 2018년 전원 정규직으로 복직되는 것으로 사건은 일단락됐다. 하지만 우리 사회가 보인 반응은 씁쓸한 뒷맛을 남긴다. 취업과 정규직은 너무 중요한 인생의 과제가 되어버렸고, 극심한 경쟁은 사람들의 사고를 잠식한다. 이제 사람들 눈에 '비정규직 노동자들이 일하면서 쌓은 경력과 시간'은 보이지 않는다. 고생은 알지만, 시험은 동등하게 치러야 한다. 공정한 입사시험이 그들이 생각하는 '정의'인 셈이다.

그 주장이 틀렸다는 말이 아니다. 자를 가져와서 공정함을 잰다면 그 주장이 맞을 수도 있다. 하지만 경쟁이 지금처럼 치열하지 않았다면, 그냥 넘어갔을 것이다. 결국 치열한 경쟁이 우리 사회의 고질적인 계급 문제를 더 심화시킨다. 경쟁이 치열해질수록 승자는 자신의 승리에 보상을 바란다. 그래서 작은 권력이라도 얻으면 그걸 못 부려서 안달이다. 사장은 전무를, 전무는 상사를, 상사는 이사를, 이사는 실장을, 실장은 부장을, 부장은 차장을, 차장은 과장을, 과장은 대리를, 대리는 사원을, 사원은 인턴을, 정직원은 비정규직을, 본청 직원은 하청 직원을, 서울대생은 연고대생을, 연고대생은 다른 인 서울 대학생을, 인 서울 대학생은 지방대생을, 매장 점주는 종업원을, PD와 감독은 무명 배우를, 아파트 주민은 경비원을 차별한다. 이제 갑을병정무기경신임계 10개 단어로는 모자라는 서열의 세계만이 존재한다.

볼일이 급한 열 명이 한 칸짜리 화장실을 차지하려고 다투고 있다. 다들 급해서 이 경쟁에서 지면 옷에 지릴 순간이다. 그러니 경쟁이 점점 치열해지고 반칙이 난무한다. 사람들은 공정하고 완벽한 선발 과정에 대해 제각각 목소리를 높이지만 좀처럼 실현되지 않는다. 잔뜩 긴장한 상태에서 불만만 쌓일 뿐이다. 그러니 누가 건드리기만 해도 날카로운 말이 터져 나온다.

우리 시대의 정의란 아무리 멋있게 포장한다 해도, 누가 화장실을 차지할 것인가를 놓고 다투는 진흙탕 싸움에 불과하다. 왜 화장실이 한 칸밖에 없는지, 왜 화장실을 늘려주지 않는지에 대해 분노하는 사람은 없다.

누구나 화장실을 누가 먼저 쓸지에 대해서 자신만의 룰이 있다. 나도 있다. 모두가 각자의 정의관을 가지고 있다. 그러나 우리의 의견은 결코 하나로 통일될 수 없을 것이다. 화장실은 한 칸뿐이니까.

만약 완벽한 정의로 경쟁이 투명해진다면 모두가 만족할 만한 결과가 나올까? 그럴 리가 없다. 진정으로 공정한 게임이라 해도 누군가는 패배한다. 과정이 공정했으니 패배한 사람들이 덜 억울할 것 같지는 않다. 게임이 불공정하면 정신적으로는 더 좋을 것이다. 그나마 사회 탓을 할 수 있으니까. 정말 공정한 게임에서도 진다면 누구를 탓할 것인가.

지금 우리에게 중요한 건 누가 화장실을 차지할지 각자의 정의관을 내세워 치고받고 싸우는 게 아니라, 화장실을 부수고 칸을 늘리는 것이다. 정의를 외치는 사회는 정의롭지 않다. 정의를 외쳐서는 기존 가치를 바꾸지 못한다. 경쟁 체제만이 강화될 뿐이다. 우리에게 필요한 건 정의가 아니라 정의를 외칠 필요가 없는 사회다(그런 의미에서 한국의 가장 진보적인 원내정당의 이름이 '정의당'이라는 건 비극적인 일이다).

결과가 공정하지 않다면, 과정도 공정하지 않다

문재인 대통령은 후보 시절에 남녀동수 내각을 공약했다. 대통령은 당선 이후 공약을 이행하기 위해 꽤 많은 장관급 여성 인사를 발표했다. 당시 여성 인사가 한 명씩 발탁될 때마다 '유리천장이 깨졌다'

는 진부한 제목이 붙었다. 좋은 의미로 붙인 제목이겠지만, 그런 기사를 볼 때마다 이상한 괴리감이 느껴졌다. '유리천장이 깨졌다'란 표현은 내가 국민학교 다니던 시절부터 나오던 말인데, 그놈의 유리는 얼마나 복원력이 좋기에, 깨도 깨도 또 깨질 게 남았는지 모르겠다. 유리천장이 깨졌다는 표현을 쓴다는 것은 유리천장이 깨지지 않았다는 반증일 뿐이다. 정말 유리천장이 깨졌다면, 여성을 인선하는 게 기삿거리나 되겠나? 나는 단 한 번도 '장관에 남성이 발탁됐다'는 기사를 본 적이 없다.

문재인 대통령의 남녀동수 내각 공약에 대해 인터넷 남초 사이트에서는 논란이 많았다. 문재인 후보에게 우호적인 게시판조차 이 공약에 대해서는 불만이 많았다.

"실력을 보고 뽑아야지, 성비로 뽑는 게 정당한 거냐?"

"결과의 평등이 아니라, 기회의 평등이 중요하다."

"남성에 대한 역차별이다."

이런 레퍼토리가 반복됐다. 이런 주장을 반박하기 위해 간단한 사고 실험을 해보자.

대한민국에서 내각 인사 뽑기 게임이다. 한국의 인구를 총 5,000만이라고 한다면, 남녀가 각각 2,500만 명 정도 될 것이다. 단순화를 위해 남녀 이외의 성은 제외하고, 남녀의 능력 차도 없다고 가정하자(근력을 사용하는 분야에서 남성이 조금 유리하겠지만, 내각 인사에게 근력은 특별히 요구되는 능력은 아니다).

5천만 명 중에 능력 있는 한 사람을 뽑는다면, 남성이 될 수도 있고, 여성이 될 수도 있다. 2명을 뽑는다면? 남녀 각각 한 명이 될 수도 있지만, 역시 남성이든 여성이든 한 성이 다 차지할 가능성도 있다. 하지만 10명, 100명, 1,000명으로 끝없이 늘리면 비율은 점점 5:5에 가까워진다. 동전 던지기를 한다고 생각하면 쉽다.

현재 한국 정부의 장관급 인사는 30명이다. 1명이 대통령 임기 끝까지 하는 경우는 많지 않으니, 한 자리에 2명을 임명한다고 보면, 임기 중에 약 60명 정도의 장관급 인사가 임명된다. 이들을 성별과 무관하게 능력만 보고 뽑는다면, 남성이 많을 수도 있고, 여성이 많을 수도 있다. 확률은 낮지만 95퍼센트 이상을 한 성이 차지할 수도 있다. 동전을 60번 던졌는데, 57번 앞면이 나올 수도 있으니까.

그럼 대한민국 수립 이후 총 장관은 몇 명이나 될까? 잘 모르겠지만, 500명쯤 된다고 해보자. 이번에는 동전을 500번 던지는 거다. 큰 수의 법칙에 따르면, 결과는 5:5에 수렴해야 한다. 현실은 어땠을까?

여성 장관의 비율이 채 5퍼센트도 되지 않았다. 그 5퍼센트도 대부분 여성가족부 장관이다. 이를 통 크게 반올림해서 10퍼센트라고 하더라도 9:1은 정상적인 비율이 아니다. 아주 우연히도 대한민국 정부 수립 이후 남성이 뛰어난 경우가 많았다고 해도 절차가 공정했다면, 비율이 6:4는 되었어야 한다.

만약 선발 절차가 공정했음에도 불구하고 수치가 이렇게 벌어졌다면, 남성이 여성보다 우월해서가 아니라, 우리가 인지하지 못하는 부분에서 차별이 발생하고 있다는 뜻이다. 생각할 수 있는 차별의 요소를 모두 제거했음에도 차이가 난다면, 상황을 바꾸기 위해서 성비를 강제로 맞춰두는 임시방편이 필요할 수도 있다.

물론 이 공약을 조금 더 세련되게 할 수도 있다. "남녀 어느 한 성이 60퍼센트 이상을 차지할 수 없다"고 했으면 더 나았을 것이다. 그럼 남성도 40퍼센트를 보장해주니 역차별이니 하는 논란도 없었을 테고, 20퍼센트의 유동성도 가질 수 있으니 능력 논란도 필요하지 않았을 거다(그래도 이 정책이 마음에 안 드는 사람들은 비난했겠지만).

　물론 이렇게 반문할 수도 있다. 과거에는 어쨌든 성차별이 있었고, 남성이 여성보다 주요 요직에서 경험을 쌓을 기회가 많았다. 그러니 현재 장관이 될 만한 능력을 갖춘 이 중에 남성이 더 많은 것 아닌가?

　그럴듯한 주장이고, 실제 그럴 수도 있다. 그렇다면 더더욱 성비를 맞출 필요가 있다. 기회의 평등이 공정하게 보장된다 하더라도 현실적인 평등으로 구현되기는 쉽지 않다. 이미 기득권층이 유리한 고지를 점하고 있기 때문에 과정의 공정함과는 별개로 기득권이 유지될 가능성이 높다.

　미국의 인종 문제가 대표적이다. 미국에서 인종차별이 법적으로 사라진 지는 오래되었다. 하지만 차별이 있던 시기에 정착된 계급 구조, 경제구조, 정치구조는 이후에도 그대로 유지됐다. 그러니 몇십 년이 지나도 경제적, 정치적 권력이 백인에 집중되어 있고, 인종차별은 절대 사라지지 않는다. 인종차별을 법적으로 폐지할 때, 인구구성에 맞게 정치권력과 경제권을 강제로 재분배했다면 어땠을까? 단언하건대 인종 문제를 지금처럼 고민하는 사회가 되진 않았을 것이다.

대한민국은 탄생할 때부터 법적으로는 남녀가 평등했다. 다만 현실적으로 평등이 실현되지 않았을 뿐이다. 룰이 공정하다고 사회가 공정한 건 아니다. 남녀 문제는 인종 문제보다 훨씬 미묘하다. 경제 권력을 강제로 배분하기에는 방법도 기준도 애매하다. 하지만 정치 권력 정도는 확실히 하는 게 좋다.

장관급은 현장에서 일을 직접 하는 사람은 아니다. 그들은 정책의 방향을 정하는 사람들이다. 이런 직책에 있는 사람에게는 능력보다 사회 문제를 바라보는 관점이 중요하다. 물론 여성이라고 꼭 페미니즘 관점을 가지는 것도 아니고, 남성이라고 꼭 여성을 차별하는 건 아니다. 하지만 상당히 많은 경우에, 사람은 자신의 입장과 처지에서 세상을 바라보기 마련이다. 성 정체성은 관점의 큰 부분 중 하나다. 우리 사회에 성차별이 존재한다면, 차별을 잘 감지하는 사람은 능력 있는 남성이 아니라 평범한 여성일 것이다. 사회적 강자는 일상의 차별에 둔감할 수밖에 없다.

우리나라 여성 정책을 보면, 마치 힘 있는 남성이 힘없는 여성에게 시혜를 베푸는 것 같은 정책이 많다(다른 약자 집단 정책에도 비슷하게 나타난다). 권력은 나눠주기 싫으니까 눈에 보이는 문제에 대해서만 시혜적인 해결책을 제시한다. 이런 정책은 여성 인권 향상에는 크게 기여하지 못하면서 일부 남성들에게 '역차별한다'라는 반발만 사고 있다.

문제는 역차별이 아니라 역차별에도 불구하고 여성 인권이 좀처럼 나아지지 않는다는 점이다. 이제 소소한 눈 가리기 식 혜택 말고 본질적인 권력 분배를 고민할 때다. 여성의 문제는 여성이 해결할 수 있도록 실질적인 권력을 나눠야 한다.

내각의 남녀 비율을 맞춘다고 해서 장관의 능력 문제가 생길 것이라고 걱정할 필요가 없다. 인구가 100명인 곳에서 성비를 맞춰 30명의 지도자를 뽑는다면, 능력이 다소 부족한 사람이 지도자가 될 수도 있다. 하지만 한국의 여성 인구는 2,500만 명이다. 과연 그 중에 능력 있는 사람이 없을까? 만약 문재인 정부에서 발탁한 여성 인사들이 업무를 잘하지 못한다면, 인사권자가 능력이 없는 것이지 여성이 능력이 없는 것은 아니다.

한두 명이 일을 못 한다고 그 성을 가진 모든 사람이 능력이 없는 것으로 판단해야 한다면, 이승만 대통령 이후 한국에는 남성 대통령이 다시는 나오지 않았어야 한다. 곰곰이 생각해보라. 우리는 사회 주류에게는 그런 식의 비판을 하지 않는다. 소수자가 대표로 뽑힌 경우에만 그 한 명이 마치 소수자 전체를 대변하는 것처럼 군다. 그리고는 그 한 사람의 실패를 집단의 실패로 몰고 간다. '여자는 아직 안 돼', '어린애들이 뭘 알겠어', '이래서 학벌이 중요해.' 어디서 많이 들어본 말 아닌가?

문재인 대통령은 군이 남녀동수 내각을 공약할 필요가 없었다. 대통령이 된 뒤에 내각을 동수로 구성해버렸으면 좋았을 것이다. 만약 어떤 기자가 이번 정부에는 왜 이렇게 여성 인사가 많으냐고 물으면, 마치 당연하다는 듯이 "반밖에 안 되는데요? 그게 많은 건가요?" 하고 쿨하게 답변했으면 끝날 일이다. 이런 장면을 뉴스로 본다고 생각해보라. 얼마나 멋있게 보이겠나(캐나다 총리 트뤼도는 당선 직후, 캐나다 최초의 남녀동수 내각을 만들었다. 그는 왜 성비를 맞췄냐는 기자의 질문에 "2015년이니까요!"라고 답변했다).

문재인 정부의 초대 장관급 인사 28명 중 7명만이 여성이었다. 이는 전체의 25퍼센트로 공약에 미치지 못하는 실망스런 수치였다. 그런데도 문재인 정부의 여성 장관급 인사 비율은 대한민국 정부 수립 이후 가장 높다. 25퍼센트가 역사상 최고 수준인데도 남성 역차별 논란이 일고 있는 걸 보면 한숨부터 나온다. 적어도 역차별이란 말이 나오려면 여성 비율이 60퍼센트는 넘어야 하는 거 아닌가? 그런 날이 오면, 그때 가서 역차별을 이야기하도록 하자.

우리나라는 정부 인사에서 성별과 지역 균형 정도만 신경을 쓰는 경우가 많다. 이조차 여전히 미흡하지만, 앞으로는 연령, 성 정체성, 소득 편차, 이민자, 장애 유무 등등 차별이 발생하는 모든 부분에 대해서 균형을 맞췄으면 좋겠다(물론 최고의 상태는 균형을 고려하지 않았는데도, 이 모든 균형이 자연스레 맞춰지는 것일 거다). 이는 많은 사회 문제를 해결하는 실마리가 될 수 있다.

예를 들어 세대 문제를 생각해보자. 현재 우리나라 국회와 정부는 중·노년층이 장악하고 있다. 청년 취업이 심각한 사회 문제가 되니 이 노인들이 청년 문제를 해결하겠다며 온갖 청년 지원책을 만들고 있다. 당연히 보여주기 식 정책이 많고 큰 효과는 없다. 청년 문제만큼 이슈화되지는 않았지만, 노인 빈곤 역시 우리 사회의 심각한 문제다. 현재 한국 노인의 절반 이상이 빈곤에 시달리고 있다. 그런데 막상 이 문제를 해결해줄 노인 기득권층은 청년 문제에만 관심을 쏟고 있으니 아이러니 아닌가? 물론 그들은 부유한 노인

이어서 노인이 빈곤하다는 게 어떤 의미인지 이해도 못 하겠지만.

나는 노인이 정치하는 것을 나쁘게 생각하지는 않는다. 다만 인구 비율을 봤을 때, 노인의 비중이 너무 높다. 각 세대의 문제는 각자가 해결할 수 있게 힘을 분배해야 한다. 지금의 청년 세대를 흔히 '어른이 되지 못한 어른'이라고 부른다. 그들은 사회 모든 분야에서 앞 세대에 막혀 리더가 되지 못한다. 늘 누군가의 아래에서 정해진 역할만 수행하니 나이 40이 다 되어 가는데도 여전히 어린아이 취급을 받는다. 능력을 갖춘 이들만 리더가 되는 것이 아니다. 리더가 되어야 비로소 능력을 갖추기도 하는 법이다.

여성 정책을 포함해서 소수자에 관련된 정책에 반대하는 사람들이 대단한 논리라도 되는 양 "결과의 평등이 아니라 기회의 평등이 중요하다"고 말한다. 이 논리가 어쩌면 당신에게도 그럴듯하게 들릴지도 모르겠다.

하지만 조금만 더 생각해보라. 결과가 평등하지 않은데, 기회가 평등했을까? 한 번의 경쟁이라면 개인의 능력과 노력에 따라 평등하지 않은 결과가 나올 수도 있다. 하지만 전체 평균을 놓고 봤을 때, 집단 간의 평균은 비슷해야 한다. 만약 그 수치가 크게 차이가 난다면, 사회의 어느 부분에서(혹은 전체에서) 차별이 여전히 존재한다는 뜻이고 기회가 평등하지 않았다는 소리다. 결과의 평등과 기회의 평등은 다른 말이 아니다. 결과가 평등하지 않다면 기회도 평등하지 않다.

왜 약자는 자신을 규정하는가

몇 년 전 서울시에서 진행한 청년모임 지원 사업에 참여한 적이 있다. 딱히 돈이 되지 않지만 무언가를 해보려는 청년모임을 지원하는 사업이었다. 당시 나는 비영리 인터넷 방송을 만들고 있었는데, 스튜디오 대여비라도 벌어 볼까 싶어 이 사업에 지원했다. 사업 예산이 정해져 있었고(심지어 적었고), 서류 전형과 면접을 거쳐야 했다.

면접을 보러 갔을 때 일이다. 그룹 면접으로 진행되었고, 우리 팀 외에도 9팀이 더 참여했다. 각자 자신들의 모임을 소개하고, 예산을 지원받으면 어떤 곳에 사용할지를 이야기했다.

모임의 성격은 다양했다. 만화 그리기 모임처럼 단순 취미 모임도 있었고, 방송이나 지역 축제 개최처럼 목적이 뚜렷한 모임도 있었다. 그중에서 나의 시선을 끈 건 '청각 장애인 부모를 둔 청년' 모임, '여성주의를 공부하는 여학생' 모임, '이민자 출신' 모임 등 우리 사회에서 약자로 분류되는 이들의 모임이었다(이들을 약자로 규정하는 것도 폭력적이긴 하지만…).

당시 나는 '사람은 제각각 다른 존재이기 때문에 어떤 기준으로 사람을 분류하는 것은 매우 위험하다'라고 생각하고 있었다. 예를 들어 심리학 박사 학위를 받은 여성을 생각해보자. 생활환경이나 가치관, 취미, 생활 방식 등을 고려해보면 이 여성은 대학 교육을 받지 않은 여성보다 심리학 박사 학위를 받은 남성과 더 많은 공통점을 가졌을 가능성이 높다. 즉, 남녀로 이들을 구분하는 것은 적당하지 않다는 게 당시 나의 생각이었다. 이는 상대방이 여성이라는 이유만으로 무시하는 일부 남성에 대한 비판이기도 했고, 나아가서 여성의 권리만을 주장하며 자신들끼리만 어울리는 사람들도 옳지 않다는 생각이었다. 각자가 개인으로 살아야지 특정 정체성으로 자신을 규정할 필요는 없다고 생각한 것이다.

그런 맥락에서 나는 그 모임들을 이해할 수 없었다. 고생이야 있었겠지만, 장애인도 아니고 장애인의 자녀가 굳이 모임을 만들어야 하나? 왜 그들은 스스로를 테두리 안에 가두고 구분 짓는 것일까? 그러다 문득 새로운 사실을 깨달았다. 나는 그들을 만나기 이전에 단 한 번도 나를 어떤 기준에 넣어서 생각해본 적이 없다는 것이다. 성별, 고향, 장애 유무, 성 정체성 같은 기준으로 나는 한 번도 나를 규정한 적이 없었다. 왜 나는 나를 규정짓지 않았을까? 그들에 대한 의문은 나에 대한 의문으로 이어졌다.

'해외에 나가면 없던 애국심도 생긴다'는 말이 있다. 꼭 애국심으로 발현되진 않더라도 해외에서 우리는 어떤 방식이든 '한국인'이라는 사실을 자각하게 된다. 가장 큰 이유는 유색인종이 받는 보이지 않는(가끔은 보이는) 차별 때문일 것이다.

이 불쾌감은 우리끼리라도 서로 위로하고 힘을 합쳐야 한다거나 혹은 자신의 정체성을 숨기는 방향으로 이어진다. 어느 쪽이든 정체성에 묶인 생각이다. 자신의 정체성에 대해 더 많이 고민하는 사람은 타지에 사는 사람들이다. 우리는 언론을 통해 해외로 입양된 아이가 어른이 된 후 친부모를 찾으러 한국에 돌아오는 이야기를 종종 듣는다(한국에서 자란 나 같은 사람은 그들을 보면서 '아니, 왜 굳이?'

란 생각을 할 뿐이다).

왜 나는 나를 정의하지 않았을까? 왜 나는 이 세상에서 단 한 명의 개인이라고 자신할 수 있었을까? 이유는 간단하다. 내가 어떤 특정 조건으로 불편을 겪은 적이 없기 때문이다. 나는 사회의 주류에 속했기 때문이다. 그래서 진정한 개인, 어쩌고 하면서 자랑스레 떠들 수 있었던 거다.

가끔 약자의 권익을 주장하는 사람에게 "진정한 평등은 여성인지 남성인지 성 소수자인지 유색인종인지 백인인지 부자인지 가난한 사람인지 구분할 필요도 없는 단계"라며 훈계하는 이들이 있다. 맞는 말이다. 하지만 여성이라는 이유만으로 성폭력이나 살인의 희생양이 되고, 티셔츠에 적힌 문구 때문에 해고를 당하고 협박을 받는 사회에서는 여성 심리학 박사와 남성 심리학 박사 사이에 아무리 공통점이 많다고 해도 건널 수 없는 차이가 존재할 수밖에 없다.

다른 부분에서도 마찬가지다. 만약 동성애자가 주인공인 로맨스 영화를 보고 왔는데, 친구가 당신에게 "그 영화 무슨 내용이야?" 하고 물으면, 당신은 "로맨스물인데 주인공이 레즈비언(게이)이야"라고 대답할 것이다. 반대로 주인공이 이성애자였다면 아마도 이전보다 긴 설명을 덧붙일 것이다. "로맨스 영화야. 주인공이 연애 한 번 못 해본 찌질인데 옆집에 이사 온 연애 경험 많은 여자의 밀당에 혼자 맘 졸이다가 결국 사귀게 되는 내용이야." 적어도 주인공이 이성애자라면 당신은 성적 지향을 넘어서는 개인의 특성을 본다.

물론 앞의 경우처럼 답변한다고 해서 모두 호모포비아는 아니다. 실제로 '동성애자'임이 중요하게 작용하는 작품이 많으니 그렇게 답변할 수 있다. 하지만 이런 관객의 사고 속에서 주인공은 오직 '동성애자'일 뿐이다. 그 개인이 어떤 개성을 가졌는지는 중요하지 않다. 마치 나치가 어떤 유대인이든 다 잡아 죽이고, 이스라엘이 모든 팔레스타인인을 탄압하듯이 우리는 차별하지 않는다고 말하면서 그들을 구분한다.

차별이 있는 세상에서는 약자의 규정 짓기 또한 존재할 수밖에 없다. 이에 대해서 당신이 '진정한 평등'이나 '역차별'을 떠들 수 있는 사람이라고 한다면, 축하한다. 당신이 진정한 개인으로 존재할 여건이 된다니 좋은 일이다. 하지만 다른 사람에게 훈계는 집어치우도록 하자.

미국 스탠딩 코미디를 좋아하는 사람으로서 나는 '만인이 만인을 혐오할 수 있는 세상'을 꿈꾼다. 상대방 눈치 보지 않고 독한 농담을 마구 뱉어낼 수 있으면 좋겠다. 그러려면 먼저 차별이 사라져야 한다. 가난한 사람, 이민자, 장애인, 성 소수자, 여성, 유색인종, 특정 지역 출신, 저학력자, 비정규직, 하청업체 직원, 그 외 사회 구성원 누구도 차별받지 않는 때가 오면, 지금 차별받는 개인의 특성이 마치 스포츠 게임에서 자신의 편을 응원하고 상대편을 놀리는 정도의 재미 수준으로만, 개인의 개성으로만 존재할 수 있을 것이다. 그럴 때가 오면 써먹을 수 있는 독한 농담을 차곡차곡 모아두고 있다. 죽기 전에 한 번은 써먹을 수 있는 날이 오길 고대한다.

03 히스토리가 아닌 해프닝	로그원: 스타워즈 스토리(2016)
	Rogue One: A Star Wars Story
	장르 ｜ 혁명

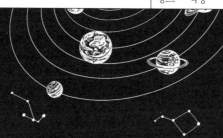

**"가랑비는 맞는다.
하지만… 폭풍은 내 것이야"**

– 만화 〈럭키짱〉,
지대호의 대사

A long time ago, in a galaxy far, far away… (오래전 멀고 먼 은하계에서, 더 멀리…)

제국이 공화국을 무너뜨리고 우주를 점령한 암울한 시대.

공화국의 부활을 꿈꾸는 반란군은 우주 각지에서 제국과 맞서 싸우고 있다. 제국은 반란군을 완벽히 제압하기 위해, 행성을 단번에 파괴하는 신무기 '데스스타' 제작에 착수한다. 데스스타 핵심 개발자였던 '갤런 어소'는 제국의 끝나지 않는 살육에 염증을 느끼고 외딴 행성에 가족과 함께 숨어 지낸다.

하지만 그도 잠시, 갤런이 사라지고 데스스타 제작에 차질이 생긴 제국군은 그를 추적하기 시작한다. 결국 갤런을 찾아낸 제국군은 그의 아내를 죽이고 그를 납치하는 데 성공한다. 갤런의 딸인 '진 어소'는 갤런의 친구이자 반란군인 '쏘우 게레라'의 도움으로 가까스로 도망친다.

15년 후

데스스타의 완성이 눈앞에 다가왔다. 갤런은 제국이 자신의 딸까지 해코지할 것을 걱정해 어쩔 수 없이 데스스타를 개발하고 있지만, 설계도에 치명적인 약점을 숨겨둔다. 그는 제국군 파일럿 '보디 룩'을 설득해 설계도가 숨겨져 있는 장소를 반란군인 쏘우에게 전달한다.

쏘우는 소극적인 반란군에 실망해 독자적인 단체를 만들어 게릴라 활동을 벌이고 있다. 진은 자신의 정체를 숨긴 채 뒷골목에서 소소한 범죄를 저지르며 감옥을 들락거린다. 반란군 연합은 데스스타의 완성을 막을 정보를 구하기 위해 진을 감옥에서 구출한다. 진과 반란군 대위 '카시안 안도르', 안드로이드 로봇 'K-2SO'는 정보를 구하기 위해 쏘우가 숨어 있는 제다 행성으로 향한다.

제다 행성은 과거에는 제다이 사원이 있던 곳이었으나, 제다이가 사라진 후 슬럼화된 지역이다. 진 일행은 쏘우의 은신처를 찾으려다 제국군과 게릴라 간의 싸움에 말려든다. 위기에 빠진 순간 사원의 수호자 '치루트 임웨'와 '베이즈 맬버스'가 나타나 그들을 구해준다. 극적으로 쏘우를 만난 진 일행, 진은 아버지가 보낸 영상 메시지를 통해 데스스타의 설계도가 스카리프 행성 데이터 금고에 보관 중이라는 것을 알게 된다.

그 시각, 제국군은 데스스타의 시험 운전을 준비 중이다. 테스트로 쏘우 일당의 근거지인 제다 행성을 파괴하기로 결정한다. 진은 카시안, K-2SO, 보디, 치루트, 베이즈와 함께 극적으로 제다 행성을 탈출하지만, 쏘우는 행성과 함께 최후를 맞이한다. 진의 아버지

갤런 역시 정보를 빼돌린 혐의로 처형된다.

　반란군 회의.

　진은 스카리프 행성으로 가서 데스스타의 설계도를 빼낼 것을 제안한다. 하지만 반란군 수뇌부는 데스스타의 파괴력에 이미 전의를 상실한 상태였고, 결국 진의 제안은 거절당한다.

　하지만 진 일행은 수뇌부의 결정을 따를 생각이 없다. 이들은 훔친 제국군 화물선을 타고 스카리프 행성으로 향한다. 수뇌부의 미적지근한 태도가 불만인 현장 전투 요원들도 진 일행에 합류한다. 코드 넘버를 대라는 관제탑에 보디는 아무렇게나 말한다.

　"코드 넘버, 로그 원"

　스카리프 행성에 도착한 '로그 원 특공대.' 사람들이 소란을 일으켜 제국군의 시선을 끄는 사이 진과 카시안, K−2SO가 설계도를 훔치기로 한다. 소란이 발생하자 제국군은 행성 전체에 보호막을 설치한다. 보호막이 있으면 설계도를 훔치더라도 전송이 불가능하다.

　로그 원 특공대는 제국군과 일당백으로 싸우다 끝내 죽임을 당한다. 보디, 치루트, 웨이즈 모두 죽는다. K−2SO도 파괴된다. 하지만 그들은 보호막을 파괴하는 데 성공한다. 그 사이 진과 카시안은 설계도에 접근하고, 제국군은 설계도 유출을 막기 위해 데스스타에 스카리프 행성 자체를 파괴할 것을 명령한다. 데스스타의 공격으로 행성이 터지기 직전, 진과 카시안은 간발의 차이로 설계도를 훔쳐 반란군 함선에 전송한다.

　데스스타가 발동한 스카리프 행성, 죽음을 직감한 진과 카시안은 수평선에서부터 밀려오는 화염폭풍을 담담히 맞는다.

*　*　*

　스타워즈? 의아하게 생각하는 독자들이 있을 것 같다. 이 책에 소
개된 다른 영화에 비해 스타워즈는 너무 유명한 작품이다. 하지만
의외로 한국에서 스타워즈는 인기가 없다. 〈로그 원〉은 그중에서도
가장 흥행하지 못한 작품인데, 백만 정도의 관객만 극장에서 이 영
화를 봤다. 백만은 인디영화에게는 꿈의 숫자지만 할리우드 블록버
스터의 성적이라기엔 초라하다.

　스타워즈 시리즈를 챙겨 보지 않는 독자들은 앞에서 소개한 스토
리를 보고 '음, 그냥 우주에서 싸움질하는 이야기구나' 정도로 생각
할 것이다. 정확하다. 이 영화는 우주에서 싸움질하는 영화다. 주인
공들이 대의를 위해 목숨을 던지는, 너무 흔해서 이제는 잘 만들어
지지 않을 정도로 흔한 스토리를 가진 영화. 그런데 나는 이 영화를
보면서 펑펑 울었다. 여러 안 좋은 일이 겹친 결과지만, 어쨌든 할
리우드 블록버스터 영화를 보고 펑펑 울다니……. 이번 챕터는 내
가 왜 블록버스터 영화를 보고 울 수밖에 없었는지에 대한 길고 긴
변명이다.

우리는 여전히 신화를 본다

평론가들은 스타워즈를 '미국의 신화'라고 부른다. 역사가 짧은 미국에 진짜 신화는 없다. 신화가 있었다면, 그거야말로 웃긴 일이다. 미국이 만들어졌을 땐 그래도 과학이 어느 정도 발전한 시점이었는데, 쑥과 마늘을 먹은 곰이 아이를 낳았다느니, 신의 정액이 강이되었다느니 하는 신화가 있었다면 비웃음을 살 뿐이다(아메리칸 원주민의 신화가 있지만, 안타깝게도 지금의 미국은 그들의 국가가 아니다). 그래서 미국은 영화를 신화처럼 받아들였다. 영화는 어차피 픽션이니까. 그래서 스타워즈 시리즈에는 서부 개척과 세계대전의 향기가짙게 배어 있다. 승리의 역사를 신화로 탈바꿈한 것이다.

스타워즈를 만든 조지 루카스는 의도적으로 스타워즈를 신화로구성했다. 우주가 배경인 영화임에도 늘 'A long time ago(멀고 먼 옛날)'라는 문구로 시작한다. 루카스는 한 인터뷰에서 조지프 캠벨의 영향을 많이 받았다고 밝혔다. 조지프 캠벨은 『천의 얼굴을 가진 영웅』, 『신화의 힘』 같은 책을 쓴 신화 전문학자다.

신화는 기본적으로 영웅담의 구조를 갖는다. 신화 속 주인공은결코 평범한 사람이 아니다. 처음에는 비천한 것처럼 등장하지만, 알고 보면 신의 아들이거나 아니면 옆 나라 왕의 숨겨진 아들 정도는 된다. 그들은 힘든 어린 시절을 보내지만, 탁월한 재능을 가지고있으며, 갑자기 그의 능력을 알아보는 조력자가 나타나 그를 도와준다. 평범한 사람은 도저히 해결할 수 없는 큰 문제가 발생하고, 이때 주인공이 등장해 위기를 극복하고 업적을 달성한다. 이것이

전통적인 신화(영웅설화)의 스토리텔링이다. 스타워즈 시리즈의 주인공인 '스카이워커'도 이 구성에 정확히 들어맞는 영웅이다.

내가 생각하는 신화의 가장 큰 특징은 아주 큰 범위의 사건이 몇몇의 개인사로 모두 서술된다는 점이다. 가령 그리스 신화에 등장하는 '트로이 전쟁'을 생각해보자. 도시국가 트로이와 아카이아 연합군은 국가의 존폐를 걸고 오랜 기간 치열하게 싸웠다. 하지만 우리는 이 전쟁을 세 여신의 미모 대결, 가장 아름다운 여인, 신의 아들인 아킬레스의 약점, 트로이 목마 같은 신화적인 스토리로 기억할 뿐이다. 우리는 그 전쟁이 실제로 어떻게 벌어졌고, 얼마나 많은 사람이 죽었는지 기억하지 않는다. 물론 신화 속에는 인생의 희로애락이 비유적으로 녹아 있겠지만, 그것이 진짜 인간의 이야기는 아니다.

스타워즈 시리즈도 마찬가지다. 스타워즈는 지어낸 이야기지만, 어쨌든 한 세기 동안 벌어지는 은하계 전쟁을 다루고 있다. 하지만 우리는 이 전쟁을 '아나킨 스카이워커(다스 베이더)'와 '루크 스카이워커' 부자의 이야기로 간단히 정리할 수 있다. 우리가 스타워즈를 본다는 건, 스카이워커를 보는 것일 뿐이다. 조금 더 넓게 본다고 해도 그들 주변의 마스터급 제다이들과 공주, 주인공 친구들의 이야기다.

영화 속에 등장하는 스톰트루퍼(하얀 헬맷 쓴 제국군 쫄다구)들을 보라. 이들은 실력 좋은 현상금 사냥꾼의 유전자를 이용해 만들어진 클론이다. 유전자가 좋아도 전투 경험이 적으니 본체만큼 뛰어날 순 없겠지만, 어쨌든 무시할 만한 상대는 아니다. 시민들에게는 '백골단' 정도의 공포를 주는 대상이었을 것이다. 하지만 영화 속에서 이들은 배경에 불과하다. 제다이가 포스로 명령만 내리면 알아서 길을 트고, 한 부대가 달려와도 제다이의 칼춤 한 번에 모두 날아간다.

스타워즈뿐 아니라 여전히 많은 영화나 드라마, 게임, 문학 작품에서 이런 스토리는 끊임없이 반복된다. 신화와 영웅담은 효율적인 이야기다. 단순하고 재밌다. 그래서 스타워즈가 전 세계적으로 유행할 수 있는 것이고, 지금도 유사한 작품이 쏟아지는 것이다.

이 영화를 보면서 관객들은 영화 속에 나오는 10만 클론이 어떤 생각을 하는지, 데스스타에 한방에 날아간 행성 주민은 어떤 삶을 살았는지 결코 알 수 없다. 물론 알고 싶지도 않겠지(우리는 이런 주제를 다룬 영화를 예술영화라 구분하고 보지 않는다).

〈로그 원〉에는 포스가 없다

〈로그 원〉은 바로 이 문제의식에서 시작한다. 스타워즈 시리즈 없이 〈로그 원〉만 떼어놓고 보면 앞에서 설명한 영웅담의 구조를 갖고 있다. 진의 성장과 결말은 전형적인 영웅 서사시의 구조다. 〈로그 원〉의 스토리 구조는 스타워즈 시리즈의 패러디라 할 만큼 비슷하다. 하지만 이를 스타워즈 전체 스토리에 끌어다 놓으면 전혀 다른 이야기가 된다.

스타워즈 세계관에서 이 영화는 에피소드3과 4 사이, 대략 3.9 정도에 해당한다. 여기서 훔친 설계도가 반란군에 전해지고, 난생처음 전투기를 타보는 주인공 루크가 포스로 데스스타를 파괴하는 것이 에피소드4의 내용이니 연결된다고 봐도 무방하다. 그러니까 복싱으로 치자면 이 영화는 루크와 데스스타가 벌이는 결승전 앞에 무명 선수들끼리 붙는 미니 게임이다.

이들은 〈로그 원〉에서는 영웅이지만, 스타워즈 세계관에서는 전혀 중요하지 않다. 제다이 한 명이 가볍게 해낼 일을 특공대 전원이 목숨을 걸고 해낸다. 이들을 막아서는 적은 제다이들에게는 장난감 놀이에 불과한 스톰트루퍼다.

이들은 스타워즈 세계관에서 절대 주인공이 될 수 없다. 일단 포스가 없다. 물론 모든 것에 포스가 있다고 주문처럼 외우니 있기야 있겠지만, 강하지 않다. 특히 치루트 임웨는 설정이 서글퍼서 울고 싶을 정도다. 그는 포스와 제다이를 종교처럼 따라서 제다이 사원이 폐쇄되었는데도 사원을 지키고 있다. 월급을 주기는커녕 사람들은 그를 미치광이 취급을 하는데도 개의치 않는다. 그는 눈이 멀었지만 수련을 통해 제다이 못지않은 무술 실력을 갖추고 있다(배우가 무려 견자단). 하지만 그는 제다이가 되지 못한다. 그에게는 포스가 없기 때문이다. 그는 끝까지 포스를 믿으며 "I am one with the force. And the force is with me(나는 포스와, 포스는 나와 함께한다)"를 중얼거리지만, 결국 그는 포스의 보호를 받지 못하고 죽음을 맞이한다.

다른 특공대 모두 변방의 변방이다. 진은 스타워즈 시리즈 최초의 여성 주인공이다(에피소드7~9의 주인공 레이도 여성이긴 하지만, 〈로그 원〉

이 더 빨리 나왔다). 그는 '다스 베이더'의 숨겨진 딸이 아니다. 다른 어떤 위대한 사람이나 악당의 딸도 아니다. 현실에서라면 데스스타의 기술자는 매우 중요한 사람이겠지만, 스타워즈 세계관에서는 그냥 일개 과학자다. 다른 편에서 한 번도 언급된 적이 없다. 그녀는 스타워즈 주인공에게는 기본 옵션인 포스도 없고 광선검도 없다.

카시안은 반란군 장교지만, 이름만 장교지 결코 명예로운 일을 하지 않는다. 그는 전쟁 중에 고아가 됐고, 7살 때부터 반란군에 들어와 살인기계로 큰 소년병이다. 반란군도 전쟁 상황이라는 변명으로 그에게 더러운 일을 몰아줬다. 그는 스파이 활동을 하며 민간인과 아군 암살도 서슴지 않는다.

쏘우와 그의 동료들은 중동 테러단체를 떠올리게 한다(하필 그들의 본거지는 사막에 있다). 그들은 반란군 연합과도 갈라선 채, 폭력으로 제국에 대항한다.

안드로이드인 K-2SO조차 제국군에서 훔친 기성 모델이다.

제작진은 로그 원 특공대 멤버 전원을 미국인이 아닌 이민자 출신 배우로 캐스팅했다. 이들의 비주류성을 인식하고 영화를 만든 것이다. 그들은 스타워즈 세계의 주류가 아니고 미국의 주류가 아니다. 그런데 이 영화에서는 주인공이고, 뭉쳐서 거대한 일을 해낸다.

나는 이들이 스카리프 행성으로 갈 때부터 울기 시작했는데, 왜냐면 그들 모두가 죽을 것이라는 사실을 직감했기 때문이다. 이 영화는 에피소드4의 오프닝 스크롤의 딱 한 문장 "전투 도중, 반란군 첩보원은 제국의 절대적인 무기로, 행성 전체를 파괴할 위력을 지닌 무장된 우주기지 데스스타의 기밀 설계도를 탈취하는 데 성공한다"에서 만들어진 영화다. 그런데 이 영화의 주인공들은 에피소드4에 나오지 않는다. 당연하지. 이 영화는 에피소드4를 만들 때는 계획에도 없었으니까. 그러니 당연히 스타워즈 역사에 이들의 이름이 들어갈 자리는 없다. 이들은 스타워즈 역사가 다 만들어진 다음에 틈새를 비집고 만들어졌다. 작가들은 이들의 이야기를 만들면서 이미 만들어져 있는 에피소드4에 지장이 없게 해야 했다. 가장 손쉬운 방법이 무엇이겠는가? 간단하다. 이들을 영화가 끝나기 전에 모두 죽여 버리면 된다.

작가들의 합리적인 선택이 전혀 다른 차원의 이야기를 만들어낸다. 영화 속 로그 원 특공대는 포스가 없는 평범한, 비주류 캐릭터다. 그들은 포스는 없지만, 신념과 의리로 뭉쳐 열정적으로 작전에 뛰어든다. 개성 있게 살아 움직이는데, 영화가 끝나기 전에 모두 죽는다. 에피소드3.9에서 목숨을 바치는데 에피소드4에서는 이름조차 언급되지 않는다. 스타워즈 속 역사에서 누구도 그들을 기억해주지 않는다. 이름 없이 죽은 평범한 병사, 역사가 기억하지 못하는 영웅.

그들은 영화가 시작된 순간부터 죽음을 향해 필사적으로 달린다. 관객은 알고 그들은 모른다. 관객은 그들의 운명을 지켜본다. 그들은 역사에 기록되지 않으니 우리가 유일한 목격자다.

〈로그 원〉은 스타워즈가 단순한 가부장적 영웅설화가 아니라 장중한 대서사시임을 증명한다. 스타워즈 팬인 나는 스타워즈의 모든 편을 좋아하지만(에피소드1만 빼고), 〈로그 원〉 이후에는 다른 편이 시시하게 느껴진다. 이 영화는 스타워즈의 스토리를 그대로 반복하지만, 정반대의 이야기를 만든다. 영웅 못지않게 의롭고, 더 치열했지만 기억되지 않는 평범한 민중의 이야기.

〈로그 원〉에는 포스가 없기에 포스가 있고, 영웅이 없기에 영웅이 있다.

역사가 기억하지 않은 사람들

"어둠은 빛을 이길 수 없다.
거짓은 참을 이길 수 없다.
진실은 침몰하지 않는다.
우리는 포기하지 않는다."

박근혜 퇴진 촛불 집회에서 가장 많이 불린 노래 〈진실은 침몰하지 않는다〉의 가사다. 시위 노래인 만큼 단순해서 가사는 저 네 문장이 전부다. 네 문장이 끝없이 반복된다. 이 곡을 처음 듣는 사람도 한 번만 들어보면 마치 10년은 알았던 노래처럼 따라 부를 수 있다. 이 곡에는 끝내는 우리가 승리할 것이라는, 역사는 우리 편이라는, 강한 의지와 희망이 담겨 있다. 그런데 이상하게 집회에서 이 노래를 부를 때마다 나는 서글퍼졌다. 한번은 눈물을 왈칵 쏟기도 했다.

사실 이 노래는 거짓말이다. 세상은 결코 이 노래와 같지 않다. 빛이 없는 모든 곳에 어둠이 있고, 대부분 거짓이 참을 덮어버린다.

진실은 침몰하는 경우가 더 많고, 그렇기에 우리는 늘 적당히 타협하고 포기해버린다. 시위가 성공했느냐 실패했느냐 하는 이야기가 아니다. 박근혜 대통령을 503호로 보내버렸으니 성공한 시위다. 하지만 당시 나온 수많은 변화의 요구를 생각해보라. 세월호의 진실, 언론 개혁, 재벌 개혁, 기득권 타파, 비정규직 처우 개선, 그 모든 문제가 다 해결됐나? 앞으로 해결될까? 그럴 리가. 대충 어느 선에서 꼬리 몇 명 날아가고 마무리될 것이다. 모두가 삶이 힘드니까 어느 선에서 타협하고 현실을 받아들일 것이다. 그리고 변화에 대한 열망은 조금씩 잊히겠지.

몇 번의 민주항쟁을 거쳤지만, 부패한 정권과 탐욕스러운 기득권은 늘 다시 등장했다. 아니, 정확히는 사라진 적이 없다. 그럼 그동안 우리가 한 노력은 무의미했던 것일까? 사회적으로 보자면 그럴 수도 있다. 물론 이번 경우는 대통령이 바뀌었으니 1차 목표는 이룬 셈이다. 하지만 우리가 기억하지 못하는, 지금도 어디선가 일어나는 작은 투쟁들은 사회에 아주 작은 물결을 일으켰다가, 아무도 기억해주지 않은 채 사라진다.

촛불집회 초기만 해도 정치인들은 탄핵에 미적지근한 반응을 보였다. 당시 야당 의원도 단계적 퇴진이니 조기 총선이니 하면서 선거에서의 유불리만 따지고 있었다. 대통령 탄핵을 처음 외친 이들은 시민들이었고, 그 장소는 국회와 법원이 아니라 광장이었다.

집회에 100만이 넘는 사람들이 모이고 난 뒤에야, 기득권층은 상황의 심각성을 깨달았다. 그들은 '시민의 뜻'이라며 숟가락을 얹었다. 유명 정치인들은 집회에 참여해 사진을 찍고 악수를 하며 스타

대접을 받고는 지지도를 올리는 도구로 집회를 사용했다.

헌법재판소는 어떤가. 대통령이 일을 못 해서 교체하겠다는데 왜 그 마지막을 국민투표가 아닌 헌법재판으로 마무리하는가. 그들은 이미 끝난 축구 게임에 들어와서 이긴 사람 손을 들어준 심판에 불과하다. 세상에 심판 때문에 이기는 게임이 제대로 된 게임인가?

대한민국 헌법 전문에는 "우리 대한민국은 3.1운동으로 건립된 대한민국임시정부의 법통을 계승한다"라고 쓰여 있다. 헌법의 첫머리에 등장할 만큼 3.1운동은 우리나라 역사에서 중대한 사건이다. 그런데 우리는 3.1운동을 어떻게 기억할까? 사람마다 다르겠지만 보통 33인의 민족대표가 독립선언서를 낭독하고, 전국적으로 시민들이 비폭력 만세운동을 벌였고, 이 사건을 계기로 대한민국임시정부가 세워졌다고 알고 있다.

하지만 진실은 다르다.

3.1운동은 민족지도자가 아닌 학생들의 주도로 일어났다. 전국적인 시위로 확대될 조짐이 보이자, 사회 지도자들은 살포시 숟가락을 얹는다. 어쨌든 이름값이 있으니 시민들도 이들을 반긴다. 시위대는 1919년 3월 1일 탑골공원에 모여 민족대표의 선언문 발표를 시작으로 만세운동을 벌이기로 계획한다.

그런데 거사를 약속한 날, 33인의 민족대표는 겁을 집어먹고 탑골공원에 나오지 않는다. 그들은 시위를 준비한 학생들에게는 알리지도 않은 채, '태화관'에 모여서 자기들끼리 선언서에 서명한다. 태화관은 이완용의 별장이었다가 당시에는 기생 요릿집으로 운영되는 곳이었다. 독립선언서를 발표하기에 이렇게 최악의 장소를 찾기도 쉽지 않은데, 참 대단한 지도자들이다. 시위대는 뒤늦게 이 사실을 알고 태화관으로 학생 한 명(강기덕)을 보낸다. "선생님들, 이럴때가 아닙니다. 사람들 다 모였어요. 빨리 갑시다." 하지만 민족지도자라 불린 사람 가운데 단 한 명도 그 학생을 따라나서지 않았다.

결국, 다른 학생(정재용)이 독립선언서를 낭독하고 3.1운동은 시작된다. 전국으로 번진 이 시위는 학생과 농민이 중심이 되어 약 200만명의 시민이 참여한 거대한 물결로 번진다. 독립에 대한 열망은 생각보다 컸고, 한국과 일본뿐 아니라 전 세계가 이 운동을 주목한다.

그제야 시류를 파악한 민족지도자들은 다시 숟가락 얹기에 들어간다. 그들은 중국 상하이에 모여 대한민국임시정부를 수립한다. 그들은 자기들끼리 국회의원도 정하고, 3.1운동 당시 국내에 있지도 않았던 이승만을 대통령으로 앉힌다. 이유는 그가 미국에서 공부했고, 미국인과 결혼도 했기 때문이다. 이들을 만난 이승만은 '자치권 요구'니 '일본 대신 미국의 지배'니 하는 헛소리만 했다.

그들이 대체 왜 3.1운동의 정신을 잇는다는 건지, 어떤 권리로 임시정부를 세운 것인지 모르겠다. 깃발 꽂는 놈이 주인이라고 이들은 단지 '최초의 임시정부'라는 이유만으로 독립의 상징이 되어 헌법 전문을 장식한다. 물론 이후 정신을 차린 임시정부가 독립을 위해 나름의 활동을 했다. 하지만 고작 그 정도 업적으로 독립운동의모든 영광을 차지한다는 것은 어불성설이다.

건국절과 관련해서 사회적으로 시끄러웠던 적이 있다. 나는 이승만 국부론을 떠들며 1948년을 건국으로 봐야 한다는 주장에 대해 대꾸할 가치도 없다고 여기지만, 그렇다고 대한민국임시정부가 대한민국의 시작이라는 지금의 헌법도 마음에 들지 않는다.

하지만 역사는 대한민국임시정부를 강조할 것이다. 이승만을 강조하거나, 김구를 강조하겠지. 그래야 정통성이 생긴다고. 33인의 지도자는 3.1운동과 함께 영원히 기억될 것이다. 촛불혁명도 시간이 지난 뒤에 어떻게 기억될지 이미 눈에 보인다.

역사는 늘 이런 식이다. 그나마 3.1운동이나 대한민국임시정부는 근대의 일이고 기록이 많다 보니 어느 정도 진실을 알 수 있다. 조금 더 과거의 일들은 어떨까? 과연 우리가 알고 있는 역사는 제대로 된 서술일까? 혹시 북조선에서 '수령님께서 손으로 전투기를 때려잡으시었다'는 걸 역사로 가르치듯, 우리도 그런 역사를 배우고 있는 것은 아닐까? 그렇다면 차라리 북조선 역사가 나을지도 모른다. 수령님의 일대기는 너무 유치해서 비웃을 수나 있지. 우리가 배우는 역사는 얼마나 교묘한가.

3.1운동의 주역은 누구인가? 촛불혁명은 누가 일으킨 것인가? 혁명의 단물은 누가 빨아먹나? 〈로그 원〉은 이 질문에 답한다. 〈로그 원〉은 이전 스타워즈 영화들이 '수령님이 전투기 때려잡는 영화'라고 폭로한다. 역사가 어떤 식으로 기술되는지를 폭로한다. 단순히 민중도 위대하다고 말하고 끝나는 영화가 아니다. 민중의 비참한 싸움이 다음 이야기에서 바로 영웅(에피소드4의 주인공)의 업적으로 변질되는 과정을 보여준다. 로그 원 특공대는 전투기 한 대를 때려잡기 위해 목숨을 바친다. 그들은 설계도를 빼내지만 아무도 기억

하지 않는다. 중요한 일은 다 수령님이 하신 것이다.

단재 신채호 선생이 '의열단(무장 독립혁명을 벌인 아나키스트 그룹)'에 써준 〈조선혁명선언〉은 혁명에 대해 이렇게 설명한다.

——————— 구시대의 혁명으로 말하면, 인민은 국가의 노예가 되고 그 위에 인민을 지배하는 상전 곧 특수세력이 있어 그 소위 혁명이란 것은 특수세력의 명칭을 변경함에 불과하였다. 다시 말하면 곧 〈을〉의 특수세력으로 〈갑〉의 특수세력을 변경함에 불과하였다. 그러므로 인민은 혁명에 대하여 다만 갑, 을 양 세력 곧 신, 구 양 상전의 누가 더 어질며, 누가 더 포악하며, 누가 더 선하며, 누가 더 악한가를 보아 그 향배를 정할 뿐이요, 직접의 관계가 없었다. 그리하여 '임금의 목을 베어 백성을 위로한다'가 혁명의 유일한 취지가 되고…….

혁명은 권력 싸움에서 진 2인자 집단이 민중의 열망에 올라타, 현재 권력 집단을 몰아내고 새로운 권력 집단이 되는 과정일 뿐이다. '왕' 씨 왕을 몰아내고 '이' 씨 왕이 들어서거나, 왕과 귀족을 몰아내고 부르주아가 들어서거나, 귀족을 몰아내고 공산당 간부가 들어설 뿐이다. 변화는 없고 화풀만 있을 뿐이다. 차가운 평가지만, 정확한 평가다.

그럼 이런 의문이 생긴다. 혁명에 참여한 시민의 열망은 아무것도 아니었을까? 그냥 사라져 버렸을까? 그들은 단지 장기판의 졸에 지나지 않을까?

히스토리가 아닌 해프닝

혹시 살면서 누군가에게 "영원히 사랑한다"는 말을 해본 적 있는가? 나는 그런 말을 할 정도로 무책임하지 않아서(혹은 용기가 없어서) 입 밖으로 해본 적은 없지만, 20대에 비슷한 생각을 한 적은 있다.

반면 나이가 좀 들고 사랑에 상처도 몇 번 받은 뒤에는 "영원한 사랑? 귀엽네. 세상에 영원한 게 어딨어?" 같은 냉소적인 반응을 보인다. 사실 이성적으로 생각해보면, 사랑뿐 아니라 다른 무엇에도 영원, 무한, 절대, 모두, 전부, 항상 같은 표현은 쓰지 않는 것이 좋다. 수능 공부 열심히 한 사람들은 기억날 텐데, 절대적 표현이 들어간 선택지는 대부분 오답이다.

그런데 최근에는 영원히 사랑한다는 말이 꼭 불가능한 것도 아니지 않을까 하는 생각이 든다. 우리는 누군가를 영원히 사랑하지 않는다. 하지만 사랑에 빠진 순간을 떠올려보라. 그 순간 내 모든 감각이 사랑하는 사람에게 열린다. 마음속에 다른 무엇이 들어올 공간이 없다. "영원히 사랑해"라는 말은 지금 온전히 나를 너에게 100퍼센트 쏟고 있다는 뜻이다. 지금 네가 나의 전부이기 때문에, 내 마음에 빈틈이 없기 때문에, 지금 이 순간은 영원한 것이 된다. 사랑의 희열로 가득 찬 순간은 한순간이지만, 그 희열은 영원하다. 그리고 그 영원한 순간은 아이러니하게도 영원하지 않기 때문에 더 의미 있고 달콤하다. 그래서 우리는 늘 실패하지만, 끊임없이 영원한 사랑을 갈구한다. 단순히 연애만 그런 것이 아니다.

민중은, 혁명의 본질을 몰랐을까? 로그 원 특공대는 자신들이 죽을지 몰랐을까? 자신들의 열망이 권력자에 의해 변질되고 좌절할지 몰랐을까? 어둠이 빛을 이기는지 몰랐을까? 거짓이 참을 이기는지 몰랐을까? 자신들은 역사의 들러리일 뿐이라는 것을 몰랐을까?

아마 알고 있었을 것이다. 입으로는 "위대한 혁명"이라고 말해도, 뒤로는 서늘한 기운을 느꼈을 것이다. 그럼에도 그들은 거리로 쏟아져 나왔다. 지금 이 순간을 도저히 참을 수 없었기 때문이다. 그 순간만은, 생판 모르는 이들과 연대한 그 순간만은, 참이 거짓을 이기고 진실이 승리한다. 아무도 기억해주지 않아도, 설혹 결과가 나쁘더라도, 그 순간만은 역사의 주인이 된다. 그 순간은 찰나지만 영원하다.

들뢰즈는 니체의 '영원회귀'를 "지금 이 순간의 선택이 영원히 반복되는 것"이라고 해석한다. 이 해석은 재밌다. 영원을 말하지만, 미래를 말하지 않는다. 미래를 위해 현재를 포기하지 않는다. 지금 이 순간의 행동이 끊임없이 반복될 뿐이다. 지금 이 순간 포기한다면 영원히 포기하는 것이다. 반면 지금 일어서면 영원히 일어서는 것이다. 영원회귀, 순간은 영원하다.

아무리 혁명이 단순한 권력의 교체라 해도 혁명을 겪을수록 세상이 조금씩이나마 좋아지는 이유는 이 영원한 순간이 존재하기 때문이다. 이 순간을 경험한 사람을 함부로 대할 수 없기 때문이다. 나는 누구나 이런 경험을 할 수 있다고 생각하지 않는다. 용기 없는 사람은 평생 제대로 된 사랑을 경험하지 못한다. 그들은 영원한 찰나를 이해하지 못한다.

〈로그 원〉에는 스타워즈 시리즈가 시작될 때 꼭 등장하는 특유의 스크롤이 없다. 스크롤에는 늘 스타워즈의 역사가 서사시처럼 흐른다. 〈로그 원〉은 스타워즈 서사시에서 중요한 내용이 아니다. 이 영화의 인물들은 스타워즈 역사에 기록되지 않는다. 그러면 어떤가. 그렇다고 그들의 인생이 가치 없는 것은 아니다. 아니, 가치 없다 해도 상관없다. 그것이 그들의 유일한 인생이었다.

나는 역사가 민중 중심으로 제대로 쓰이길 고대했다. 시민이 역사의 중심에 서야 한다고 믿었다. 하지만 이제는 안다. 그런 것에 집착할 필요가 없다는 것을. 우리의 삶은 히스토리가 아니라 해프닝이다. 순간일 뿐이다. 역사에 기록되든 아니든 상관없다. 세상을 바꾸는 건, 기록된 역사가 아니라 한순간 일어나는 해프닝이다.

기득권 세력이 사후 평가를 어떻게 쓰는지는 중요하지 않다. 영웅 설화를 쓰든, 혁명을 자신의 것으로 만들든, 하고 싶은 대로 하라지. 죽어서 이름을 남기는 건 그들의 역사일 뿐이다. 우리 인생에 스크롤은 필요 없다. 우리는 이름을 남기지 않는다. 지금을 살아갈 뿐이다.

당신과 나의 새로운 해프닝을 고대한다.

▲
스타워즈 시리즈가 시작될 때
등장하는 특유의 스크롤

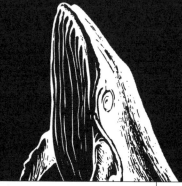

04 역할 놀이를
   끝낼 때

해적: 바다로 간 산적(2014)

장르 | 역사 없는 사극

"삶에서 흥미 있는 것은
삶이 내포하는 공백들, 균열들, 때로는 극적이고
때로는 그렇지 못한 공백들이다."

– Gilles Deleuze,
⟨Qu'est-ce gue la philosophie?⟩

1392년, 이성계는 수하들과 함께 고려를 무너뜨리고 새로운 나라를 세운다. 그는 명나라에 특사를 보내 국호와 국새를 받아 오게 한다.

조선이라는 국호와 함께 국새를 받아 서해를 건너 돌아오던 특사는 괜히 대왕고래의 새끼를 괴롭히다가 어미 고래의 습격을 받는다. 어미 고래는 다른 모든 것과 함께 특사가 가지고 있던 국새를 삼켜버린다.

조선은 발칵 뒤집힌다. 이성계는 국새를 당장 찾아오라고 신하들에게 땡깡을 부리고, 신하들은 왕의 신임을 얻기 위해 국새 찾기에 혈안이 된다. 수군은 국새를 삼킨 고래를 찾기 위해 자신들보다 빠른 배를 가진 해적 두목 '여월(손예진)'을 찾아간다. 여월은 바다의 영물인 고래를 사냥하는 것이 탐탁지 않지만, 관군의 협박에 못 이겨 어쩔 수 없이 고래를 쫓는다.

한편 원래는 군인이었으나 위화도 회군이 마음에 들지 않아서, 수하들과 산적이 된 '장사정(김남길)'은 밥벌이가 시원찮다. 부하들은 배고프다며 툴툴대고 장사정은 체면이 서지 않는다. 결국 그는 인생역전을 노리고 수하들을 데리고 고래사냥에 뛰어든다. 고래를 쫓는 해적과 산적, 거기에 여월에게 복수할 기회를 노리는 전 해적 두목 '소마(이경영)'와 관군까지 끼어들면서 한바탕 난장판이 벌어진다.

***

훌륭한 영화가 꼭 잘 만든 영화는 아니다. 어떤 영화는 완성도가 형편없는데도 시대 속에서 의미를 갖는데, 바로 이 영화가 그렇다. 〈해적〉은 딱 봐도 〈캐리비안의 해적〉의 성공에 기댄 짝퉁 영화다. 잘 만든 짝퉁도 아니어서 이야기도 뒤죽박죽 산만하기 이를 데가 없다. 영화 곳곳에서 감독은 개그를 시도하지만, 그다지 웃기지도 않다. 알다시피 실패한 개그는 안 하니만 못하다.

그런데도 이 영화를 굳이 이 책에서 소개하는 이유는, 〈해적〉이 기존 사극에서 중요하게 여기는 가치들을 끌고 와서 적당히 비꼬다가 돌돌돌 말아서 아무렇지 않게 쓱 던져버리고, 자기가 하고 싶은 이야기를 하는 영화이기 때문이다.

사극에서 가장 중요한 주제란 뭘까? 바로 '대의'다. 왕을 위한 충성, 백성을 향한 사랑, 집권을 위한 전략, 국가의 흥망이 걸린 대결전. 사극에서는 국가의 안위가 걸린 거대한 스케일을 이야기한다. 그런데 이 영화는 그런 대의를 아무렇지 않게 비틀어 버린다.

이 영화의 큰 줄거리는 국새 찾기다. 국새, 얼마나 중요한 물건인

가. 고작 도장일 뿐인데, 사극에서는 국새가 사라지면 왕의 권위도 사라지는 것처럼 유난을 떤다. 그런데 주인공인 산적과 해적은 그 중요한 국새에 별 관심이 없다. 왕이나 신하들은 목을 매지만, 이 영화에서 이들은 일개 조연일 뿐이다. 물론 주인공들도 일확천금을 노리고 국새를 찾으려고 하지만, 어떤 대의나 삶의 목적은 아니다. 그들 중 누구도 국새가 뭐 하는 물건인지조차 묻지 않는다. 그냥 구해 오면 돈 준다니 구하러 가는 거다. 심지어 이들은 영화 중반을 넘어가면 돈을 벌겠다는 생각조차 하지 않는 것처럼 보인다. 생존, 욕망, 사랑, 복수에 집중할 뿐이다.

이성계의 위화도 회군은 조선을 건국하는 결정적 사건이다. 하지만 산적 장사정은 위화도까지 가서 싸우지도 않고 회군한다는 게 마음에 들지 않아서, 이성계를 떠나 산적이 된다. 딱히 고려에 애국심이 남아서 한 행동이 아니다. 그냥 이성계가 마음에 안 든다.

해적 여월은 더 시크하다. 그녀는 고려가 망했든, 조선이 들어섰든 관심이 없다. 그녀는 툴툴대는 장사정에게 "애초에 우리에게 지킬 만한 나라가 있었던가?"라는 대사로 상황을 정리해버린다. 결국 여월 때문에 진정한(?) 산적이 되는 장사정은 영화 후반부에서 "산적의 길은 두 가지다. 돈을 쫓거나, 님을 쫓거나"라는 대사로 과거에는 군인이었다는 사실을 날려버린다.

이제껏 사극에서 늘 무게 있게 다뤄지던 이성계, 정도전 같은 캐릭터는 비웃음의 대상일 뿐이다. 이런 아나키즘적인 냉소는 영화를 산만하게 만든다. 영화의 스토리는 '국새 찾기'인데, 영화는 '국새의 가치 없음'에 대해서 말하니 스토리가 제대로 흘러갈 수 없다. 그러니 영화가 형편없을 수밖에. 하지만 놀랍게도 그 형편없음이 이 영화를 가치 있게 한다. 못 만들었다는 이유로 좋은 영화가 되다니, 과연 제작진이 어디까지 의도를 했는지 모르겠다. 하지만 그게 뭐가 중요한가. 이렇게 아름답게 엉망진창인데.

***

학교에서 역사를 배울 때 늘 의아한 점이 있었다. 우리는 공화국의 시민인데, 우리가 배우는 역사의 주인공은 늘 왕과 귀족들이다. 한반도의 역사를 왕조 이름순으로 배우고, '태종태세문단세…(이후는 보통 잘 모른다)' 하면서 왕의 이름을 줄줄 외운다.

역사 교육에는 필연적으로 편집이 들어간다. 단순히 사실을 왜곡한다는 뜻이 아니다. 역사에는 수많은 사람의 수많은 이야기가 있다. 그 수많은 이야기 중에 무엇을 배우고, 무엇을 중요하게 여길지는 선택의 영역이다. 과거에는 왕이 유일한 주권자였기 때문에 왕을 중심으로 역사를 배우는 건 어쩔 수 없는 측면이 있다. 다른 내용을 가르치고 싶어도 자료가 남아 있지 않은 경우가 많다. 하지만 같은 역사를 배우더라도 어떤 관점으로 바라보느냐 하는 건 중요한 문제다.

왕이 사라진 이후도 마찬가지다. 우리는 독립운동을 과도한 민족주의 시각에서 교육한다. 당시 세계적으로 민족주의가 대두되었고, 우리의 독립운동도 큰 영향을 받은 것은 사실이다. 하지만 동학 이

래로 많은 저항이 계급 타파의 의미를 가졌고, 독립운동도 계급 운동의 측면을 가지고 있었다. 또한, 공산주의와 아나키즘 역시 민족주의만큼 독립운동에 영향을 끼쳤지만 우리는 이에 대해서 가르치지 않는다. 독립운동의 모든 동력과 의미를 민족이라는 이름으로 포장하는 것은 다분히 의도적이다. 이는 민족의 개념이 약해져야 할 시기에 오해를 불러일으킬 수 있다.

친일 부역자에 대한 비판도 왜곡되어 있다. 단순히 그들이 '민족을 팔아먹어서' 비판한다면 그 비판은 비난 그 이상도 이하도 아니다. 친일 부역자가 '민족의 배반자'라면 우리는 왜 당시 일본인들을 비판하는가? 그 사람은 그 사람대로 자신의 민족에 충성을 한 것인데 말이다. 우리가 비판할 지점은 나라를 팔아먹어서가 아니라 강한 힘에 압도되어 파시스트 제국주의에 일조했다는 것이다. 친일 부역자들 중 상당수는 이후 더 강한 세력(미국과 군부)에게 아부하며 살아남았다. 그들은 친일을 한 것이 아니라 더 강한 것을 동경한 것이다. 이런 관점을 가져야만 한국인이든 일본인이든 비판의 대상이 될 수 있다. 또한 친일 부역자를 비판하는 똑같은 맥락에서 과도한 애국자들도 비판할 수 있다. 친일을 했던 사람이나 과도한 민족주의자나 파시스트 체제를 옹호한다는 면에서 동일하다.

우리에게 필요한 교육은 왕이나 국가에 관한 내용이 아니다. 평범한 사람들은 어떤 삶을 살았는지, 전체주의 가치관에 저항한 이들은 누가 있었고 그들은 어떤 생각을 가졌는지, 어떤 공동체를 꿈꿨는지에 관한 것이다.

사극도 마찬가지다. 사극이 어차피 지어낸 이야기라면, 뻔한 대의보다는 소수자의 삶을 상상하는 게 훨씬 더 가치 있지 않을까? 적어도 더 즐겁지 않을까? 〈해적〉이 웰 메이드하게 만들어졌다면, 기껏해야 〈캐리비안의 해적〉의 짝퉁이 되었을 거다. 하지만 이 영화의 허점은 관객에게 상상력을 불러일으키며 역사를 재해석하게 도와준다. 엔딩에서 국가와 타협하며 되지도 않는 로맨스로 마무리한 것은 못내 아쉽지만(대의는 무시해도 로맨스는 무시할 수 없는 한국), 그 가능성을 보여주었다는 것만으로도 충분히 즐겁다.

정해진 세계관 속 역할 놀이

알렉산더는 그리스 변방 마케도니아의 왕자로 태어나 스무 살에 왕의 자리에 오른다. 그는 반란 세력을 제압하고 주변 국가와 전쟁을 시작해 10년 만에 대제국 페르시아를 점령한다. 그는 거기서 만족하지 않고, 인도 정벌을 천명한다. 신하들은 10년간의 전쟁으로 이미 지칠 대로 지친 상태였기에 그를 만류한다. 엄청난 부와 영토를 가졌는데, 뭐 하러 그 고생을 다시 하느냐고. 하지만 알렉산더는 만류를 뿌리치고 끝내 원정길에 오른다.

알렉산더는 무엇을 위해 일생을 전쟁에 바쳤을까? 그가 바란 건 무엇이었을까?

그는 어린 시절 신화 속에 등장하는 영웅의 삶에 심취해 있었다. 그리스 신화 속 영웅은 지금 기준으로는 결코 합리적인 존재가 아니다. 그들은 늘 강한 적과 싸우기 위해 모험을 떠나고, 자신보다 강한 상대 앞에서 장렬하게 죽음을 맞았다. 알렉산더가 바란 건 넓은 영토가 아니었다. 그는 강한 적을 쓰러뜨리고, 계속 더 강한 적을 찾고, 언젠가 자신보다 강한 자에게 쓰러질 계획이었다. 시가 되고 노래가 되어 영원히 기억되는 영웅이 되고 싶었다. 자신이 어린 시절 들었던 신화 속 주인공처럼.

알렉산더가 지금의 파키스탄 지역을 점령했을 때, 신하들은 이제 충분하다며 그만 돌아가자고 사정했다. 하지만 그는 인도의 동쪽 끝까지 진군해야 한다고 주장했다. 그가 제시한 이유는 간단하다. 동쪽 끝에 자신의 업적을 기리는 영웅비를 세워야 하기 때문이었다. 어처구니없는 이유지만, 그는 진지했다.

그의 원정은 결국 부하들의 파업으로 막을 내리고, 제국으로 돌아온 알렉산더는 곧 사망한다. 알렉산더는 자신의 사후를 대비한 어떤 정치 활동도 하지 않았기에 그의 죽음 이후 제국은 분열했다.

우리는 알렉산더를 불굴의 영웅이자, 자신의 운명을 개척한 사람이라고 배운다. 그런데 그는 정말 인생을 개척한 사람일까? 어쩌면 단순한 역할 놀이에 심취했던 어린아이는 아닐까?

역할 놀이 운명관은 서양보다 동양 역사에서 훨씬 광범위하게 나타난다.

사람들은 사마천의 『사기』가 매우 중요한 작품이라고 말한다. 이 책이 중요한 이유는 무엇일까? 방대한 역사서여서? 그 자체의 작품성? 독특한 서술 방식? 다 맞다. 『사기』는 훌륭한 작품이다. 하지만

『사기』가 정말 중요한 이유는 동아시아 역사에서 이 책에 등장한 스토리와 캐릭터의 전형이 끊임없이 반복해서 등장하기 때문이다.

그러니까 『사기』는 근대화 이전 동아시아의 게임의 규칙을 적어 놓은 책인 셈이다. 실제로 『사기』는 시간순으로 사건을 기술하는 보통의 역사서와는 달리 인물 중심으로 되어 있고, 부와 명성, 실패와 성공보다 인물의 가치관을 더 중점적으로 서술한다. 과거 동아시아 사람들은 그 캐릭터 중 하나를 선택해서(혹은 지정 당해서) 플레이하는 삶을 살았다. 충신이든, 간신이든, 배신자든, 정복자 왕이든, 바보 왕이든, 상인이든 모두 같다. 동아시아 문화권에서 어느 정도 이름을 날린 사람은 모두 자신이 선택한 캐릭터로 역할 놀이를 한 것이다.

단종을 폐위하고 스스로 왕위에 오른 수양대군에 반대해, 죽임을 당한 사육신 성삼문을 생각해보자. 그는 『사기』의 어떤 인물을 본 뜬 것일까?

백이와 숙제가 바로 연상될 것이다. 백이숙제는 상나라가 멸망한 뒤, 불의한 주나라 무왕의 녹을 받을 수 없다며 수양산에 숨어 고사리만 캐 먹다가 굶어 죽은 충신들이다.

성삼문이 쓴 〈절의가〉를 읽어보자.

수양산 바라보며 이제를 한하노라

주려 주글진들 채미도 하난 것가

비록애 푸새엣 거신들 긔 뉘 따헤 낫다니

지금 말로 고치면 이렇다.

수양산을 바라보며 백이와 숙제를 탓한다.
굶어 죽을지언정 고사리를 먹어서야 되겠는가?
비록 산에서 자란 풀이라 하더라도 그것이 누구의 땅에서 난 풀인가?

얼핏 보면 이 시는 왕을 비난해 놓고, 그 왕의 땅에서 난 고사리를 먹고 살아간 백이와 숙제를 비난하는 것처럼 보인다. 하지만 정확히는 성삼문 자신도 백이숙제처럼 되겠다는 다짐에 가깝다. 백이숙제마저 충이 모자란다고 디스랩을 해놓고 자신이 단종을 배신할 순 없는 노릇 아닌가. 그는 이 시를 통해 자신이 백이숙제로 캐릭터를 설정했음을 선언한 것이다.

수양대군과 성삼문은 어린 시절부터 친구였다. 수양은 그를 신뢰했으며 많이 아꼈다. 그런데 믿었던 성삼문이 갑자기 너와는 친구도 아니고 왕으로 인정해줄 수 없다고 선언한 것이다. 수양은 그를 회유하기 위해 모진 고문을 가한다.

하지만 성삼문은 고통을 버텨야 한다. 자신이 백이숙제 캐릭터이기 때문이다. 하지만 곤장을 맞고, 입이 터지고, 뼈가 부러지고, 인두로 지지자 더 이상 고통을 참기 힘들어진다. 식은 인두를 다시 뜨겁게 달구어 오라는 수양의 명령이 떨어지자, 그는 한탄하듯 읊조린다.

"나으리, 고문이 참으로 모지십니다."

수양은 그의 말을 이해했다. 수양은 고문을 멈췄다. 다음날 성삼문은 극형을 당했다. 수양이 기꺼이 역사의 악역을 받아들인 것이다. 성삼문과 수양은 모두 자신의 역할을 다했다.

"나는 그들을 배신자로 처형하지만, 역사는 그들을 충신으로 기억할 것이다."

수양의 말이다. 역사의 역할 놀이가 제대로 이루어졌다.

유교 사회에서는 이런 전통이 유독 두드러졌다. 사회적 가치관이 개인에게 그대로 투영되고 개인은 자신의 역할과 책임을 다했다. 역사를 순환한다고 본 동아시아의 역사 인식도 이런 사고에 큰 영향을 끼쳤다. 사람들은 새로운 개별자가 되기보다는 반복하는 역사 속에서 이전의 누군가처럼 자신의 역할을 수행했다.

이런 삶에도 분명 매력이 있다. 운명을 받아들이는 사람의 숭고함은 나 같은 사람이 함부로 말할 수 있는 게 아니다. 하지만 그들의 삶이 자유롭지 않다는 데는 모두가 동의할 것이다.

이런 동아시아적인 사고, 유교적 전통을 씹어 먹은 한 유학자가 있었다.

이탁오의 고백

16세기 후반 명나라에 이탁오(이지, 호는 탁오)라는 유학자가 있었다. 그는 26살에 과거를 보고 29살에 관리가 된 이후로 쭉 지방 관리로 살았다. 나라를 좌지우지하는 재상은 아니지만, 지역에서 그럭저럭 알아주는 관리였다.

50살이 되기 전까지 그는 평범한 삶을 살았다. 슬하에 몇 명의 자녀를 두었으나, 아들은 모두 요절했고 딸은 결혼해서 책임질 자식이 없었다. 유일하게 함께 살던 아내마저 그의 곁을 떠나자, 그는 54살에 평생을 몸담았던 관직을 그만둔다. 그리고 뜬금없이 자신이 이제까지 인생을 개같이 살아왔다고 고백한다.

──────── 나는 어려서부터 성인의 가르침을 읽었으나 성인의 가르침을 제대로 알지 못했으며, 공자를 존경했으나 왜 공자를 존경해야 하는지를 스스로 알지 못했다. 난쟁이가 광대놀음을 구경하다가 사람들이 잘한다고 소리치면 따라서 잘한다고 소리 지르는 격이었다. 나이 오십 이전의 나는 정말로 한 마리의 개에 불과했다. 앞의 개가 그림자를 보고 짖으면 나도 따라서 짖은 것이다.

그동안 눌러왔던 철학이 혼자가 되자 폭발한 것이다. 유학자라는 사람들이 고민도 없이 이전 성인들이 했던 말을 그대로 반복하며 확대 재생산하는 꼴이 보기 싫었던 것이다. '앞의 개가 짖으면 따라 짖는 나는 개였다'라는 고백은 자신은 물론 그 시대 모든 유학자에게 던지는 칼이다. '너희들은?' 하고 던지는 날 선 질문이다.

그는 유학에서 금기시했던 모든 것에 대해 반문하기 시작한다. 그리고 이런 생각을 담아 첫 번째 책을 발표한다. 그는 이 책에서 유학의 금기를 파고든다. 제목은 『분서』다. 타서 없어질 책이라니,

이 얼마나 파격적인 제목인가(잘 팔릴 제목이기도 하고).

또한 학교를 세워 제자를 육성했는데, 그 학교에는 남녀 구분이 없었다. 유학은 여성을 천시했기 때문에 여성을 가르치고 여성과 토론을 하는 건 용납되지 않았다. 이에 대한 비판이 쏟아지자 그는 이렇게 답변했다.

─────── 당신이 내려주신 커다란 가르침에는 부녀자의 소견은 좁아서 도를 배울 수가 없다고 쓰여 있었습니다. 그렇습니다! 그렇습니다! 무릇 부녀자는 문지방을 나갈 수 없고, 남자들은 활을 들고 나가 사방으로 사냥할 수 있기 때문에, 그 소견의 좁고 넓음은 말할 필요도 없을 것입니다. 그렇지만 부녀자의 소견이 좁다는 것은 그녀들이 본 것이 안방 문을 벗어나지 못했기 때문이고, 남자의 소견이 넓다는 것은 밝고 넓은 벌판을 깊이 살펴보았기 때문입니다.

『논어』에는 '여자와 아이는 다루기 어렵다'는 구절이 등장한다. 공자가 왜 이 말을 했는지 정확히는 알 수 없다. 연애에는 젬병이라 여성을 혐오했을 수도 있고, 그냥 당시의 관습을 별생각 없이 뱉은 말일 수도 있다. 어쨌든 논어에는 그런 구절이 들어 있고, 이후 유학자들은 이 말에 과도한 의미 부여를 했다. 왜? 공자님 말씀이니까. 공자님이 허튼소리를 했을 리 없으니까. 그래서 그 문장을 뒷받침하는 온갖 주장이 뒤따른다. 여자가 왜 다루기 어려운지에 대한 수십 가지 이유가 붙었다. 그럴수록 그 주장은 점점 더 확고해진다. 그렇게 앞의 학자들을 보고 믿음을 쌓아 올렸으니, 여성을 가르쳐

본 적도 없으면서 이렇게 말하는 것이다. "여성은 소견이 좁아서 가르쳐봐야 헛수고다."

이에 대해 이탁오는 다르게 접근한다. 그는 왜 공자가 그런 생각을 하게 되었는지 추측한다. 그리고 여자 제자를 가르치는 자신을 비난하는 이에게 이렇게 답변한다.

"네 말이 맞아. 여자는 소견이 좁아. 그럴 수밖에 없지. 여자들은 집 밖으로 나간 적이 없으니까. 왜? 사회가 나가지 못하게 하니까. 그러니 본 것도 적고 소견이 좁을 수밖에. 반대로 남자는 온 세상을 두루 구경하니까 상대적으로 소견이 넓을 수밖에 없지."

여기서 이탁오는 누구나 동등하게 교육받고 동등한 기회를 얻어야 한다는 논리를 만들어낸다. 기존의 유학자들은 책에서 본 편견으로 현상을 판단해왔다. 하지만 그는 과정을 성찰함으로써 진리를 추구했다. 그를 단순히 남녀평등 사상을 주창한 유학자 정도로 생각하는 이들이 많지만, 그의 사고방식은 그 이상이었다. 여성에 대한 입장은 평민에 대한 입장으로 이어지고, 이는 모든 종류의 기득권 타파로 흘러갈 수밖에 없다.

이탁오는 유학 외에 불교와 이슬람교의 경전도 선입견 없이 받아들였다. 당연히 그에게 이단이라는 비난이 쏟아졌다. 그러자 그는 마치 기다리기라도 한 것처럼 머리를 밀어버렸다. 머리를 민다는 건 불교에 귀의한다는 의미를 가지고 있었다. '신체발부 수지부모'를 외치는 유학자들이 몸을 부들부들 떨 만한 행동이었다. '나를 이단이라고 규정한다면, 정말 이단이 되어주지.' 62살에 반항심으로 머리를 밀어버리다니, 얼마나 쿨한가(혹시 탈모가 와서?).

『분서』는 당시 민중들에게 큰 인기를 끌었다. 하지만 기득권층에게는 도저히 용납할 수 없는 책이었다. 그에게 가장 흔한 비난은 성적으로 문란하다는 것이었는데, 과거 여성에게 호의적이었던 사람들은 대부분 이 비난에 시달렸다. 실제로 그가 문란했는지 어쨌는지는 모르겠지만, 여성과 격의 없이 지내는 모습은 악의적인 소문을 만들어내기에 적당했다. 결국 한 여성 제자가 소문에 충격을 받고 스스로 목숨을 끊었고, 이탁오도 사회에 분란을 일으킨 혐의로 체포된다. 그때 그의 나이 76세였다. 그는 감옥에서 면도해주는 이의 칼을 빌려 스스로 목숨을 끊는다.

이탁오는 자신의 주장이 자신을 죽음으로 몰아갈 것을 알고 있었다. 그는 『분서』에 '이 책을 내면 모두가 나를 죽이려 할 것'이라 적었다. 그는 마치 죽음을 기다리는 사람 같았고, 죽음이 제 발로 찾아오지 않자 스스로 찾아갔다.

당대의 역사가들은 이탁오의 이름과 글을 역사에서 지워버리려 했다. 하지만 『분서』는 베스트셀러였고 민중은 이탁오의 사상을 이해했고 동조했다. 민중에 의해 그의 이름과 사상은 역사에 남을 수 있었다.

나는 이탁오를 좋아한다. 그의 사상도 좋지만, 삶의 태도가 좋다.

우리는 과거 동아시아에 살았던 사람들과 얼마나 달라졌을까? 분명 훨씬 자유로운 세상에 살고 있다. 하지만 현대를 살아가는 대부분 사람도 사회가 정한 가치관 속에서 정해진 역할을 하고 있을 뿐인지도 모른다.

이탁오 외에도 아나키즘을 떠올리게 하는 동양 철학자들이 많이 있다. 제자백가 시대의 양주나 장자 같은 사람이 대표적이다. 불교는 사상적으로 아나키즘과 맞닿는 부분이 많다. 임제와 원효 같은 승려는 동양의 아나키스트라 불러도 전혀 부족함이 없다.

그런데도 상대적으로 덜 유명한 이탁오를 소개하는 이유는, 유학이 완전히 성립되고 유학이 당연한 가치로 받아들여지던 시절에, 유학자의 신분으로 유학에 반기를 든 사람이기 때문이다. 이미 만들어진 선입견을 뒤엎는 것은 무언가를 새로 만드는 것보다 훨씬 어려울 수 있다.

나이 오십이 넘어 세상의 질서에 저항했다는 점도 마음에 든다. 당시 오십은 지금으로 치면 노인이다. 경로당 가서 놀 나이다. 그런 노인이 자신이 이제까지 살아온 삶을 개탄하며 개같이 살았다고 고백하다니, 얼마나 놀라운가? 물론 사회에 순응해서 살아가는 사람이 개 같다는 말은 아니다. 순응하는 삶에도 숭고함이 있고, 나는 그들의 선택을 존중한다. 하지만 그렇게 살아가는 이 중 몇몇은 이탁오가 느낀 것처럼 자신의 삶이 비루하고 개 같다고 느낀다. 그럼에도 대개는 자신의 행동을 '어쩔 수 없는 일'로 '인생은 다 그런 것'이라며 넘겨버린다. 이탁오만은 자신의 감정에 솔직했다.

그의 삶은 나를 포함해 지금 개같이 살고 있는 사람들에게 큰 위로를 준다. 이제까지가 아니라 앞으로 개같이 살지 않으면 된다는 위로. 세상은 어떨지 모르겠지만 적어도 내 삶은 바꿀 수 있다는 위로.

나이 들어 변절하는 사람은 많지만, 나이 들어 정신 차리는 사람은 드물다. 젊은 시절 새로운 이상을 꿈꾼 이들도 나이가 들어 변해

가면서 '내가 어려서 세상을 몰랐다'며 정신 승리하는 경우가 많다. 이탁오는 그런 이들에게 인생을 걸고 이렇게 말한다. "내가 살아보니까 말이야, 네가 젊었을 때 한 말이 다 맞아"라고.

　역사가 할 일은 우리 시대에 필요한 가치를 일깨워주는 것이다. 이탁오 같은 이의 삶과 철학은 현대 시민들에게 큰 의미가 있다. 그의 삶은 〈해적〉같이 완성되지 않은 영화를 볼 때와 같은 즐거움을 준다. 정해진 가치가 아니라 자신만의 가치를 찾는 즐거움. 역할 놀이가 아니라 진정으로 원하는 자유를 찾는 즐거움.
　그 인생 길은 결코 아름답지 않으며 완성되지 않을 것이다. 자유로운 사람의 인생은 잘 만든 영화가 아니다. 하지만 그는 적어도 자기 삶의 주인공일 것이고, 그 영화는 기억될 것이다.

05 우리는 누구의 시선으로
세상을 살아가는가

미세스 팡(2017)
方绣英
장르 | 미세스 팡

영화는 어딘가를 바라보며 서 있는 노인으로 시작된다. 중국의 어느 시골 마을에 사는 67세 알츠하이머 환자 팡슈잉 부인.

화면이 암전되고 1년의 시간이 흐른다. 화면이 밝아지고, 그녀는 이제 침대에 누워 있다. 첫 장면에서 그나마 보이던 생기가 이제는 전혀 보이지 않는다. 자막으로 알려주지 않았다면 같은 사람인지조차 의심스러울 정도로 초췌하다. 그녀는 이제 곧 죽음을 맞이한다. 카메라는 그녀에게 죽음이 찾아오는 6일간을 기록한다.

***

1시간 30분 상영 시간 동안 중간에 잠깐 마을 사람들의 밤낚시 장면을 제외하면 우리는 내내 침상에 누워 있는 팡슈잉 부인을 바라본다. 그럼에도 우리는 그녀가 누구인지조차 알 수 없다. 얻을 수 있는 정보는 기껏해야 그녀가 사는 마을이 의료 서비스를 제대로 받을 수 없는 시골이라는 것과 가족이 단칸방에서 살고 있다는 것 정도다. 영화에는 그녀의 가족이 여럿 등장하지만, 가끔 엄마를 살피는 딸 외에는 관계조차 제대로 알 수 없다. 그들은 팡 부인을 옆에 두고 온갖 이야기를 나누지만 영화는 이들의 이야기에 큰 관심을 기울이지 않는다. 때문에 그들의 말은 이야기가 되기 전에 분절되고, 관객은 그들이 무슨 이야기를 하는지 알아들을 수 없다.

카메라는 누워 있는 팡 부인을 하염없이 비춘다. 그녀는 움직일 수 없다. 누워서 입을 살짝 벌리고 멍하니 어딘가를 바라본다. 마치 정지화면 같은 깊은 침묵이 흐른다.

카메라의 윤리

우리는 영화에서 수많은 죽음을 본다. 액션 영화나 전쟁 영화에서 죽음은 단순한 오락일 뿐이다. 너무 많이 봐서 이제는 자극조차 주지 않는다. 〈테이큰〉, 〈존 윅〉 같은 영화를 보면 대체 주인공이 몇 명을 죽이는지 셀 수조차 없다.

반대로 하나의 죽음에 큰 의미를 부여하는 영화도 있다. 주인공이나 주인공 친구의 죽음은 관객의 눈물을 뽑아낸다. 〈타이타닉〉을 보라. 우리가 슬퍼하는 죽음은 오직 '잭(레오나르도 디카프리오)'의 죽음뿐이다. 우리는 그들의 사정을 알고, 애달픔을 안다. 그렇기에 함께 슬퍼한다. 하지만 그 역시 오락일 뿐이다. 누군가가 죽음을 연기하면, 우리는 가짜 감정을 공유한다.

　그래서 다큐멘터리에서는 종종 '진짜 죽음'을 촬영한다. 다큐멘터리에서 죽음은 강렬한 주제다. 〈미세스 팡〉이 실제 죽음을 다룬 첫 번째 다큐멘터리는 아니다. 다큐멘터리 최고의 스펙터클 블록버스터가 죽음인데, 그런 작품이 이제야 나왔을 리 없다. 그렇다면 이 영화는 다른 작품들과 어떻게 다를까?

　당신이 다큐멘터리 감독이 되어서 누군가의 죽음을 카메라에 담는다고 생각해보라. 어떻게 이 장면을 편집할 것인가? 고통을 당하는 주인공, 슬픔을 느끼는 가족, 욕창으로 피부가 헐고, 딸은 엄마에게 내가 누군 줄 아느냐고 묻고, 가족은 눈물을 흘리고… 이미 익숙하지만 눈물을 흘릴 수밖에 없는 장면으로 도배를 할 것이다.

　그런데 이 영화에서는 그런 장면이 철저하게 배제되어 있다. 상영 시간은 86분인데, 컷이 43개밖에 되지 않는다. 한 컷당 평균 2분이다. 컷이 10초만 넘어가도 관객은 심심하게 느끼므로 2분은 엄청나게 긴 시간이다. 카메라의 움직임도 거의 없다. 가족들이 실수로 카메라를 건드릴 때 외에는 대부분 가만히 멈춰 있다. 심지어 그렇게 긴 쇼트가 미학적으로 아름답지도 않다. 보통 영화였다면 햇볕이 공간을 따뜻하게 감싸는 느낌을 연출했겠지만, 팡 부인이 있는 곳은 지저분하고 볕이 들지 않는다. 영화를 위해 추가로 설치한 미술 소품은 전혀 보이지 않는다. 카메라는 그 방에 누가 있는지, 무엇이 있는지 관심이 없다. 오직 누워서 어딘가를 바라보고 있는 팡 부인만을 주야장천 비춰줄 뿐이다.

죽음을 다룬 다큐멘터리에서 가장 중요한 장면은 무엇일까? 바로 임종이다. 죽음이 찾아오는 그 순간. 하지만 이 영화에는 정작 중요한 마지막 순간이 없다. 죽음을 다룬 다큐에 죽음이 없다.

영화의 마지막, 팡 부인이 클로즈업된다. 눈을 감을 힘도 없어 눈을 뜨고 있던 그녀의 눈에서 눈물이 흘러내린다. 슬픔의 눈물이 아니다. 제대로 눈을 감지 못하니 안구가 건조해서 흘러나오는 생리적 눈물이다. 이 눈물에서 영화는 예고도 없이 마무리된다. 그녀의 죽음은 암전 상태에서 자막으로 처리된다. 임종 장면을 촬영하지 않았거나, 촬영 후 편집한 것으로 보인다. 이 영화는 철저하게 스펙터클을 지워버린다. 그것이 오랜 시간 팡 부인을 바라본 감독이 내린 결론이다.

죽음을 향해 가는 노년의 시간에서 가장 큰 비중을 차지하는 것은 무엇일까? 몸이 아프고, 그로 인해 사회에 적응하지 못하고, 길을 못 찾고, 똥오줌을 못 가리고, 가족이 충격을 받고, 이런 장면이 분명히 있다. 하지만 일상의 대부분은 하염없는 침묵으로 채워진다. 팡 부인처럼 말도 할 수 없고 몸도 움직일 수 없는 극단적인 경우는 말할 것도 없고, 우리가 '정정하다'고 말하는 노인들조차 하루의 많은 시간을 침묵 속에서 보낸다. 그들은 무슨 생각을 하고 있을까? 왜 노인의 자살률은 다른 세대보다 압도적으로 높은가? 오스카 와일드는 이렇게 평했다. "노년의 비극은 그가 늙었다는 것이 아니라 젊다는 것"이라고. 우리 사회가 노년의 문제를 직시하려면 그들의 침묵을 직시해야 한다.

만약 이 영화에서 긴 침묵 사이에 어떤 특별한 일, 환자의 고통이나 가족의 슬픔이 드러나는 장면이 있었다면, 관객은 긴 침묵을 보는 대신 그 일순간만 기억할 것이다. 감독은 의도적으로 스펙터클을 배제하고 침묵만을 배치해 관객이 그녀 삶의 대부분을 차지하는 침묵을 바라보게 했다. 관객에게는 지루한 일일 수 있다(이 영화는 영화제에서 종종 상영됐을 뿐 아직 국내에 정식 개봉하지 않았는데, 앞으로도 쉽지 않을 것 같다). 고백하자면 나도 이 짧은 영화를 보는 동안 5번이나 졸았다. 그 졸음 와중에 내가 본 건 누군가의 현실이다. 그녀의 멍한 눈을 바라보고 있으면, 침묵 속에서 살아가는 노인들이 대체 무슨 생각을 하고 있을지 궁금해진다. 젊은 시절을 추억하고 있을까? 삶의 회한일까? 알츠하이머 환자니 그런 생각조차 할 수 없을까? 우리는 결코 그 답을 알 수 없다. 하지만 평소에는 절대 궁금해하지 않을 것들이 이 영화를 보는 중에는 궁금해진다.

이 영화의 감독인 왕빙王兵은 작품에서 이런 태도를 일관되게 유지한다. 2017년 발표한 영화 〈15시간〉에서 그는 이 스타일을 극단적으로 밀어붙인다. 이 영화는 중국 의류공장 노동자의 하루를 다룬다. 이들은 아침 8시에 출근해 밤 11시에 퇴근한다. 제목대로 15시간 근무를 하는 셈이다. 우리나라 70~80년대 공장 노동자들을 떠올리면 이해가 쉽다. 이 영화의 상영 시간은 총 950분(15시간 50분)이다. 영화는 리얼타임으로 진행되며, 추가된 50분은 출퇴근에 들어가는 시간이다.

〈미세스 팡〉이 그랬듯, 이 영화에도 스펙터클하고 다이나믹한 일은 일어나지 않는다. 감독은 노동자가 노동한 시간만큼 관객이 영화를 보기를 원했으나, 16시간 동안 영화만 보라는 건 너무 가혹하다 싶어서인지, 2편으로 쪼개서 하루 8시간씩 이틀에 걸쳐 상영했다. 이런 영화를 상영할 미친 극장주는 없었기에 정식 개봉하진 못했고, 미술관에서만 이벤트성으로 상영했다. 어쨌든 관객은 노동자의 일과를 극장에서 꼬박 앉아 보는 셈이다. 영화 보기를 실제 노동으로 만든 것이다. 15시간 동안 일하는 게 힘든지, 극장에 앉아 있는 게 힘든지 토론해볼 만하다.

가혹한 노동을 다룬 영화는 이전에도 많이 있었다. 비인간적인 사업주, 착취당하는 노동자, 열악한 환경에서 일어나는 각종 안전사고, 건강 악화, 노동자들의 비명, 노조를 세우는 노동자, 노조를 탄압하는 기업과 국가, 그런 스펙터클한 드라마를 한두 번쯤 봤을 것이다. 실제 현실에서 일어나고 있기에 그런 작품 역시 필요하다. 하지만 왕빙 감독의 시선으로 보자면 그런 영화에는 스펙터클은 있지만, 실제 노동이 빠져 있는 셈이다. 아무 일도 일어나지 않는 15시간이라는 침묵과도 같은 노동.

이 영화는 4D 영화다. 관객 역시 이 영화를 보느라 하루를 소진한다. 영화가 끝나고 집에 간 관객들은 무엇을 할 수 있을까? 그냥 지쳐 쓰러질 뿐이다(혹은 영화관에서 너무 많이 자서 밤새 놀거나). 영화를 볼 생각만 해도 눈이 건조해지고 허리가 아파온다.

흥미로운 점은 이 영화를 보는 사람들이 대부분 부유한 국가의 먹물들이란 점이다. 아무리 생각해봐도 공장 노동자가 이 영화를 볼 것 같지는 않다. 〈미세스 팡〉을 보는 관객도 마찬가지다. 그들은 자신의 부모조차 그렇게 오래도록 바라본 적이 없는 사람들이다. 예술이라는 이름으로 평생 들여다볼 생각을 하지 않던 이들의 삶을 들여다본다. 돈을 내고 일부러 먼 곳에서 찾아와서 본다. 누구인지도 모르는 사람의 얼굴을 큰 스크린으로 집중해서 바라보고 있는 1세계 먹물들을 떠올려보라. 그 자체로 행위예술이 아닌가.

그렇기에 왕빙의 영화는 그 어떤 선전 영화보다 정치적이다. 〈15시간〉이라는 압도적인 노동시간, 의료지원 없이 방치된 노인 〈미세스 팡〉. 영화에는 단 한 차례도 정치 이야기가 나오지 않지만(사실 다른 어떤 이야기도 없다), 중국 정부는 이 영화에 상영금지처분을 내렸다.

목숨값은 다르다

2015년 프랑스 파리에 위치한 샤를리 엡도Charlie Hebdo 본사에 무장괴한 2명이 침입해 총기를 난사하는 사건이 일어났다. 12명의 사망자가 나왔고 전 세계는 충격에 빠졌다. 인터넷은 'pray for Paris'라는 문구로 뒤덮였다. 하지만 비슷한 시기 케냐에서 일어난 가리사 대학교 테러 사건에 대해서는 언급하는 이가 거의 없었다. 사실 사람들은 이 사건이 일어났는지도 몰랐다. 이 테러에서 147명의 대학생이 사망했다.

같은 해, 파리에서 다시 동시다발적인 테러가 일어났고, 테러에 반대하는 세계 시민은 또 한 번 파리를 위해 기도했다. 역시 같은 시기 일어난 베이루트 테러 사건에 대해서는 별다른 반응을 보이지 않았다.

어떤 사람들은 "후진국에서는 그런 일이 자주 있지만, 파리는 다르잖아"라고 할지도 모르겠다. 분명 파리는 세계의 상징 같은 도시다. 하지만 사람들은 파리가 역사적으로 테러가 자주 일어났다는 사실, IS 이전 베이루트와 가리사가 치안이 꽤 괜찮은 곳이었다는 사실에는 관심이 없다. 만약 서울과 뉴욕에서 동시에 테러가 발생한다면, 누가 서울을 기억해줄까? "거기는 북한이랑도 가깝고 원래 그렇잖아" 같은 소리를 하진 않을까. 하지만 우리는 안다. 한국이야말로 테러에서 가장 안전한 나라라는 사실을.

우리의 죽음은 공평하지 않다. 새로운 이야기는 아니다. 하지만 한 개인으로 생각해보자. 그게 어쩔 수 없는 일인가? 파리에서 죽든 베이루트에서 죽든, 죽는 건 매한가지다. 그런데도 누구의 죽음은 가볍게 처리되고 기억되지 않는다.

세상 모든 일은 + −

한국 정치에서 역대 대통령에 대한 평가는 상당히 예민한 부분이다. 특히 박정희에 대한 평가는 극단적으로 나뉜다. 그래서 논쟁에 휘말리고 싶지 않은 이들은 대부분 "공과 과, 양 측면을 모두 가지고 있다"는 식으로 얼버무린다. 틀린 말은 아니다. 사람은 누구나 양 측면을 가지고 있으니까.

그런데 '공과 과가 있다'는 표현은 말처럼 단순하진 않다. 공이 50이고 과가 100이면, 50-100=-50, 공보다 과가 더 많은 사람이 되는 식이다. 물론 공과가 수치로 명확히 적혀 있진 않기 때문에 총합이 플러스일지 마이너스일지는 평가하는 사람의 정치적 성향에 따라 달라진다.

박정희의 플러스에는 중앙 집중식 경제 성장, 기간산업의 발전, (어쨌든) 교육·의료제도 등 기초적 사회 시스템 구축, 마이너스에는 반대 세력에 대한 무차별 탄압, 인권 유린, 군대 서열 문화의 전 사회적 확산, 부정부패 등이 있다.

나는 보수 진영이 주장하는 그의 공적에 대해 얼마든지 동의해줄 수 있다. 물론 그 정도 독재를 하고 그 정도 지원을 받았으면, 누가 했어도 그 정도 경제 성과는 이뤘을 것이라고 생각하지만, 수치로 드러나는 것을 굳이 부정할 생각은 없다.

하지만 그가 공이 있다고 해서 그의 과가 +- 해서 사라지는 건 아니다. 가령 옆집 아저씨가 우리 집에 침입해 아버지를 죽이고 어머니를 성노예로 부리고는 그 대가로 나에게 엄청난 보상금을 줬다고 해보자. 그 보상금 덕분에 내가 좋은 교육을 받고 성공해서 잘살게 됐다면, 옆집 아저씨의 범죄가 +-해서 사라지는 것인가? 우리는 일본에 대해서는 결코 +-로 생각하지 않는다. 외국이 저지른 독재는 나쁜 것이고, 한국인이 한 독재는 괜찮은가?

그런데도 사람들은 박정희를 평가하는 데서는 +-를 합리적이라고 여긴다. 박정희의 +가 10인지 100인지는 사람마다 다르다. 하지만 그의 공이 아무리 크다고 해도 그의 과가 사라지는 게 아니다.

그가 저지른 범죄는 용서의 범위를 넘어섰다. 물론 범죄자에게도 권리가 있으므로, 죄에 대해 합당한 처벌을 받고 난 다음이라면, 사회적으로 차별해서는 안 되며 공에 대해서도 마땅히 인정해줘야 한다. 문제는 박정희는 과에 대해서 단 한 번도 제대로 처벌받은 적이 없다는 것이다. 이런 식의 오류는 우리 사회 전반에 깔려 있다.

재벌 문제를 생각해보자. 한국 재벌들은 자녀에게 경영권을 승계하기 위해 온갖 불법을 저질러왔다. 재벌 시스템 못지않게 미국의 약탈식 주주제의 폐해도 크다. 그러니 차라리 재벌의 상속을 인정해주고 그만큼 재벌에게 사회적 의무를 지게 하는 '사회적 대타협'을 주장하는 이들도 있다. 대기업 중심의 경제 상황을 고려할 때 충분히 검토해볼 만한 주장이라 생각한다.

문제는 이들이 경영권 승계 외에도 다양한 분야에서 너무 많은 범죄를 저질렀다는 점이다. 반도체 직업병 사태를 포함해 현장에서 지금도 끊임없이 반복되는 인명 사고를 생각해보라. 물론 일을 하다 보면 노동자가 다칠 수도 있고 죽을 수도 있다. 하지만 같은 사고가 지속해서 발생하는데도 그대로 방치한 기업주는 살인을 방조한 셈이다. 또한 많은 재벌이 노조를 탄압하고 와해를 시도했는데, 이는 명백히 현행법을 위반한 것이다.

재벌을 옹호하는 사람들은 "재벌이 이제껏 경제에 기여한 바를 고려하자"고 말한다. "나쁜 짓도 했지만, 어쨌든 우리 사회가 발전하지 않았냐"고 말한다. 재벌에게 공이 있을 수 있고, 그 공이 엄청나게 클 수도 있다. 하지만 누군가의 범죄가 공적으로 대치될 순 없다.

재벌과의 사회적 대타협, 얼마든지 가능하다. 일단 그들이 죗값을 다 치른 이후라면 말이다. 하지만 그들은 결코 처벌받지 않고(처벌받은 적이 있지만, 탈세나 경영권 승계 과정에서 저지른 불법 때문이었다) 과는 사라지지 않는다.

보상금과 목숨값

"잴 수 있는 것은 재고, 잴 수 없는 것은 잴 수 있게 만들라."_갈릴레오 갈릴레이

내가 생각하기에 자본주의에 관한 가장 정확하고 간단한 설명이다. 물론 갈릴레이가 자본주의를 두고 이 말을 한 것은 아니다. 이 사실이 중요하다. 침대는 과학이지만 경제는 과학이 아니다. 노벨경제학상은 과학상보다 문학상에 훨씬 가깝다(심지어 작품성도 없다). 하지만 자본주의에서 경제는 과학 대접을 받는다.

자본주의가 대두되면서 우리는 모든 것의 가치를 돈으로 매기기 시작했다. 심지어 목숨조차 가격이 정해졌다. 목숨값을 정해야 하는 것은 어쩔 수 없는 측면이 있다. 사회 구조 탓에 목숨을 잃는 사람이 생기고, 그러면 보상을 해줘야 하니, 가격을 측정해야 했을 것이다.

처음에 이 보상은 죽음을 대체한다기보다는 위로하는 차원으로 시작됐을 것이다. 하지만 시스템이 정착하고 나면 마치 보상금이 목숨의 가격인 것처럼 여겨지게 된다. 그러다 시간이 지나면 '다수의 이익을 위한 소수의 희생'이라는 논리도 성립된다. 희생에는 적

당한 보상을 지급하면 그만이니까. 안전사고가 자주 발생하는 현장에서 안전 설비를 갖추지 않는 이유도 이로써 명확해진다. 사고가 일어난 뒤에 보상해주는 것이 사전에 대비하는 것보다 저렴하기 때문이다.

2005년 미국 남부 일대를 덮친 '허리케인 카트리나'는 이런 생각이 기업뿐 아니라 국가도 잠식했다는 걸 명확히 보여준다. 카트리나로 인한 사망자는 1,000명이 넘었고, 100만 명이 넘는 사람들이 해당 지역을 떠나 전국으로 흩어졌다. 어쩔 수 없는 자연재해라고 생각하기 쉽지만, 어쩔 수 없는 일은 아니었다.

가장 큰 피해를 본 뉴올리언스 지역을 살펴보자. 뉴올리언스 지역은 과거 운하 건설 등의 이유로 습지를 간척한 곳이 많아, 면적의 80퍼센트가 해수면보다 지대가 낮다. 시설도 노후화되어 이전부터 태풍 피해가 잦았다. 전문가들은 사고가 일어나기 몇 년 전부터 태풍에 대비해야 한다고 경고했고, 정부는 대대적으로 전수조사를 벌였다. 하지만 조사 후 정부는 아무 조치도 취하지 않았다. 게을렀기 때문이 아니다. 홍수에 대비하는 비용이 홍수가 발생했을 때 수습하는 비용보다 더 많이 든다는 계산이 나왔기 때문이다.

하지만 이들의 예측은 빗나갔다. 댐이 무너지면서 피해 규모가 급격히 커진 탓이다. 특히 가난한 유색인종이 거주하는 지역은 마을이 통째로 사라졌다. 우리가 고민해야 할 부분은 정부의 계산이 맞았느냐 틀렸느냐가 아니다. 만약 예측대로 홍수 복구 비용보다 대비하는 데 드는 비용이 더 많다고 해보자. 그러면 정부의 행동은 옳은가? 사망자가 1,000명이 아니라 10명이었다면, 이재민이 100만 명이 아니라 1만 명이었다면, 정부의 선택은 합리적인가?

공공의 선택에서 자본주의는 공리주의로 포장된다. 전체의 이익을 위해 소수의 피해는 어쩔 수 없는 일이 된다. 물론 다수가 혜택받는 것은 좋은 일이다. 5명이 사망하는 선택지보다는 1명이 사망하는 쪽이 낫다. 그런데 현실의 공리주의는 같은 가치를 단순히 숫자로 비교하지 않는다. 이라크 파병을 간단히 도식화하면 몇 사람의 목숨과 경제 성장(다수의 적은 이익)의 교환이다.

'다수를 위한 소수의 희생'에는 많은 단어가 숨겨져 있다. 피해를 보는 소수는 엄청나게 큰 피해를 보고, 혜택을 보는 다수는 아주 조금 이익을 누린다. 이러니 목숨값이 중요해진다. 목숨값이 100이고 개인의 이익이 1이면 100명 이상의 이익이 있어야 1명이 희생된다. 소수의 피해의 합이 다수의 이익보다 크다면 이 의견은 받아들여지지 않는다.

꼭 목숨이 아니더라도 우리 사회에서는 비교할 수 없는 것들이 비교된다. 우리는 특정 지역의 주민들을 쫓아내고 쇼핑몰을 세워서 경제 활성화를 도모한다. 도시 주민의 전기 공급을 위해 농어촌 지역에 발전소와 송전탑을 세운다. 이런 과정에서 다수는 조금씩 이익을 보겠지만, 소수는 삶을 완전히 잃는다. 공교롭게도 이 소수는 가난하고 힘없는 사람들이다.

돈으로 바꿀 수 없는 것이 얼마나 존재하는가? 아니 단 하나라도 있는가? 개인에게는 그런 것이 존재할 수도 있다. 가족일 수도 있고, 친구일 수도 있고, 반려동물이나 취미, 특정 물건일 수도 있다(물론 없는 이들도 많다). 하지만 그 범위가 사회로 확대되면 바꿀 수 없는 것은 존재하지 않는다. 사회가 가끔 이익을 포기하는 선택을 하는 것처럼 보이는 경우도 있지만, 그건 보상이 충분히 크지 않다는 뜻일 뿐이다. 양심이든 자유든 인류애든 액수만 크다면 얼마든지 돈과 교환할 수 있다.

우리는 경제에 도움이 되기만 한다면 먼 타국에서 벌어지는 의롭지 않은 전쟁에 군대를 파견한다. 중국과의 무역을 위해 인권탄압을 모르는 체하는 국가가 대부분이며, 다른 곳에서는 표현의 자유를 말하는 IT 대기업이 중국만 가면 입을 다문다. 사람들은 이들을 비난하면서도, 이해한다. 적당한 보상만 주어진다면, 모든 것이 '안타깝지만 어쩔 수 없는 일'이 된다.

인간의 가격

도덕을 아무리 떠들어도 사람의 몸값을 측정하는 일은 사라지지 않을 거다. 그렇다면 우리가 택할 방법은 하나뿐이다. 몸값을 최대한 끌어올리는 거다. 목숨값이 비싸져야 웬만한 이익으로는 사람을 희생시키지 않을 테니까.

그런데 이상하지 않나? 인권은 어쨌든 신장되고 있다. 하지만 사람의 몸값은 올라가기는커녕 오히려 떨어진다. 어쩌다 이렇게 되었을까?

2차 대전이 끝나고 신자유주의가 도래하기 전까지 1세계는 복지의 황금시대를 구가했다. 사람값이 제대로 대우받는 시기였다. 여기에는 여러 이유가 복합적으로 작용했다. 먼저 정치적인 이유가 있다. 자유 진영은 공산 진영과의 이념 전쟁에서 이기기 위해 시민의 지지가 필요했는데, 그러기 위해 삶의 수준을 끌어올릴 필요가 있었다.

왜 기득권층은 시민의 지지를 중요시했을까? 사람의 몸값이 실제로 증명되었기 때문이다. 2차 대전은 참혹한 전쟁이었다. 무기가 발전했지만, 직접 전쟁을 안 해도 될 만큼 발전하지는 않은 상태였다. 2차 세계대전은 시민들이 전장으로 무기를 쥐고 나가 죽고 죽이는 살육전이었다. 그만큼 많은 사람이 필요했고, 많은 사람이 죽었다. 후방에서는 전쟁에 나가지 않은 사람들이(여성, 남성 비전투요원, 아이, 노인) 경제 활동을 하며 전쟁을 지원했다. 남녀노소 불문하고 모든 시민이 전장에서든 후방에서든 자기 몫을 다했다.

전쟁이 끝나고 난 뒤, 살아남은 이들은 국가에 자신의 몫을 요구했다. 국가는 시민의 도움을 받았고, 시민의 힘을 확인했다. 냉전 체제 속에서 언제 다시 시민의 도움이 필요한 순간이 올지 알 수 없었다. 그래서 각국 정부는 복지정책을 만들었다. 요람에서 무덤까지. 이 시대의 복지를 상징하는 문구다. 정부는 시민들의 삶에 필요한 것들을 제공했다. 시민이 가장 중요한 재산이었기 때문이다.

폐허가 된 세계에서 자본주의의 발달은 노동자의 몸값을 더욱 높게 만들었다. 세계 전역이 개발되면서 일손이 많이 필요했고, 기업은 사람 구하기에 바빴다. 좋은 대접을 해줘야 노동자를 구할 수 있었다. 이 시기에 불합리한 노동 조건이 상당히 개선됐으며, 임금도 가파르게 상승했다. 임금이 오르자 시민이 국가에 내는 세금도 많아졌고, 세금을 낸 만큼 정치적인 목소리도 커졌다. 각국 정부는 시민의 의견을 정치에 반영했고, 그에 따라 시민권도 발전한다. 이는 다시 복지정책 향상과 노동권 강화로 선순환이 이루어졌다.

도덕이나 인권 수준이 갑자기 높아져서 사람이 사람대접을 받은 것이 아니다. 실제 사람의 가치가 높았기 때문이다. 수요가 늘면 물건값이 오르는 것과 다를 바 없다. 인권 신장은 시민의 가치가 높았기 때문에 자연스레 따라온 변화였다. 자본주의가 수정되고 복지가 발전한 것은 지독히 자본주의적인 결과였던 셈이다.

이런 관점에서 공산주의의 등장도 설명할 수 있다. 공산주의가 발전한 곳은 모두 경쟁에서 뒤처진 국가였다. 산업시설이 부족했고, 대다수 시민은 기초적인 교육도 받지 못하던 상황이었다. 빠르게 도약하기 위해서는 체계적이고 집중적인 산업 성장과 공교육, 사회 안전망이 필요했다. 공산주의는 이 요건을 대부분 만족시켜줬다. 공산주의가 발전한 지역은 자본주의보다 공산주의가 합리적인 셈이었다. 공산화되지 않은 저개발 국가에 대부분 독재 정권이 들어선 이유 역시 같은 맥락으로 이해할 수 있다. 그들도 어떤 식으로든 중앙 집중식 발전이 필요했다.

70년대 이후 상황이 달라진다. 폭주하던 세계 경제가 정체하면서 위기감이 고조된다. 기업은 대규모 구조조정을 감행하고 복지를 줄인다. 당장 일자리가 걱정인 노동자들은 강하게 반발하기 힘들다.

경영합리화란 말이 이때 처음 등장한다. 이 말이 우스운 이유는 경영이란 이전에도 늘 합리적인 것이었기 때문이다. 다만 과거에는 높은 임금과 복지정책이 합리적인 경영이었고, 이제는 그 반대가 합리적인 방식이 됐을 뿐이다.

기술의 발전도 이 추세를 거들었다. 기술은 이전부터 끊임없이 발전했지만, 과거에는 세계 경제가 기술보다 빠르게 성장했기 때문에 일자리가 점점 늘어났다. 하지만 어느 순간 기술 발전이 경제 성장을 추월하면서 일자리는 급속하게 줄어들기 시작했다. 일자리가 줄어들고 노동력은 남아도니 기업은 임금을 예전처럼 줄 필요가 없어진다.

모든 게 '경기가 나쁜 탓'이라 말할 수도 있다. 문제는 이제 경기가 호전되더라도 이전만큼 몸값이 상승하지는 않을 것이라는 점이다. 모든 실업자를 고용할 만큼 경제가 상승할 요인이 없으며, 있다 한들 기계로 대부분 대체 가능하다.

이제 우리 사회는 숙련공을 키우지 않는다. 그러니 현대의 일에는 당연히 보람이 없다. '돈은 별로 못 벌지만, 좋아하는 일을 해서 행복하다'는 설정은 청년 드라마에나 나오는 옛이야기다. 요즘은 무슨 일을 하든 돈을 별로 벌지 못하고 행복하지도 않다. 숙련공이 필요 없어진 기업은 저렴한 인력을 뽑아 2년 정도 사용하다가 다른 인력으로 교체한다.

서양 시대극을 보면 천대받는 직업이 몇 개 있는데, 그중 하나가 배에서 노를 젓는 노잡이다. 주로 노예나 죄수가 이 일을 했는데, 어두컴컴한 배의 하단부에서 육체를 갈아 넣는다. 〈레미제라블〉에서 주인공이 감옥에 있을 때 노역으로 하는 일이기도 하다.

노잡이가 처음부터 이런 대접을 받은 것은 아니다. 르네상스 이전만 해도 노잡이는 꽤 좋은 대우를 받았다. 당시에는 선박 제작 기술이 부족했기 때문에 노를 젓는 데 상당한 기술이 필요했기 때문이다. 물론 힘든 일이었기에 신분이 낮은 사람들이 주로 했지만, 그래도 꽤 괜찮은 대우를 받는 일 중 하나였다. 그러나 르네상스 이후 선박과 노를 만드는 기술이 발달하면서 노잡이는 (힘들지만) 누구나 할 수 있는 단순 노동으로 전락했고, 이후 노예의 일이 되었다. 노예들은 혹독한 노동에 시달리다가 몸이 망가지면 버려졌다. 엔진이 발명된 이후에는 노예조차 필요 없게 됐다.

현대를 살아가는 우리 역시 마찬가지다. 버려진 노잡이가 우리의 미래가 될 수도 있다. 기술 발전으로 빈부 격차는 더 커지고, 노동자의 몸값은 하락하고, 이는 다시 빈부 격차를 키운다. 이미 악순환이 시작되었다.

그렇다면 국가가 시민의 몸값을 보장해줄 수 있지 않을까?

2차 세계대전에서 큰 타격을 받은 서방 세계는 이후 어떻게든 전쟁만은 피하려고 노력해왔다. 오랫동안 평화가 이어졌고, 세계를 양분했던 공산주의 블록마저 무너지면서 서방 국가들은 더는 큰 전쟁은 일어나지 않을 것이란 확신을 갖게 된다. 전쟁은 결코 일어나서는 안 될 일이지만, 2차 대전까지는 큰 전쟁을 겪은 이후에 늘 사람값이 올라가고 인권이 향상되었다.

그렇다면 전쟁이 해답인가? 그렇지 않다. 2차 대전 후에도 크고 작은 전쟁이 벌어졌고, 지금도 지구 어딘가에선 전쟁이 벌어지고 있다. 하지만 현대전에서 중요한 건 더 뛰어난 무기지 머릿수가 아니다. 그마저 몸값이 싸진 노동자나 용병을 고용하면 되기에 시민을 떠받들 필요가 없다.

이제 시민이란 세금을 내주는 존재에 불과하다. 그런데 빈부 격차가 커지면서 가난한 시민에게 걷는 세금의 비중이 갈수록 줄어든다. 반면 부자들과 기업이 내는 세금의 비중은 점점 더 커지는 추세다. 그러니 각국 정부는 부자와 기업의 요구를 무시할 수 없고, 정책도 친기업적으로 펼 수밖에 없다.

안타깝게도 서민은 현대 국가에 그다지 도움이 되지 않는다. 물론 장기적으로 보면 중산층을 육성해 빈부 격차를 줄이고 소비를 늘리는 것이 국가를 안정적으로 운용하는 길이겠지만, 5년 뒤에 정권을 유지하고 있을지조차 확신할 수 없는 정부에게 먼 미래를 내다보라는 건 무리한 요구다. 결국, 모든 국가가 경쟁적으로 기업 유치에 열을 올리고, 그럴수록 부유한 이들에게 유리한 세상이 된다.

지난 30년간 시민의 몸값을 떠받쳤던 두 가지 요소가 동시에 무너졌다. 많은 사람이 신자유주의가 인간의 삶을 파괴한다고 이야기하지만, 어쩌면 신자유주의 또한 현 사태의 원인이 아니라 결과일 수 있다.

경제는 점점 효율적으로 변하고 있다. 노동은 갈수록 줄어든다. 나는 능력만 된다면 노동을 하고 싶지 않다. 누구도 하고 싶지 않기 때문에 노동은 신성한 것이다. 하지만 먹고살기 위해서는 일을 해야 하고, 몇 안 되는 일자리에 사람이 몰린다. 풍년이 들면 아무리 맛있는 딸기도 가격이 내려갈 수밖에 없다. 일자리를 구하기도 힘들지만 구한다 해도 임금을 많이 받지 못한다. 그러니 사회 전체의 소비 여력도 떨어진다.

결국 세상은 〈설국열차〉처럼 변해간다. 이 영화의 설정을 살펴보면 흥미로운 부분이 많다. 기차는 시스템에 의해 알아서 돌아가며 생필품부터 생활에 필요한 모든 것을 만들어낸다. 필요한 노동은 관리직과 몇몇 서비스업, 그리고 군대뿐이다. 이런 일은 대부분 '중간 칸' 사람들이 맡는다. '꼬리 칸' 사람들은 기차가 돌아가는 데 하등 필요가 없다(후반부에 그들이 필요했던 것으로 밝혀지지만, 기본 설정은 꼬리 칸 없이도 기차는 돌아가고, 그들은 아무 일도 하지 않으면서 일종의 시혜를 받는 상황이다). 과거 사회는 하층민의 노동력을 착취했다. 하지만 자본주의의 효율성이 극대화될수록 필요한 노동력은 점점 줄어든다. 결국 다수가 꼬리 칸의 잉여가 될 수밖에 없다.

과거 사회 체제는 대부분 부패가 문제였다. 독재 정권에는 타락한 지도자가 있었고, 사람들은 체제를 무너뜨렸다. 하지만 자본주의에는 맞서 싸울 적이 없다. 자본주의의 문제는 부패가 아니다. 부패 없이 깨끗하고 효율적으로 굴러가도 세상은 끝을 향해 내달린다. 착한 사람들만 모여서 열심히 사는데 불행한 결말로 끝나는 영화다. 효율의 끝에는 아무것도 남지 않는다.

〈설국열차〉는 열차를 멈추고 밖으로 나가는 것으로 문제를 해결한다. 밖에서 살아남았을지는 미지수지만, 어쨌든 일말의 가능성은 남겼다. 하지만 이 세상은 열차가 아니다. 뛰쳐나갈 바깥은 없다.

과연 우리에게도 해결책이 있을까?

영화 〈미세스 팡〉은 보통의 영화라면 절대 신경 쓰지 않는 것에 집착한다. 영화는 누군지도 정확히 알 수 없는 팡슈잉 부인 한 사람의 침묵을 촬영한다. 최후의 순간에는 촬영하는지도 인식하지 못하는 부인의 품위를 지켜주기 위해, 기꺼이 영화의 미덕인 스펙터클을 포기해버린다.

이 영화는 잘 만들어진 작품은 아니다. 재밌지도 아름답지도 않다. 하지만 이 영화는 위대하다. 이 작품에는 효율이 아니라 정신으로 써낸 스펙터클이 있다. 관객은 그녀의 죽음을 바라보며 시대가 버린 가치를 떠올린다.

결국, 문제는 사람의 몸값이다. 하지만 이제는 결코 자연적으로 이 가격이 상승하는 일은 일어나지 않을 것이다. 유일한 해결책은 강제로 사람의 몸값을 끌어올리는 것뿐이다. 이제야 우리가 최초로 시장에 개입할 순간이 온 것인지도 모른다. 과거 시장에 대한 개입은(그것이 수정자본주의든 사회주의든 공산주의든 신자유주의든) 결국은 당시의 사회적 효율이 요구한 것이었다. 이제는 효율과 무관하게(어쩌면 효율을 무시하고서라도), 강제로 사람의 가치를 끌어올려야 한다. 법적 장치든 사회적 타협이든 그것만이 자본주의 속에서 개인이 살아남을 수 있는 길이다.

그리고 어쩌면 그것이 자본주의의 요구일지도 모른다. 자본주의를 포기해야만 자본주의가 살아남을 수 있다. 그렇기에 우리에게도 아직 일말의 가능성이 남아 있는 것이다.

06 돈에 의한 자유,
　　돈으로부터의 자유

서울역(2016)

장르 | 좀비 영화로 위장한 혁명 서사

영화가 시작되면, 젊은 남자 두 명이 서울역 앞에서 '보편적 복지냐, 선별적 복지냐'를 두고 토론을 벌인다. 이때 두 사람 옆으로 한 노인이 상처를 부여잡고 힘겹게 지나간다. 복지에 관해 토론하는 훌륭한 청년들답게 이들은 노인을 도와주려 한다.

"할아버지 괜찮으세요?" 심한 냄새에 코를 부여잡는 청년. "아이 X, 노숙자잖아. 다친 줄 알고 도와주려고 했더니."

그렇다. 훌륭한 청년은 나라의 앞날은 걱정하지만, 노숙자의 앞날을 걱정하진 않는다. 피를 흘리던 노인은 지하철역 귀퉁이에 쓰러진다. 이를 목격한 동료 노숙자는 서울역 경비에게 도움을 요청한다. 하지만 경비는 이미 넘치는 업무로 노숙자에게까지 신경 쓸 여력이 없다. 동료 노숙자는 비상약을 구해 돌아오지만, 이미 노인은 숨을 거둔 뒤다. 노숙자는 울면서 다시 지하철 경비실로 달려간다. 경비원들은 사람이 죽었다는 말에 깜짝 놀라 뛰어간다. 하지만 노인의 시체는 이미 어디론가 사라진 뒤다. 노인은 좀비 바이러스에 감염된 상태였고, 죽음과 동시에 좀비가 돼 사람들을 공격한다.

영화의 주인공 '혜선'은 가출 청소녀로 남자친구와 함께 여관방에서 동거하고 있다. 방값도 제대로 못 낼 상황이 되자 남자친구는 그녀에게 성매매를 강요한다. 혜선은 이를 거부하지만, 남자친구는 성매매 사이트에 그녀의 사진을 올린다. 인터넷에서 혜선의 사진을 본 혜선의 아버지는 성매수남으로 위장해 혜선의 남자친구에게 연락한다. 그를 만나 혜선을 데려오라고 윽박지르지만 이미 혜선은 남자친구와 다투고 여관을 뛰쳐나간 뒤다.

밤거리를 배회하던 혜선은 좀비에 쫓기는 노숙자들과 맞닥뜨린다. 혜선과 노숙자들은 좀비를 피해 근처 파출소로 피신하지만, 경찰은 이들의 말을 믿어주지 않는다. 결국 좀비들이 파출소까지 습격하고, 가까스로 도망친 혜선은 남자친구에게 연락한다.

남자친구는 혜선에게 "네 아버지와 함께 찾으러 갈 테니 조금만 기다리라"고 말한다. 혜선은 아빠란 말에 울음을 터트린다. 아버지와 남자친구는 좀비 떼를 피해 혜선을 찾으러 간다. 할리우드 영화에서 볼 수 있는 전형적 그림이다. 재앙 속에서 딸을 찾으려는 아버지와 남자친구.

이후 좀비 영화의 전형적인 클리셰가 이어진다. 정부는 계엄령을 내리고, 경찰과 군대는 좀비 떼에 쫓기는 시민들을 구해주는 게 아니라 차벽을 치고 좀비와 시민 모두를 막는다. 차벽에 길이 막힌 시민들이 좀비에게 먹히는 아수라장 속에서, 혜선은 좀비에 쫓겨 아파트 모델하우스로 숨어 들어간다. 더는 도망갈 곳이 없을 때 그녀 앞에 남자친구와 아버지가 나타난다.

보통의 영화라면 감동의 재회가 이루어져야 할 순간이다. 그때 전혀 예상치 못한 혜선의 한마디.

"저 사람은 아빠가 아니야. 내가 일하던 곳 포주야."

그는 혜선의 아버지가 아니라 도망간 혜선을 잡으러 온 포주였던 것이다. 혜선은 제발 자신을 놓아달라고, 집에 보내 달라고 사정하지만, 포주는 그럴 생각이 없다. 그는 혜선의 머리채를 잡고 질질 끌고 간다. 남자친구가 막아서자 포주는 그를 죽여버린다. 포주는 반항하는 혜선에게 말한다.

"너 계속 집, 집 하는데, 내가 안 그래도 너 도망가고 네년이 빌려 간 돈 갚으라고 너희 집 찾아갔었어. 아버지 많이 아프시데? 그래서 내가 네 얘기를 쭉 했지. 대신 돈 갚으라고. 그러니까 네 아버지가 일주일만 기다려달라는 거야. 돈 갚겠다고. 그래서 일주일을 기다렸어. 내가 어른한테 예의가 바르잖아. 근데 일주일 뒤에 가보니까 아픈 네 아버지, 이미 도망가고 없더라. 그러니까 네가 돌아갈 집 같은 건 이미 옛날에 없어졌어, 이년아."

포주는 혜선을 개 패듯이 팬다. 그러고도 분이 안 풀렸는지 그녀를 강간하려고 한다. 그런데 포주에게 폭행을 당한 혜선이 숨을 쉬지 않는다. 포주는 깜짝 놀라 심폐 소생술을 시도한다. 포주는 정말 자신의 딸이 쓰러진 것처럼 혜선의 이름을 애타게 부르며 정성껏 심폐 소생술을 실시한다. 그녀가 죽으면 아무도 돈을 갚아주지 않을 테니까. 하지만 혜선은 그대로 죽어버린다.

잠시 후, 그녀는 좀비가 되어 깨어난다. 그리고는 옆에 있던 포주를 덮친다. 카메라가 건물 밖으로 빠져나오면, 습격받은 서울 시내가 보이면서 영화는 끝이 난다.

＊＊＊

〈서울역〉은 〈부산행〉의 프리퀄에 해당하는 영화다. 〈서울역〉에서 좀비가 된 혜선은 다음날 부산행 KTX 열차에 뛰어들고, 영화 〈부산행〉이 시작된다.

〈부산행〉을 못 본 이들을 위해 스토리를 간단히 정리하면, '부산행 KTX 열차에 좀비 바이러스가 퍼지고, 열차에 탄 승객들이 안전지대인 부산까지 가려는 사투'를 그린 영화다. 하지만 두 영화의 연결성은 형식적인 수준이다. 〈서울역〉 엔딩에서 이미 서울 시내가 좀비에 점령당했는데, 다음날 아침에 승객이 태연하게 기차를 타는 〈부산행〉은 말이 안 된다. 하지만 뭐, 중요한 건 아니니까.

〈서울역〉은 〈부산행〉 앞 이야기지만, 세계관은 훨씬 암울하다. 〈부산행〉에서도 사람들은 서로 신뢰하지 않고, 좀비보다 더 이기적인 행태를 보인다. 하지만 가족을 위해 희생하는 아버지들(공유, 마동석)이 등장하고, 그들의 희생으로 아이(김수안)와 임산부(정유미)는 목숨을 건지고 희망을 이어간다. 뻔한 상업영화의 패턴이라고 비난하고 싶지만, 〈부산행〉은 상업영화니까.

하지만 〈서울역〉에는 이 뻔한 희망조차 없다. 혜선의 희망인 남자친구와 아버지는 그녀를 착취하는 현재의 포주와 과거의 포주일 뿐, 구원자가 아니다. 마치 〈부산행〉의 선의를 감독 스스로 비웃는 것 같다. 〈부산행〉에서는 희망이었던 캐릭터들이 〈서울역〉에서는 절망을 선사한다. 좀비 바이러스에 감염된 노숙자에게 사회는 관심이 없고, 그들을 통해 바이러스가 퍼지기 때문에 동정받지 못한다. 조류독감이 유행하면 아직 감염되지 않은 닭과 오리를 살처분하듯, 공권력은 시민을 구하는 게 아니라 격리하는 데 힘을 쏟는다. 어쩌면 이 영화는 감독이 〈부산행〉에서 진짜 하고 싶었던 이야기를 하고 있는지도 모른다. 희망이 없는 암울한 세계, 좀비보다 더 무서운 인간.

그런데 〈서울역〉의 엔딩은 나에게 이상한 안도감을 줬다. 어쩌면 이것이야말로 해피엔딩이 아닐까 하는 생각마저 들었다. 만약 좀비 바이러스가 없었다고 해보자. 현실은 어차피 시궁창이다. 혜선은 사회의 최하층이다. 물론 남자친구도 포주도 사회의 밑바닥이다. 하지만 혜선은 그들에게조차 착취당한다. 현실에서는 혜선이 이들에게 복수할 길이 없다. 그런데 이 영화에서는 좀비가 된 혜선이 포주를 물어뜯으며 끝난다. 어떤 방식이든 정의 구현이 이루어지면서 관객은 묘한 카타르시스를 느낀다. 이 복수로 혜선이 얻을 건 없다. 하지만 포주를 같은 수준으로 끌어내린다. 노숙자들도 마찬가지다. 그들은 사회에 존재하지만 투명인간 취급을 받는다. 보편 복지를 주장하는 진보적 시민도 그가 냄새나는 노숙자란 이유로 도와주지 않는다. 이런 노숙자들이 좀비가 되어 경찰을 습격하고 시민을 공격한다.

짜릿하지 않은가? 모두가 동등해지는 순간이다. 이제껏 어떤 영화도 이런 식으로 좀비를 묘사하지 않았다. 〈부산행〉에서 얼핏 보인 긍정적인 좀비화는 〈서울역〉에서 훨씬 노골적으로 드러난다.

나는 좀비 영화를 볼 때, 사람들이 왜 저렇게까지 살려고 발악하는지가 늘 의문이었다. 세상이 좀비로 가득 찼음에도 영화 속 인물들은 자신만 살아남으려 아등바등하며 배신을 이어간다. 대체 그렇게까지 해서 살아남으려는 이유가 뭘까? 그나마 안전한 구역이 있다는 설정이면 그럴 수도 있는데, 대부분 좀비 영화에는 그런 곳이 존재하지 않는다(존재한다고 믿고 찾아가지만, 그곳은 이미 폐허가 되어 있다). 자신들이 유일하게 남은 인간일 가능성이 높다. 그렇다면 차라리 빨리 물리고 좀비가 돼 버리는 게 속 편하지 않을까? 언제까지 불안에 쫓겨야 하는가?

물론 모두 좀비가 되는 것이 바람직한 건 아니다. 우리는 이런 경우를 '하향평준화'라 부른다. 하지만 이 영화의 암울하고 파괴적인 엔딩이 주는 안도감은 이 시대에 묘한 설득력이 있다. 사회가 오래도록 정체할 때는 함께 추락하는 것도 하나의 해결책일지도 모른다.

달러부터 암호화폐까지

암호화폐에 관한 이야기를 해보자. 그렇다. 비트코인 이야기다.

가상화폐라는 명칭이 훨씬 익숙하겠지만, 가상화폐는 애매한 표현이다. 가상이라 하면 실물 없이 가상세계에 존재하는 화폐라고 할 수 있는데, 그렇게 따지면 월급도 가상화폐다. 넷상의 계좌에 잠깐 숫자로 찍혔다가 카드값과 대출금 이자로 다 빠져나간다. 이 과정에서 실물 화폐는 단 한 번도 등장하지 않는다(이게 가상이 아니면 무엇이 가상인가?). 넷상에서 이루어지는 거래에 사용되는 화폐는 모두 가상화폐. '싸이월드의 도토리'도 가상화폐다. 그러니 이를 구분하기 위해 가상화폐 대신 암호화폐라는 표현을 쓰도록 하자. 물론 암호화 기술이 화폐에만 사용되는 것도 아니고, 암호화폐에 화폐라는 표현을 써도 되는지에 대한 논란도 있지만, 이를 대체할 정확한 표현이 아직까지 없다.

암호화폐가 등장한 이유를 알기 위해서는 화폐의 역사를 이해해야 한다. 과거 고전적인 화폐는 금(혹은 은)에 바탕을 뒀다. 이상하게도 인류는 늘 금에 높은 가치를 부여했다. 그런데 금을 항상 들고 다닐 수 없으니, 대신 화폐를 만들어 사용했다. 이를 '금본위제'라고 한다. 화폐에 대응하는 금을 국가 혹은 은행이 가지고 있고, 그 금에 대응하는 화폐를 발행하는 식이다. 그래서 과거 지폐에는 금 얼마만큼의 가치가 있는지 쓰여 있었고, 원하면 금으로 바꿀 수 있었다.

금본위제는 치명적 약점이 있는데, 사회 변화에 너무 취약하다는 거다. 금의 양은 거의 고정되어 있다. 채굴량이 있으니 조금씩 늘어나긴 하지만, 조절할 수는 없다. 어떤 경우에는 금이 늘어나는 속도보다 경제 발전이 훨씬 빠르다. 경제가 발전하고 시장이 커지면, 그만큼 화폐를 더 발행해서 발전 속도에 맞춰야 하는데, 화폐가 금을 기반으로 하고 있으면 발행에 한계가 있다. 그럼 화폐의 가치가 오르고 물가가 떨어지니, 시장을 안정적으로 유지할 수가 없다. 이 때문에 국가는 가진 금보다 훨씬 많은 화폐를 찍어낸다. 어차피 사람들이 금을 한 번에 다 바꾸는 것도 아니고, 국가가 얼마나 금을 가지고 있는지는 명확하지 않으니 화폐를 편법으로 더 찍는 것이다. 이렇게 하면 경제 성장기는 그럭저럭 넘길 수 있다. 원래 좋을 때는 어떻게든 된다.

이렇게 화폐가 초과 발행된 상태에서 경기가 나빠지면 문제가 발생한다. 경기가 불안하니 화폐를 가진 이들도 불안해진다. 혹시 이러다 국가가 파산하면 화폐가 아무 가치가 없어져 버리기 때문이다. 그들은 국가로 몰려가 화폐를 금으로 바꿔 달라고 요구하게 된다. 만약 국가가 이를 받아들여 금을 내어주면, 국가가 가진 금이 더 줄어들기 때문에 화폐량을 더 줄여야 한다. 그럼 가뜩이나 경기가 나쁜데, 시장이 더 얼어붙는다. 경기는 더 나빠지고 금을 요구하는 사람이 더 늘어나고, 국가는 화폐를 초과 발행했기 때문에 그만큼 금을 보유하고 있지 않아 불경기를 넘기지 못하고 파산한다. 1971년 미국도 이 상황에 직면했다.

2차 세계대전이 끝난 뒤, 자본주의 블록은 미국을 중심으로 재편된다. 당시 유럽과 제3세계 국가의 화폐 가치는 지금의 비트코인처럼 폭락과 폭등을 계속하고 있었는데, 미국 입장에서는 이를 바로잡아야 했다. 그 국가들의 경제를 안정시키고 발전시켜야 공산화 물결에 휩쓸리지 않을 테니까. 미국은 43개 동맹국과 '브레턴우즈 협정'을 맺는다.

협약 내용은 간단하다. 첫째, 미국은 35달러에 금 1온스(약 28g)로 환율을 잡는다. 둘째, 나머지 국가들은 달러를 기준으로 자국 화폐의 금리를 고정해 화폐 가치를 안정적으로 유지한다. 달러가 기축 화폐가 되는 것이다. 이를 금환본위제라고 하는데, 미국 입장에서는 그냥 금본위제라고 보면 된다.

당시 미국은 세계에서 가장 부유한 국가였고, 세계 금의 70퍼센트를 가지고 있었다. 이를 바탕으로 미국은 달러를 엄청나게 발행했다. 이 돈으로 유럽과 제3세계를 원조하고, 전 세계의 물건을 사들였다. 미국의 소비를 등에 업고 다른 나라가 발전했다. 이는 대단히 성공적이어서 60년대까지 전 세계는 폭주하듯이 성장했다. 미국은 해외에서 들어온 물건이 넘쳐났고 미국인들은 쇼핑의 재미에 푹 빠졌다.

하지만 모든 게 좋을 수는 없다. 전 세계의 경제가 활황을 달리는 동안 미국은 엄청난 무역적자를 기록했다. 달러를 찍어서 물건을 사댔으니 그럴 수밖에. 미국은 보유한 금보다 많은 양의 달러를 발행했고, 다른 나라의 금고에는 달러가 쌓여갔다. 경제가 발전하던 시기에는 큰 문제가 아니었다. 하지만 오일쇼크로 전 세계가 경기 침체에 빠지고, 미국이 베트남전쟁에 막대한 돈을 쏟아붓자, 달러를 쌓아놓은 국가들은 슬슬 불안해지기 시작했다.

결국 프랑스가 미국에 달러를 금으로 바꿔 달라고 요구하기에 이른다. 하지만 미국 입장에서는 받아들일 수 없었다. 만약 프랑스의 요구를 수용하게 되면, 금을 바꿔 달라는 나라가 늘어날 것이고, 미국은 금 보유량보다 많은 달러를 발행한 상태여서 이를 감당할 수 없었기 때문이다. 미국은 이 위기를 어떻게 극복했을까? 여기서 미국은 누구도 생각지 못한 놀라운 마법을 부린다. 바로 '배 째.'

1971년, 미국은 달러를 금으로 바꿔줄 생각이 없으니, 그냥 달러를 믿고 쓰든지, 아니면 아무 보상 없이 빠지든지 마음대로 하라고 선언한다. 어이가 없는 상황이었지만, 이제 와서 달러 시스템을 벗어날 순 없었기에 미국의 요구를 수용할 수밖에 없었다.

달러가 금에서 자유로워졌으니 다른 나라의 화폐도 모두 자유로워졌다. 이때부터 고정 환율이 아니라 자국 화폐의 가치에 따른 변동 환율이 주를 이루게 된다. 미국은 위기를 넘겼지만, 달러의 위상은 예전 같지 않았다. 달러는 조금씩 가치를 잃기 시작했다. 2차 세계대전 직후와는 달리 유럽과 일본이 경제적으로 발전한 상태였고, 그들은 미국과는 다른 꿈을 꾸기 시작한다. 위기의식을 느낀 미국은 또 하나의 무기를 준비한다. 사우디아라비아와 꿍짝해서 석유 거래를 달러로만 가능하게 만든 것이다(자세한 설명은 생략한다). 알다시피 석유는 모든 산업의 기본이다. 그러니 달러 사용량이 늘어날 수밖에 없다. 달러는 다시 한번 완벽한 기축통화의 자리를 회복했다.

'배 째' 전략이 놀라운 마술이었던 이유는, 금에서 해방된 미국이 이후 달러를 더 많이 찍어댈 수 있었기 때문이다. 달러는 새 시대의 금이 됐는데, 다른 점은 금과는 달리 임의로 찍어낼 수 있다는 거다. 이때부터 월가는 돈 놓고 돈 먹는 엄청난 도박장이 된다. 미국은 계속 무역적자를 기록하며 세계의 물건을 사들이고, 세계 경제는 다시 도약한다.

이해가 안 될 수도 있다. 달러를 계속 찍어내면 달러의 가치는 떨어져야 한다. 보통의 화폐라면 그렇다. 하지만 달러는 다르다. 어느 나라든 경제가 발전하면 석유 거래량이 늘어난다. 그럼 달러 사용량도 늘어난다. 미국은 아무것도 하지 않고도 세계 경제가 발전하는 만큼 달러를 찍어낼 수 있다.

또한, 달러는 새 시대의 금이 되었기 때문에, 사람들은 경기가 좋아지면 남는 돈으로 달러를 사고, 경기가 나빠지면 있는 자산을 팔아서라도 달러를 산다. 상황이 좋든 나쁘든 사람들은 달러를 산다. 그러니 미국이 달러를 웬만큼 찍어내도 그 가치는 유지된다. 어찌 보면 미국의 경제적 부담을 전 세계가 나눠서 지고 있는 셈이다.

이런 구조가 과연 옳은가? 어려운 질문이다. 분명 미국에 유리한 부분이 있다. 애초에 이런 상황을 걱정한 경제학자 케인스는 달러를 기축통화로 하는 대신 국제통화를 새롭게 만들 것을 주장했다. 그러면 한 국가가 자국 화폐를 무기로 무한정 적자를 볼 수 없기 때문에 모든 국가가 수출과 수입의 합을 0에 가깝게 유지하려고 노력할 것이기 때문이다. 하지만 당시 소련과의 대결에서 확고한 우위를 원했던 미국은 그의 주장을 받아들이지 않았다. 무엇보다 케인스의 주장을 받아들였다면 세계대전 이후 그 정도로 빠르게 세계 경제가 성장하긴 어려웠을 거다(대신 안정적이었을 것이다).

화폐를 찍어서 돈을 굴리면 경제가 성장하고 세계가 발전한다. 이 발전은 어디서 온 것인가? 과연 화폐의 힘인가? 어떤 사람들은 '없던 수익이 생기는 것이 아니라, 미래의 수익을 끌어다 지금 사용하는 것'이라고 비판한다. 현재의 불경기는 과거에 이미 현재의 자본을 끌어다 썼기 때문이라는 거다. 일리 있는 주장이다. 이 덕에 우리나라를 포함한 전 세계가 1975년 이후 침체기를 벗어나 다시 경제 성장의 길로 들어섰다. 옳진 않지만 효과는 분명히 있었다.

2008년, 미국에서 서브 프라임 모기지 사태가 터진다. 거품에 올라 있던 미국 경제가 한순간에 무너진다. 미국의 해결책은 무엇이었을까? 언제나 그랬듯 달러를 찍어냈다. 이를 양적 완화라 부른다. 어느 나라나 필요에 따라 화폐를 추가 발행할 수 있다. 하지만 달러는 특별하다. 미국뿐 아니라 전 세계가 달러를 떠받치고 있기 때문이다. 결국, 미국의 위기를 세계가 함께 짊어지게 된다. 전 세계에 금융위기가 불어 닥친다.

이 상황을 미국 서민의 입장에서 생각해보자. 달러를 찍어내는 데 불만이 전혀 없을까? 국가의 이익이 그들의 이익일까?

달러를 찍어내면 달러를 다른 국가에서 아무리 사줘도 질적 가치가 하락할 수밖에 없다. 주식을 가지고 있는데, 갑자기 회사가 주식 발행을 늘리는 것과 비슷하다. 전체 주식의 가치는 늘어날 수도 있지만, 내가 가지고 있는 한 주의 값어치는 떨어진다. 설혹 가치가 유지된다 하더라도 늘어난 파이에 비해서 자신이 얻는 수익이 상대적으로 적어지기 때문에 불만이 커진다.

결정적인 문제는 미국이 제3세계의 저렴한 물건을 마구 사들이자, 미국 제품의 수요가 줄어 자국의 제조업이 완전히 무너졌다는 것이다. 제조업이 무너지면 일자리가 사라진다. 그나마 경기가 좋을 때는 이런 문제가 드러나지 않는다. 서비스업을 하던 부동산 투기를 하던 먹고살 수 있다. 하지만 경기가 나빠져서 문제가 한번에 터져 나오면 사람들은 걷잡을 수 없는 분노에 사로잡힌다.

트럼프의 미국 우선주의가 서민들에게 먹힌 것도 이런 맥락이다. 그의 핵심 공략 중 하나는 보호무역을 하고 자국 산업을 다시 일으키겠다는 것이다. 하지만 이는 다른 나라의 큰 반발을 샀다. 어느 나라나 자국의 산업을 보호하기 위해 보호무역을 할 수 있다(이론상 그렇지만 약소국은 해봤자 WTO에 제소당한다). 하지만 미국 경제는 전 세계가 함께 떠받들어왔다. 그 대신 미국은 막대한 달러로 해외의 물건을 사들이고 투자를 하면서 세계에 돈을 뿌렸다. 그렇기 때문에 다른 나라들은 미국이 깡패 짓을 해도 눈감아주고 있었는데, 갑자기 미국이 물건을 사지 않겠다고 선언한 것이다. 그러니 욕이 안 나올 수가 없지. 1971년에 이어 미국은 또다시 '배 째' 전략을 선언한 셈이다.

세계 금융위기 이후 미국뿐 아니라 EU와 일본도 경쟁적으로 양적완화를 진행했다. 해당 국가들은 이 시기 동안 지난 수십 년간 발행한 화폐의 3배 이상을 찍어냈다(이렇게 할 수 있었던 건 화폐가 기축통화이기 때문이다). 나는 기본적으로 정부의 화폐 정책이 필요하다고 생각한다. 양적완화도 논란이 많지만, 필요한 정책으로 이해할 수 있다.

하지만 점점 많은 사람들이 정부와 중앙은행이 주도하는 화폐 정책에 불만을 품게 된다. 그동안 화폐 정책이 불투명하고 비합리적인 부분이 많았던 것도 사실이다. 무엇보다 이런 점은 앞으로도 크게 개선될 것 같지 않다.

양적완화의 진행 방식도 의구심을 키우는 데 큰 역할을 했다. 양적완화는 돈을 찍어내는 거다. 중요한 건 찍어낸 돈을 누구에게 어떤 방식으로 주느냐다. 미국은 이 돈을 금융기업에 공짜로 빌려줬다. 금융기업은 이 돈을 미국뿐 아니라 세계 여기저기 투자한다. 이 방법은 나름 합리적 이유를 가지고 있다. 경기를 부양하려면 투자를 해야 하는데, 정부가 직접 특정 산업에 투자하면 공정성에 어긋날 수 있다. 대신 경험이 많은 금융기업들에 결정권을 넘김으로써 합리적으로 투자할 수 있도록 한 것이다.

이렇게 되면 금융기업은 아무 노력도 없이 앉은자리에서 돈을 벌게 된다. 당신에게 아무 조건 없이 국가에서 100억을 빌려준다고 생각해보라. 당신은 그 돈을 굴리는 것만으로도 쉽게 돈을 벌 수 있다.

문제는 이 금융기업들이 서브프라임 사태를 몰고 온 장본인이란 거다. 미국은 그들을 구제해줬을 뿐만 아니라, 공돈을 줘서 수익을 늘려줬다. 가해자들이 보너스 파티를 하는 사이 미국을 포함한 전 세계 시민들은 집을 잃고 직장을 잃었다. 그러니 사람들 눈에 양적완화가 곱게 보일 리가 없다. 심지어 금융기업들은 받은 돈을 제대로 투자하지도 않았다. 어찌 보면 당연한 결과다. 경기가 안 좋은데 모험을 하는 기업이 얼마나 되겠나. 대신 그들은 안정적인 미국 국채나 발전 가능성이 큰 개도국에 주로 투자를 했다. 결국 미국 시장에 도는 돈은 미국이 찍어낸 달러에 비해 턱없이 적었고, 미국은 상당히 오랫동안 양적완화를 해야만 했다(그리고 앞에서 설명했듯, 찍어낸 달러의 부담은 전 세계가 나눠서 졌다).

이 때문에 2016년 미국 대선에 출마했던 버니 샌더스Bernie Sanders 는 금융기업이 아니라 시민들에게 직접 돈을 나눠주는 양적완화를 시행하겠다는 공약을 내놓았다.

암호화폐의 등장

미국이 양적완화를 시작한 그해, 최초의 암호화폐인 비트코인이 등장했다.

비트코인 개발자로 알려진 사토시 나카모토는 최초의 비트코인을 직접 채굴하고 비트코인에 "재무부, 은행에 2차 구제금융 임박"이라는 암호를 숨겨놓았다. 그 사람이(혹은 그 단체가) 기존의 화폐제도에 대한 반발로 비트코인을 만들었음을 명확히 보여준다. 암호화폐가 처음 등장했을 때, 많은 사람들이 정체불명의 누군가가 만든 화폐를 신뢰할 수 없다는 반응을 보였다. 하지만 암호화폐 지지자들은 정반대로 국가가 발행하는 화폐를 신뢰할 수 없다고 말한다. 앞에서 설명했듯이 국가는 필요에 따라 화폐 발행을 늘리기도 하고 줄이기도 한다. 보통 화폐의 가치는 떨어진다. 이는 화폐의 소유자인 시민 개개인의 재산권을 침해하는 것으로 볼 수도 있다. 사토시 나카모토 역시 비슷한 취지의 메시지를 남겼다.

"기존 화폐의 근본 문제는 신뢰가 필요하다는 점이다. 중앙은행은 화폐의 가치를 떨어뜨리지 않는다는 신뢰를 주어야 하는데, 법정화폐의 역사를 보면 바로 그 신뢰에 대한 배신으로 가득 차 있다."

암호화폐의 핵심은 각국 정부나 중앙은행이 화폐 발행에 관여할 수 없다는 점이다. 비트코인의 경우, 경기가 좋든 나쁘든 처음에는 빠르게, 나중에는 완만한 속도로 총 양이 증가하며 최대치가 정해져 있다(그런 면에서 비트코인은 경제 성장이 사실상 고점에 이르렀으며, 조금씩 발전하다가 어느 순간 멈출 것을 가정하고 있다).

사용자 간의 거래에서도 국가와 은행은 제외된다. 지금 우리의 거래는 모두 은행을 거친다. 인터넷 거래를 생각해보자. 내가 인터넷 쇼핑몰에서 결제를 하면, 돈이 쇼핑몰로 바로 가는 게 아니다. 카드든 현금이든 간에 결제가 되면 해당 은행에서 내 돈을 빼서 인터넷 쇼핑몰에 주는 식이다. 은행을 거친다는 건 기록에 남는다는 것이고, 국가도 알 수 있다는 것이다.

암호화폐는 이 과정을 생략한다. 이게 말로는 쉬운데, 쉬운 기술은 아니다. 은행이 매개되지 않으면 그 돈이 진짜인지 가짜인지, 버그인지, 바이러스인지, 누가 입증한단 말인가. 암호화폐는 이 공증 과정을 여러 사람이 함께하는 것으로 해결한다. 다른 사용자가 개입한다는 뜻은 아니다. 사용자가 데이터를 제공하면, 그 데이터가 공증에 필요한 시스템에 이용될 뿐이다(자세한 기술 이야기는 복잡하니 그냥 넘어가자). 사카모토는 이에 대해 "우리에게 필요한 것은 신뢰 대신에 암호학적 증거에 입각한 지급 시스템"이라 설명한다. 즉, 국가나 은행뿐 아니라 그 누구도 개입할 수 없다.

누구도 개입할 수 없으니, 거래 사실을 완벽히 숨길 수 있다. 이렇게만 들으면 이상적으로 들린다. 완전한 비밀이 보장되는 독립적인 화폐. 그야말로 경제적 아나키즘의 완성 아닌가?

문제는 그리 단순하지 않다.

왜 국가는 암호화폐를 억제하려 할까

지금 이뤄지는 암호화폐에 관한 반대 논거를 보면 비트코인의 기술적 문제를 지적하는 경우가 많다. 하지만 이는 암호화폐에 대한 본질적 문제 제기가 될 수 없다. 비트코인 말고 기술적 문제가 해결된 암호화폐를 가정해보자. 기술적으로 완벽한 암호화폐는 아무 문제가 없을까?

　일단 암호화폐는 금본위제가 가졌던 문제를 그대로 가진다. 경기변동에 능동적으로 대처할 수가 없다. 물론 비트코인은 무한한 쪼개기가 가능하기 때문에 금본위제처럼 극단적으로 돈이 줄거나 하진 않을 것이다. 하지만 환율은 계속 변동할 텐데, 과연 오래도록 안정적인 화폐를 사용하던 사람들이 급변하는 환율에 적응할 수 있을지 의문스럽다. 이는 단순히 암호화폐가 투기성이 있다는 문제가 아니다. 투기 붐이 꺼지더라도 암호화폐는 그 특성상 기존 화폐에 비해 변동이 심할 수밖에 없다.

　암호화폐가 일상화돼서 전 세계에 통용된다고 가정해보자. 경제상황이 다른 국가들이 하나의 화폐를 사용하면 어떤 현상이 벌어지는지는 EU를 보면 알 수 있다. 소속 국가가 자체적으로 통화정책을 펼 수 없기 때문에 위기가 발생하면 대처하기 어렵다. 그리스 등 일부 유럽 국가의 경제 위기가 꼭 유로화(EU 통합화폐) 탓이라고 할 수는 없지만, 분명 상황을 악화시키는 데 일조한 측면이 있다. 통합화폐를 사용하면 경제가 안정적인 상황일 때도 중요 국가 혹은 도시에 부가 쏠리는 현상이 발생하고, 이 차이가 누적되기 때문에 시간이 흐를수록 빈부 격차가 커진다. 그나마 이런 현상이 한 국가 내에서 일어난다면 재분배로 어느 정도 대응할 수 있지만(물론 이도 쉽지 않다. 한국의 서울 집중 현상을 생각해보라), EU처럼 여러 국가가 모인 곳은 대응하기 어렵다. 복지정책을 포함한 재분배 또한 가입국 전체에서 일괄적으로 진행돼야 하는데, EU가 아직 그 정도까지 통합된 상황은 아니다.

여기까지는 표면적인 이야기고, 각국 정부가 진짜 걱정하는 문제는 따로 있다. 정부 입장에서 암호화폐의 가장 심각한 문제는 개인이나 기업의 경제활동이 정부의 감시를 벗어난다는 것이다.

국가는 기본적으로 세금으로 운용된다. 국가가 정말로 사람들이 투기판에 몰려드는 꼴이 보기 싫어서 암호화폐를 제재한다고 생각하는가? 그렇다면 당신은 정말 순진한 사람이다. 각국의 암호화폐에 관한 정책을 유심히 살펴봐라. 모두 사용자를 찾아내서 세금을 먹이겠다는 뜻이다. 그렇다면 국가의 간섭에서 벗어난 암호화폐는 좋기만 한가? 문제는 그리 단순하지 않다.

과거에는 우리가 싸워야 할 가장 큰 적이 국가권력이었다. 하지만 자본주의가 도입된 이래, 국가권력보다 자본권력이 훨씬 큰 적이 되었다. 자본의 착취는 더 악랄하고 예측할 수 없다. 동시에 자본은 사회를 발전시키는 거대한 힘도 가지고 있다. 그래서 우리는 자본의 힘을 이용하면서도 국가권력을 통해 자본권력을 제어하는 형태로 사회를 발전시켜왔다. 병과 을이 갑을 만나 힘을 합친 것이다.

초기에는 자본 통제가 다양한 방식으로 시도됐다. 하지만 공산주의가 실패한 이후, 대부분 국가는 개인과 기업이 자유롭게 생산과 소비를 하게 놓아두고 그 과정에서 세금을 거둬들이는 방식을 채택했다. 산업이 고도화되면서 부의 불평등이 심화하자, 세금으로 부를 재분배하는 것이 현대 국가의 가장 중요한 업무가 됐다. 수익이 적어 민간이 투자하진 않지만, 시민의 삶에 꼭 필요한 산업에 투자하는 것도 국가의 몫이다.

암호화폐가 현실화되면 누가 얼마만큼의 수익을 어떤 방식으로 냈는지 불명확해진다. 즉, 세금을 거둬들이기 힘들다. 세금을 제대로 거둬들이지 못하면 국가의 역할은 축소되고 자본은 통제를 벗어난다. 수갑을 차지 않으면, 자본권력이 국가권력보다 훨씬 강력하다. 이런 식의 불균형이 지속되면 암호화폐는 기존 체제를 완전히 붕괴시킬 수 있다.

체제 붕괴라는 말에 환호성을 지를 사람들도 있겠지만, 이는 개똥 안 밟으려다 똥통에 빠진 상황이기 때문에, 이를 혁명이나 기득권 타파로 이해하면 곤란하다. 여기에서 체제 붕괴는 경제권력을 억누르는 최소한의 제어장치가 사라지는 걸 말한다. 그렇게 되면 빈부 격차가 더 크게 벌어지고, 자본이 무소불위의 권력을 가지는 무법천지가 된다. 과장해서 표현하자면, 우리의 미래가 노동자가 엄청나게 착취당했던 초기 자본주의나 임모탄이 다스리는 〈매드맥스〉와 비슷해질 수 있다.

그러니 국가로서는 암호화폐를 방치할 수가 없다. 무엇보다 세금을 거둬들여야 한다. 오랜만에 시민 다수의 이해와 국가의 이해가 일치한 거다. 한국을 포함한 세계 대부분 국가에서 암호화폐에 대한 제재를 강화하고 있다. 각국 정부는 앞으로도 암호화폐 유통을 억제하는 방향으로 정책을 시행할 것이다.

여기서 구분해야 할 것은 국가 주도의 암호화폐다. 최근 중국, 러시아, 베네수엘라, 핀란드, 스위스, 캐나다, 네덜란드, 북한 등에서 국가 암호화폐를 추진하고 있는데, 이 암호화폐는 국가 통제 안에 있기 때문에 기존 화폐와 기술적인 부분 외에는 큰 차이가 없다. 실명제 도입같이 암호화폐를 기존 체계에 편입하려는 시도도 이와 비슷한 맥락이다. 암호화폐의 본질이 국가의 통제를 받지 않는 것이기 때문에 제도에 편입된 암호화폐는 국가의 위협이 되진 않는다. 국가가 막으려는 암호화폐는 국가의 통제 밖에 존재하는 암호화폐들이다.

그럼 쟁점은 하나다. 과연 국가의 계획대로 법외 화폐를 억제할 수 있을까?

돈에 의한 자유, 돈으로부터의 자유

아이러니하지만 자본주의 시대만큼 개인의 자유가 증진된 적이 없다. 인류는 2차 세계대전 당시만 해도 민족과 종교, 국가, 인종, 성별, 사상으로 사람을 구분했다. 나치가 점령한 지역에서는 아무리 돈이 많아도 유대인이나 집시라는 이유로 수용소에 들어갔다. 정확히 말하면 돈이 많으면 더 기를 쓰고 잡아넣었다. 그래야 그들의 돈을 빼앗을 수 있으니까. 전 세계적으로 여성은 아무리 능력이 뛰어나도 유리천장에 막혔고, 흑인은 날 때부터 범죄자 취급을 받았다. 1980년대까지도 몇몇 국가에서는 장애인에게 강제 불임 시술을 하거나 아이를 낳지 못하게 했고(복지의 상징인 북유럽에 있었던 법), 동성애자라는 이유만으로 화학적 거세를 실시했다.

그런데 자본주의(신자유주의)가 강화되면서 적어도 이런 식의 차별은 크게 줄어들었다. 우리는 인류 역사상 개인의 자유가 가장 존중받는 특별한 시대를 살고 있다(그렇다고 만족한다는 뜻은 아니다). 돈만 제대로 낼 수 있다면 누구도 예전만큼 차별받지 않는다. 흑인도 유대인도 장애인도 여성도 돈만 있다면 제대로 대접받는다.

물론 속으로는 차별하고 있겠지만, 겉으로는 드러내지 않는다. 물론 돈이 없으면 차별을 받겠지만, 그조차 과거처럼 노골적이진 않다. 자신이 차별하는 사람이 언제 자신의 고객이 될지 알 수 없으니까. 현재 전 세계에서 릴레이처럼 이어지는 소수자에 대한 차별금지 정책은 인권과 자유의 신장이기도 하지만, 시장의 확대이기도 한 셈이다. 사회는 그들에게서 새로운 수익 모델을 발견한 것이다.

민주주의를 지키는 데도 자본주의는 큰 역할을 하고 있다. 1951년부터 1990년 사이에 1인당 국민소득이 6,055달러(1976년 군사 쿠데타가 일어난 아르헨티나의 1인당 국민소득) 이하인 국가 중 39개 나라의 민주주의가 무너지고 독재정부가 들어섰다. 반면 6,055달러를 넘는 31개 나라의 민주주의는 단 한 곳도 무너지지 않았다. 일정 수

준의 돈을 벌어들이는 국가는 각종 비리, 폭동, 경제위기, 심지어 전쟁이 발발했을 때도 민주주의를 지켰다. 민주주의가 자유의 근간이라 본다면, 자본주의의 성장은 자유의 증진과 유의미한 관계가 있다.

물론 가난한 나라의 민주주의를 파괴하고 독재정권을 세운 배후에 부유한 민주주의 국가가 있다는 점에서 과연 자본주의가 자유를 수호하는지 의문이 생기지만(자본주의는 다분히 제국주의적인 요소가 있어서 2차 세계대전을 자본주의 팽창의 결과로 보는 시각도 있다), 일단 국가 내부로 한정해서 보면 자본주의는 자유를 증진해 왔다.

그렇다면 우리는 정말 자유로워진 걸까? 차별은 사라진 걸까? 우리는 유토피아를 향해 나아가고 있는가? 우리는 본능적으로 아니라는 사실을 알고 있다. 이 시대의 모든 차별과 억압은 돈으로 집중된다.

과거의 노예는 주인이 채찍질해야 일어났지만, 현대의 자유 시민은 알람시계를 맞춰놓고 스스로 일어난다. 노예에게 일을 시키기 위해 주인은 필요한 교육을 강제해야 했지만, 현대의 자유 시민은 스스로 스펙을 쌓는다. 주인 입장에서 누가 더 부리기 좋은 노예인가?

신용등급이 높은 이는 낮은 이율로 돈을 빌리고, 신용등급이 낮은 사람은 높은 이율로 힘들게 돈을 빌린다. 자본주의 사회에서는 이를 당연하게 받아들이지만, 전혀 민주적이지 않다. 부자는 높은 이율을 감당할 수 있는데도 이자를 적게 내고, 가난한 이는 원금 갚기도 힘든데 높은 이율에 시달려야 한다. 자본주의 사회에서 가진 자는 점점 더 부유해지고 못 가진 자는 점점 더 가난해진다.

무엇보다 자본주의가 앞으로도 민주주의와 함께 갈지 의문스럽다. 중국을 보라. 독재 국가이면서 가장 효율적인 자본주의 국가다. 우리가 선망하는 인권 선진국들 역시 중국에 물건 하나 더 팔아먹으려고 인권 탄압을 모르는 척한다.

우리는 자유로워졌지만, 그 자유는 돈에 묶이게 됐다. 현대의 자유는 소비의 자유다. 가진 돈의 액수만큼 자유롭다. 당신이 뭘 좋아하는지, 어떤 사람인지 모르겠다면 카드 명세서를 뽑아봐라. 한눈에 알 수 있다.

그러니 국가와 기업은 시민들의 소비 패턴을 파헤친다. 그래야 물건을 팔아먹고, 그래야 세금을 받아낼 수 있다. 마치 전혀 모르는 사람이 나의 은밀한 사생활을 아는 것과 같다.

이를 자각한 이들은 대안을 찾기 시작했고, 암호화폐가 일정 부분 필요를 충족시켜줄 수 있음을 발견했다. 문제는 암호화폐가 잘못 사용될 경우 그나마 확보한 자유를 완전히 무너뜨릴 위험이 있다는 거다.

암호화폐와 우리의 미래

"사회주의 없는 자유란 특권이자 불의이며, 자유 없는 사회주의란 야만이자 노예제라 확신한다."

아나키스트 바쿠닌의 말이다. 여기서 사회주의 대신 '경제 정의'나 '경제적 평등'을 넣으면 현재 상황을 이해하기 쉽다. 경제 정의가 없는 자유, 신자유주의 사회에서의 자유는 있는 자의 특권이고, 과거 동구권 공산주의처럼 자유 없는 경제 정의는 야만이자 노예제라는 것이다. 그렇다면 암호화폐가 득세한 사회는 어떤 모습일까? 진정한 자유가 도래한 사회? 아니면 경제 정의 없이 자본의 자유만 강조된 사회? 아마도 후자일 것이다. 바쿠닌의 말처럼 그런 사회는 불의이며 가진 자들이 특권을 누리는 사회다.

암호화폐가 등장하기 이전에 내가 생각한 이상적인 사회는, 금융 거래가 완전히 투명해지는 것이었다. 현금이 사라지고 개인이나 기업 명의의 카드로 모든 거래가 이루어져서 돈의 움직임을 국가가 완전히 파악해서 투명하게 세금을 걷는다. 세금으로 부의 불균형을 해결하고, 모두가 안정적인 삶을 보장받는 사회. 이 시대에 자유를 가장 크게 침해하는 돈을 지배해서 나누는 방법으로 개인의 자유를 보장하는 것이다(토지의 공유화, 무상의료, 무상교육, 기본소득 등등).

탈세가 심각한 사회문제인 이유도 이 때문이다. 돈을 벌면 세금을 내는 게 당연한 시스템으로 정착해야 하는데, 일부 기업과 개인이 해외로 자금을 빼돌려 시스템에 균열을 내는 것이다.

그나마 이런 불법과 편법은 공권력이 제대로 작동하고 국제 공조가 강화되면 충분히 줄일 수 있다. 일단 돈의 흐름이 투명해지고 나면, 국가가 나서서 빈틈을 잡아내는 건 일도 아니었다. 암호화폐라는 개념이 생기기 전까진 말이다.

암호화폐 이전에도 세금을 피하는 도구들이 있었다. 금이나 미술품이다. 하지만 미술품을 잘라서 1/100만 거래할 순 없지 않나? 금도 거래할 때마다 필요한 크기로 자를 순 없다. 그런 면에서 오만 원권 지폐의 등장은 상당히 의심스럽다.

오만 원권은 결혼식이나 장례식 정도에서나 쓰이지, 일상생활에서는 거의 사용되지 않는다. 심지어 몇 년 전까지 만 원권으로도 결혼식이나 장례식을 잘 치러왔다. 정말 큰돈을 현금으로 써야 할 때는 출처가 확실한 수표를 사용했다. 사람마다 다소 차이는 있겠지만, 나는 최근 몇 년간 실물 화폐 자체를 거의 사용한 적이 없다. 만 원 이상을 결제할 때는 카드나 계좌 이체를 이용한다. 과거 정권 실세의 자녀가 강남 아파트를 현금으로 샀다고 하는데, 이 돈이 정상적인 자금일 리가 없다. 돈이 아무리 많다고 해도 왜 편한 방법을 놔두고 위험하게 실물 화폐를 차로 실어 나른단 말인가?

현재 오만 원권은 발행량에 비해 거래에 사용되는 양이 턱없이 적다. 불법적인 거래에 사용되거나 비자금으로 묻힌다. 이는 전 세계 고가 실물 화폐의 공통적인 현상이다. 미국 100달러 지폐는 발행된 달러의 78퍼센트를 차지하지만, 사람들이 일상에서 100달러 지폐를 사용하는 일은 거의 없다.

그럼에도 현물 화폐가 사회를 무너뜨리진 못했다. 아무리 화폐의 액수가 크더라도 총액은 제한적이었다. 일단 현물 화폐는 오프라인에서 직접 만나야 거래가 가능하다(그래서 차떼기 사건 같은 어처구니없는 일이 일어나는 거다). 또한 처음 출금될 때 기록이 남을 수밖에 없고, 공권력이 제대로만 작동하면 이를 잡아낼 수 있다(물론 제대로 작동하지 않는다).

그동안 자본주의의 문제점이 많이 지적됐지만, 그럼에도 자본주의가 체제 경쟁에서 승리하고 지금까지 유지될 수 있었던 건, 끊임없는 제도 개선을 통해 국가가 자본을 통제할 수 있다는 믿음을 시민들에게 주었기 때문이다. 국가가 자본의 흐름을 파악할 수 있다면, 굳이 공산주의 같은 극단적인 방식을 채택하지 않아도 세금을 통해 빈부 격차를 해결할 수 있으리라는 믿음.

암호화폐의 발전은 이 믿음을 붕괴시킨다. 암호화폐를 이용하면 일면식도 없는 사람과 거래를 할 수 있다. 거래가 끝난 뒤에 거래 당사자조차 누구와 거래했는지 모른다. 익명의 아이디를 여러 개 만들어 분산해서 거래하면, 국가의 추적이 사실상 불가능하다.

그러니 정부는 필사적으로 암호화폐를 막으려고 한다. 안타깝게도 국가가 무슨 수를 써도 암호화폐를 막을 수는 없을 것이다.

암호화폐는 이미 일정 부분 시장을 가지고 있다. 마약을 포함해서 인터넷에서 거래되는 불법 제품은 대부분 암호화폐로 거래되고 있다. 오죽하면 북한의 해커들이 비트코인을 요구하겠나.

현재 암호화폐 거래의 절반 이상이 불법적인 거래에 사용되고 있다는 기사를 본 적이 있다. 기사를 쓴 기자는 지하에서 사용되는 화폐가 제대로 된 것일 리 없으므로 암호화폐가 곧 사라질 것이라는 결론을 내렸다.

하지만 나는 같은 이유로 암호화폐가 사라지지 않을 것이라 확신한다. 어둠의 시장은 생각보다 거대하고 인류가 존재하는 한 사라지지 않는다. 그곳에서 통용되는 화폐라면, 꾸준히 가치를 가지고 살아남을 것이다.

또한, 자국의 화폐가 불안정한 나라에서는 암호화폐가 사용될 가능성이 있다. 이런 나라에서는 정부의 무분별한 화폐 발행으로 화폐 가치가 급락하는 경우가 많아, 기본적으로 국가를 신뢰하지 않는다. 이 경우 보통 달러가 자국 화폐를 대체한다. 하지만 미국의 위상이 예전 같지 않고 미국에 적대적인 국가도 많기 때문에 암호화폐가 조금만 이용하기 편해진다면, 암호화폐가 달러의 역할을 대신할 수도 있다.

꼭 일상에서 광범위하게 사용될 필요도 없다. 전 세계의 0.1퍼센트만 사용해도 가치를 유지할 수 있다. 미술품이 가치를 가지는 것이 많은 사람이 이용하기 때문은 아니다. 규모가 작아도 시장이 유지되기만 하면, 탈세를 목적으로 암호화폐를 사용하는 개인과 집단이 나올 수 있다. 조세 회피처를 찾거나 장부 조작을 하는 것보다 암호화폐를 이용하는 것이 훨씬 간단하고 증거도 남지 않는다. 사실 작은 규모에서 안정적으로 시장이 유지되는 게 암호화폐로 탈세를 하려는 사람들에게는 더 좋을지도 모른다. 그래야 감시가 덜할 테니까. 그들은 지금 이 순간에도 조금씩 조금씩(이 아니라 뭉텅이로) 아무도 모르게 부를 축적하고 있다. 결국, 암호화폐의 자율성은 개인의 자유보다는 자본의 독점현상을 가중시킨다.

지금 상황에서 암호화폐를 막는 유일한 방법은 암호화폐가 스스로 무너지길 바라는 것뿐이다. 현재 가장 사용이 많은 비트코인은 초기 모델이라 문제가 많다. 가장 큰 문제는 한 번 거래하는 데 너무 많은 용량을 잡아먹어서 거래가 한 건씩 이뤄질 수가 없다는 점이다. 그래서 거래소가 개인의 거래를 중계하고 여러 건을 모아서 한 번에 처리한다. 암호화폐는 거래 내용을 다수의 사용자가 공증

하기 때문에 그 자체를 해킹하는 건 (아직) 불가능하다. 하지만 거래소 자체는 해킹에 취약해서 해킹 사건이 종종 발생한다. 또한 거래소 이용은 암호화폐의 장점을 제대로 구현하지 못한다. 국가와 은행을 신뢰할 수 없어서 만든 화폐인데, 사기업인 거래소를 중간에 거쳐야 하다니, 역설도 이런 역설이 없다.

결국, 기술적으로 더 뛰어난 암호화폐가 등장해서 시장이 옮겨가야 한다(암호화폐의 구조상 이미 발행된 모델의 업그레이드는 불가능하다). 문제는 암호화폐 발행에 기준이나 제재가 없다 보니 무분별하게 만들어지고 있다는 점이다. 이미 발행된 암호화폐 종류만 2,000개가 넘는다. 이들을 알트코인이라고 부르는데, 시간이 지나도 어느 한 화폐가 주도권을 쥐지 못하면 안정적인 화폐 기능이 어려워진다. 그러면 사람들이 암호화폐를 완전히 실패한 기술로 간주하고 손을 뗄 수도 있다. 꽤 가능성이 높은 시나리오지만, 우리의 운명을 동전 던지기에 맡길 수는 없는 노릇이다.

토르라는 웹 브라우저가 있다. IP 추적을 피할 수 있고 흔적을 남기지 않기 때문에 다크넷을 통한 불법 거래에 많이 이용된다. 불법 행위를 하지 않는 사람 중에서도 굳이 토르 브라우저를 사용하는 사람이 있다. 이 브라우저는 다른 브라우저에 비해 편의성이 극히 낮다. 사용할 수 없는 기능도 많고, 제대로 접속이 되지 않는 사이트도 있으며 속도도 느리다. 그럼에도 어떤 사람들은 굳이 이 브라우저를 쓴다. 이유는 단 하나. 인터넷에서 내가 무엇을 하는지 다른 사람에게 숨기고 싶어서다. 그 자유를 위해서 굳이 불편함을 감수한다. 누군가에게는 그 장점 하나면 충분한 것이다.

암호화폐의 기술적 문제가 과연 얼마나 걸림돌이 될까? 불편을 무릅쓰고 쓰는 사람이 꾸준히 나온다면 기술 문제는 언젠가 사라질 거다. 그게 돈이 된다면 더더욱 빨리.

우리는 이런 결론을 도출할 수 있다.

첫째, 지금과 같은 경제 체제에서 암호화폐는 치명적 불행을 불러올 수 있다.

둘째, 하지만 우리는 이를 막을 수 없다.

자유는 좀비 바이러스와 같다. 조금만 퍼져도 삽시간에 번진다. 지금 당장에야 국가의 정책으로 제동이 걸리는 것처럼 보이지만, 한번 자유를 맛본 사람은 결코 그 자유를 포기하려 들지 않는다. 음식이든 돈이든 아는 맛이 무서운 법이다. '국가의 통제를 벗어난 화폐, 은밀한 거래, 완벽한 탈세'라는 개념이 이미 생겨버렸기 때문에 어떤 형태든 시도는 계속될 것이다(그러니까 애초에 잘했어야지… 라고 말하고 싶지만, 지나간 일을 탓해서 무엇하랴).

그럼 우리는 이대로 매드맥스를 맞이해야 할까?

문제의 본질을 생각해보자. 정부가 화폐를 독점하려는 이유가 뭘까? 사람들이 암호화폐를 만들려는 이유가 뭘까? 당연히 화폐가 너무너무너무 중요하기 때문이다. 소비가 우리의 모든 것이고, 유일한 자유이기에 우리는 돈에 목숨을 건다. 우리가 자본주의 사회에서 살아가기 때문에 암호화폐가 문제가 되는 것이다.

결국 해결책은 하나다. 화폐의 중요성을 떨어뜨리는 것이다. 돈이 모든 것을 좌지우지하지 않는 사회를 만들면 된다. 자본주의를 탈피하자니, 대책 없는 말처럼 들린다(실제로 뾰족한 대책도 없다). 국가가 자본을 통제할 수 있었던 시기는 이미 지나갔다. 자본은 국가를 초월해 스스로 굴러간다. 그런데도 우리는 국가에 이 문제를 해결해달라고 목을 매고 있다. 우리 사회가 지금과 같이 계속 흘러간다면, 암호화폐와 무관하게 우리의 미래는 매드맥스가 될 것이다.

현재 암호화폐의 채굴 방식은 초기에 자본을 쉽게 축적한 기득권자가 지속해서 부를 쌓는 자본주의와 다를 바가 전혀 없다. 암호화폐 자체가 자본주의 사회에서 만들어졌으니 빈부 격차는 어쩔 수 없다. 아이러니하게도 암호화폐의 가장 큰 굴레는 바로 화폐라는 고정된 정체성이다. 우리가 자본주의 체제를 벗어날 수만 있다면 암호화 기술로 새로운 시도를 많이 해볼 수 있을 것이다. 지금은 꿈 같은 이야기지만 상상이 통장 잔고를 깎아 먹진 않는다.

2008년 이후 전 세계에서 일어나는 일들을 보고 있으면, 자본주의 시스템을 국가가 통제할 수 있다고 생각한 것이 순진하게 느껴진다. 미국 경기가 정상 궤도에 올라섰다고 하는데, 시민들은 여전히 집을 잃고 떠돌고 있다. 빈부 격차는 점점 더 커지고 각국 정부는 현 상태를 유지하기에도 버거워 보인다. 침체기에 빠진 자본주의는 다시 세계를 전쟁의 위험으로 밀어 넣고 있다. 암호화폐의 등장이 우리에게 던진 경고는 명확하다. 시스템을 바꾸지 않으면, 다 잡아먹힐 거라는 거다.

게임은 시작됐고, 이제 머리를 굴릴 시간이다.

07 큰 슬픔에 꼭 큰 위로가
필요한 건 아니다

땐뽀걸즈(2017)	
장르	현실 버전〈죽은 시인의 사회〉

**"모든 사람은 실수를 해.
그래서 연필 뒤에 지우개가 있는 거라고."**

– 애니메이션⟨The Simpsons⟩,
Lenny Leonard의 대사

영화 ⟨땐뽀걸즈⟩를 만든 이승문 감독은 현직 KBS 피디다. 그는 조선업 불황으로 쇠락해가는 도시의 모습을 담기 위해 거제도에 내려갔다. 그런 그에게 우연히 얻어걸린 소재가 한 상업고등학교의 댄스스포츠반이었다. 분명 감독은 머릿속으로 딱 그림을 그렸을 거다. 쇠락해가는 지역에서 전국대회를 준비하는 댄스스포츠반 학생들, ⟨빌리 엘리어트⟩ 같이 슬픔과 감동과 희망을 동시에 전하는 영화를 만들 수 있지 않을까?

아마 극영화였다면 그런 식의 뻔한 영화가 나왔을 거다. 하지만 이 영화는 다큐멘터리다. 제작진이 어느 정도 얼개를 짜고 촬영을 시작했겠지만, 디테일은 결국 인물들이 만든다. 그들은 제작진의 의도대로 움직이지 않는다. 제작진은 좋은 선생과 좋은 제자의 전형적 관계를 그리려 했겠지만 이들은 결코 전형적이지 않다. 학생과 선생은 반말을 주고받고, 선생은 제자에게 숙취해소제를 챙겨준다.

그들은 설문조사 중 흡연 기간을 묻는 질문에 태연히 5년이라 써넣고, 그런 모습을 선생은 당연하다는 듯 받아들인다. 학교를 다룬 그 어떤 한국 드라마에서도 이런 장면은 등장하지 않는다. 다큐멘터리를 보다 보면 자주 드는 생각인데 실제이기 때문에 가능한 판타지가 있다.

극영화에서 배경은 조금 더 극적인 상황을 연출하는 조미료에 불과하다. 하지만 다큐멘터리에서 배경은 인물들이 실제로 살아가는 현실이기 때문에, 영화에 등장하지 않아도 엄청난 무게감을 선사한다.

영화 속에서 한 학생이 아버지와 나누는 대화를 잠깐 들어보자.

딸: 나 졸업하고 조선소 가면 되겠지?

아버지: 하고 싶은 거 해. 조선소 갈 필요도 없고, 니 가고 싶으면 가.

딸: 근데 할 게…… 딱 정해져 있잖아.

아버지: (잠깐의 침묵) 인자 뭐 열여덟, 열아홉, 스물인데.

딸: 이제 열여덟이긴 하지만 내년에 취업 나가잖아.

(침묵)

딸: 근데 언니 지금 삼성(조선소) 다니잖아.

아빠: 응

딸: 아빠는 왜 삼성(조선소) 그만뒀어?

아빠: (침묵)

딸: 그냥 다른 거 해보고 싶어서?

아빠: 응…… 와? 안 되나?

딸: (어색한 듯 웃으며) 물어보지도 못하나.

아빠: 아니…… 왜라고 따지는 거 같아서.

이 짧은 대화에 이들이 처한 현실이 보인다.

거제도는 조선업에 특화된 도시다. 일부 농어민을 제외하면 대부분이 삼성과 대우 조선소 혹은 그 하청업체에서 일하거나, 그 노동자들을 대상으로 가게를 운영하며 생계를 유지한다. 그런데 조선경기의 불황이 몇 년째 이어지고 있다. 이미 꽤 많은 하청업체가 도산했고, 본사의 구조조정도 예고된 상태다. 그래서인지 최근 수도권 인력시장에 나가보면 일거리를 찾아서 온 거제도 사람을 쉽게 만나볼 수 있다. 이 장면에 등장하는 아버지도 아마 삼성중공업(혹은 하청업체)에서 해고된 것으로 보인다. 하지만 아버지는 딸 앞에서는 말끝을 흐린다.

딸은 자신이 조선소에 취직해야 한다고 생각하고 있다. 거제여상은 실업계 고등학교다(요즘은 특성화 고등학교라 부른다). 실업계 고등학교는 원래는 취업을 목적으로 한 학교지만, 현실에서는 보통 인문계에 갈 점수가 안 나오거나 가정 형편이 좋지 않은 학생들이 간다. 당연히 이 중 많은 수가 대학에 가지 않는다.

그런데도 이 나라에서는 고3은 수능시험을 보는 것이 당연하다는 분위기다. 온 나라가 고3은 수험생이라 가정한다. 수능시험을 보지 않는 학생이 버젓이 존재함에도 그들을 투명인간 취급한다. 미래의 주인공은 수능시험을 보는 아이들이니까. 거제여상에서 조선소를 아무나 갈 수 있는 것도 아니다. 그 정도 취직하면 주변에서 성공했다고 말한다. 경기가 어려우니 그 수도 예전보다 더 줄었을 테고.

그들은 진로를 정하기엔 아직 너무 어리다. 아버지는 아버지답게 딸에게 하고 싶은 일을 하라고 이야기하지만, 딸도 아버지도 자신들 앞에 선택지가 많지 않음을 알고 있다.

이 영화를 스쳐 지나가는 배경은 결코 가볍지 않다. 한 학생은 부모 없이 동생과 아르바이트를 하며 살아간다. 그들은 월세 63만 원을 내기 위해 아등바등 살아간다. 학업, 댄스스포츠, 아르바이트, 세 가지를 병행하고 있다. 물론 학업이라고 해서 공부를 하는 건 아니지만, 아무튼 출석은 해야 하니까.

부모가 횟집을 운영하는 학생도 나온다. 조선소에서 일하는 사람들이 힘들어졌으니, 그들을 대상으로 장사를 하는 가게들도 매출이 떨어졌을 것이다. 이 학생에게는 (일단 영화에 나온 사람만) 다섯 명의 남매가 있다. 육 남매가 앉아 있는 한 컷만으로도 우리는 그 가족의 삶이 얼마나 무거울지 추측할 수 있다.

다른 학생의 아버지는 일자리를 잃고 새 직업을 구하기 위해 서울로 떠난다.

이렇게 모든 학생이 제각각 고단한 사정을 가지고 있다. 영화에 나오지 않지만, 선생님에게도 사정이 있다. 그는 22살에 아이를 가졌고, 아내 없이 홀로 아들을 키웠다.

삶은 가볍지 않다. 댄스스포츠 한번 다 같이 성공적으로 춘다고 해서, 개인의 문제와 지역의 문제가 해결되는 게 아니다. 춤은 그들의 미래를 보장하지 않는다. 피땀 흘리며 연습해도 학생들이 스포츠댄스 선수가 되진 않을 거다(그런 학생이 나올 수도 있지만, 대부분은 아니다). 이 영화에 등장하는 모든 사람은 이 사실을 알고 있다. 선생도 알고 학생들도 알고 관객도 안다. 그런데도 이들은 열정적으로 춤을 춘다. 그 안에는 행복과 슬픔, 다시 돌아갈 수 없는 시간에 대한 찬란함이 있다.

별것 아닌 것 같지만 도움이 되는

〈한공주〉라는 영화가 있다. 이 영화는 2004년 밀양에서 일어난 중학생 집단 성폭행 사건을 모티브로 삼았다. 사건 자체를 다루는 건 아니고, 피해자가 사건 이후 다른 학교로 전학 가면서 일어나는 일을 다룬 극영화다. 설정만 가져왔을 뿐 실존 인물과 큰 연관은 없다.

이 영화의 마지막 장면에서 주인공은 강으로 뛰어든다. 뛰어드는 게 어떤 의미인지, 자살인지 아닌지는 영화에서 명확히 밝혀지지 않는다. 이 영화를 봤다는 사람들과 몇 번 엔딩에 관한 이야기를 나눈 적이 있다. 대화는 늘 나를 놀라게 했는데, 대부분이 이 영화를 비극으로 기억하기 때문이다. 강에서 뛰어내리기는 하지만, 영화의 전후 맥락으로 볼 때 주인공은 자살한 게 아니라 새로운 삶으로 뛰어든 것일 가능성이 높은데도(주인공은 극 중에서 수영을 배운다. 그리고 엔딩 씬의 분위기는 우울하지 않다.), 대다수 관객은 그것을 주인공이 보는 환상 정도로 치부해버렸다. 왜 관객들은 희망을 보지 않았을까?

물론 주인공이 겪은 일은 엄청난 일이다. 본인 스스로 충격에서 빠져나오기도 어렵지만, 사회의 편견을 극복하기란 더 어렵다. 그러니 자살을 택할 수도 있다. 영화라면 더욱이나 이런 엔딩은 손쉬운 설정이다. 그래서 관객들은 기계적으로 생각하는 것이다. 〈한공주)의 주인공도 '당연히' 비극을 맞이했을 거라고.

실제 생활에서도 가끔 이런 상황을 직면한다. 나는 세월호 1주기를 전후해서 추모 집회에 여러 번 참석했다. 한번은 유가족 근처에서 깃발을 들고 있다가, 집회에 참석한 한 중년 여성과 유가족이 나누는 대화를 들은 적이 있다.

시위 참가자: 얼마나 상심이 크시겠어요.

유가족: 네, 감사합니다.

시위 참가자: 저도 아이 키우는 입장에서 마음이 아픕니다.

유가족: 이렇게 여러 사람이 함께해 주셔서 위로가 됩니다.

시위 참가자: (유가족의 손을 꼭 쥐며) 아이를 잃었는데, 저희가 무슨 힘이 되겠어요.

유가족: 아닙니다. 감사합니다.

시위 참가자: 저한테까지 그러실 필요 없어요. 마음속 한을 풀어 놓으세요.

이후 "고통이 크시겠다", "괜찮다", "아니다" 하는 대화가 계속 이어졌다. 좀 이상하지 않나? 그 정도 괜찮다고 했으면 그만할 법도 한데, '당신은 괜찮을 리가 없다'며 계속 위로하는 꼴이라니. 물론 아이를 잃는 건 큰 상처이고, 시위를 함께 해준 것만으로 그 상처가 위로될 리가 없다. 그 여성도 분명 좋은 뜻으로 한 말일 거다. 그러니 추모 집회에 나오셨겠지. 하지만 상대방이 괜찮다는데, 계속 '괜찮을 리가 없다'고 말하는 이유는 뭐란 말인가.

유가족을 위로해주는 건 중요한 일이다. 하지만 사람들은 그들을 위로하면서도 그들이 행복해질 수 없다고 단정한다. 소중한 사람의 부재는 다른 행복으로 채워지지 않을 것이다. 그렇다고 해서 그들의 인생 자체를 불행하다고 단정할 필요가 있을까? 혹 사실일지라도 사람들은 너무 쉽게 그들을 희생자 프레임에 가두고 속단한다.

레이먼드 카버의 소설『별것 아닌 것 같지만, 도움이 되는』은 이런 상황에서 곱씹어볼 만한 작품이다.

한 부부가 아이의 생일 파티를 위해 제과점에 케이크를 맞춤 주문한다. 부부는 생일 당일 아이가 학교에 간 뒤에 케이크를 찾으러 갈 계획이다. 그런데 생일날 아침, 등교 중이던 아이가 교통사고를 당한다. 연락을 받은 부부는 정신없이 병원으로 달려가지만, 아이는 혼수상태에 빠져 일어나지 않는다.

제과점 주인은 케이크를 찾으러 오지 않자, 부부의 집에 전화를 건다. 아무도 받지 않는다. 이후 몇 차례 전화하고 메시지를 남겨도 연락이 오지 않는다. 아이의 교통사고를 모르는 제과점 주인은 부부가 케이크가 필요 없어지자 자신의 연락을 피하는 중이라고 생각한다. 화가 치밀어 오른 그는 자동응답기에 욕설을 쏟아낸다.

부부는 짐을 챙기러 잠시 집에 들렀다가 자동응답기에 담긴 저주를 듣게 된다. 그때 제과점 주인에게서 전화가 걸려온다. 드디어 부부가 전화를 받는다. 제과점 주인은 자세하게 설명하지 않고 "케이크!"라고만 소리를 지른다. 케이크를 주문한 사실을 까맣게 잊은 부부는 장난 전화라고 생각하고 그냥 끊어버린다. 제과점 주인은 더

화가 난다. 케이크를 찾아가지도, 돈도 주지 않으면서 전화까지 끊어버렸으니 누구라도 화가 날 만하다. 제과점 주인은 미친듯이 전화를 걸고 화를 내고 저주를 퍼붓는다. 아이의 부모도 화가 난다. 아이가 교통사고가 났는데, 웬 미치광이가 계속 전화를 걸어 욕을 쏟아내니 도저히 참을 수 없다.

며칠 뒤, 아이는 사망한다. 부부는 큰 슬픔에 빠진다. 그 상황에서도 제과점 주인의 전화가 계속 오고, 결국 부부는 사고 당일 아이의 생일 케이크를 주문했다는 사실을 기억해낸다. 부부는 제과점을 찾아간다. 그리고 따진다. 내 아이가 죽었는데, 왜 이렇게 전화질이냐고, 너무한 것 아니냐며 울면서 따진다. 그제야 상황을 파악한 제과점 주인은 부부를 일단 자리에 앉힌다. 그리고 진심으로 사과한 뒤에 갓 만든 빵을 가져다준다.

"뭘 좀 드시고 기운을 차리는 게 좋겠소. 이럴 때 뭘 좀 먹는 게 아무것도 아닌 거 같지만 도움이 될 거요."

부부는 빵을 먹으며 눈물을 흘린다.

아이의 죽음이라는 슬픔과 빵이라는 위로는 결코 같은 무게의 것이 아니다. 하지만 이들은 제과점 주인의 따뜻한 빵 한 조각에 위로를 받는다. 그 위로로 상처가 모두 사라지는 건 아니지만, 그들을 울게 하고 세상을 버틸 수 있는 힘이 돼줄 것이다.

큰 상처에 꼭 큰 위로가 필요한 건 아니다. 작은 위로로도 우리는 얼마든지 삶을 견뎌낼 수 있다. 그렇기에 세상은 살아갈 만하다. 제과점 주인이 빵을 준 행동은 즉흥적인 것이었다. 깊은 뜻을 가지고 한 행동이라기보다 난처한 상황에서 나온 반사적인 반응이었을 거다. 하지만 빵 한 조각만으로 부부는 충분한 위로를 받는다. 책 제목처럼 '별것 아니지만 도움이 되는' 행동이다.

우리가 타인에게 따뜻한 마음을 가져야 하는 건 이런 이유에서다. 오늘 나의 사소한 행동이 누군가에게는 슬픔을 이겨낼 위로가 될 수도 있고, 혹은 그 반대일 수도 있다.

나는 이 영화의 가치도 그런 데 있다고 생각한다. 조선업의 침체는 한 개인이 어쩔 수 없는 문제다. 대학을 가지 않는 학생에 대한 편견은 개인의 노력으로 극복할 수 있는 게 아니다.

하지만 그 불행 속에서도 사람이 살아간다. 바꿀 수 없는 큰 불행 속에도 행복이 있고, 인생이 있다. 불행을 겪었다고 해서 앞으로도 불행할 것이라고 단정할 필요는 없다. 차라리 그 시간에 이 영화의 선생님처럼 삶의 행복을 가르치는 것이 더 좋지 않을까. 개인차는 있지만(매우 크지만), 삶은 누구나 힘들다. 하지만 힘든 삶에 꼭 큰 위로가 필요한 건 아니다. 이 정도면 충분하다. 아니, 이 영화 정도면 행복하다.

이 영화에 대한 리뷰를 찾아보면, 악평을 한 평론가가 한 명도 없다. 왜 그럴까? 이 영화가 흠잡을 데 없이 완벽한 작품이라서? 그럴 리가. 이 영화는 TV용으로 가볍게 제작된 전형적인 다큐멘터리다. 특별히 완성도가 뛰어나지도 않다. 하지만 누구라도 이 영화에 악평을 남기려고 하면, 마치 영화에 나온 학생들에게 상처를 주는 것 같은 기분을 느낄 것이다. 아무도 악역은 맡고 싶어 하지 않는다.

그게 이 영화의 힘이고, 우리에게 희망이 있는 이유다.

두 종류의 아나키스트

아나키스트에는 크게 두 유형이 있다. 하나는 본능적 아나키스트고 하나는 후천적 아나키스트다.

본능적 아나키스트란 그야말로 '천상천하 유아독존'인 사람들이다. 자신을 잘났다고 생각한다는 뜻이 아니다. 이들은 자신의 능력과 무관하게 자유로운 사람들이고, 어떤 권력 앞에서도 초연하다. 전국시대 아나키스트 양주楊朱의 유명한 문구, "내 털 하나를 뽑아 천하를 이롭게 한다 하여도 나는 하지 않겠다"를 몸소 실천한다. 그렇다고 자신의 꼿꼿함을 과시하지도 않는다. 그냥 그 모든 것에 초연하다. 경험상 이런 성격은 어느 정도 타고나는 것 같다. 실제로 이런 사람을 만나보면 외적인 매력이 하나도 없어도 특유의 당당함과 시크함에 끌린다(그 태도를 싫어하는 사람도 많지만 이들은 개의치 않는다).

안타깝게도 이런 사람은 많지 않다. 대부분 사람은 홀로 국가와 종교와 자본, 그 외 모든 권위에 맞설 용기가 없다. 그래서 이런 사람들에게 매료된 후천적 아나키스트가 있다. 이들은 가끔은 소리를 지르고 자유로운 척 행동하며 당당해지려고 노력하지만, 혼자 설 때의 공포를 쉽게 극복하지 못한다. 그래서 이들에게는 함께해줄 동지가 필요하다. 사랑하는 사람이 필요하다.

불량배를 만난 연인을 생각해봐라. 혼자였으면 숙이고 들어갔을 사람들이 연인이 함께 있다는 것만으로 대담해진다. 누구도 사랑하는 사람 앞에서 비굴한 모습을 보이고 싶어 하지 않는다. 자식과 함께 있는 부모를 생각해보라. 평소에는 세상에 아부하며 비루하게 살아도 자식 앞에서는 슈퍼히어로가 된다.

후천적 아나키스트는 이와 비슷하다. 이들에게는 권위에 함께 대항할 사람들이 중요하다. 그러니 이들의 고민은 다른 사람을 어떻게 편견 없이 받아들이고, 서로의 본모습을 어떻게 북돋아 줄 수 있느냐이다.

현실 아나키스트도 두 가지 범주로 나눠 볼 수 있다. 전자는 코스모폴리탄을 추구하는 개인주의 아나키스트가 될 확률이 높고, 후자는 평등한 공동체를 꿈꾸는 사회주의 아나키스트가 될 확률이 높다(이는 딱 구분되는 것은 아니고, 한 사람 안에서 두 가지 형태로 모두 나타난다).

공동체와 아나키스트? 얼핏 아나키스트의 이미지를 떠올려보면, 어색한 조합이라 생각할 수도 있다. 하지만 서구에서 최초로 아나키즘을 주창한 고드윈William Godwin은 영국의 공리주의자였다. 공동체를 추구하는 것과 국가권력을 거부하는 것은 상반된 가치가 아니다.

국가가 사라진다고 공동체가 사라지는 건 아니다. 우리는 누군가의 강요 없이도 서로 돕고 살 수 있다. 권력, 권위, 통제기관으로부터 관리되지 않아도 서로 도와가며 살아갈 수 있다. 영화 〈땐뽀걸즈〉에서 선생님의 선의는 규칙으로도 지켜지지 않던 학생들의 출석을 이끌어낸다. 치킨을 주문하니 치킨집 주인은 "학생이 많은데 두 마리로 누구 코에 붙이냐"며 한 마리를 더 갖다준다. 이들에게 중요한 건

법과 규칙이 아니다.

＊＊＊

이 영화에 출연한 학생들이 지금 어떤 모습으로 살고 있을지 궁금하다. 자신의 삶을 촬영해서 제삼자로서 보는 경험은, 그 자체로 강렬하다. 특히 다큐멘터리라면 더욱 특별하다. 한창 민감한 나이, 진로에 대한 고민이 많을 때라 더 극적인 변화를 겪었을 것이다. 그 변화가 어떤 것일지 나는 잘 모르겠다. 다만 긍정적인 변화였을 것이라 믿고 싶다.

나는 내 고향을 사랑한다(이제야 밝히는데 거제도는 내 고향이다). 그곳에서 살아가는 나의 동지들을 사랑한다. 고향의 모든 친구와 영화와 현실 속 소녀들, 그리고 조선업 불황으로 고생하는 모든 노동자와 주변인들의 건투를 빈다.

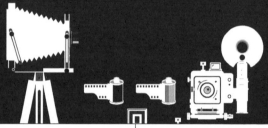

08 부처를 만나면 　 　부처를 죽이고	필로미나의 기적(2013) *Philomena*
	장르 ㅣ 범인은 이 안에 있다

> "내 말을 믿으라. 나의 형제들아.
> 예수는 너무 일찍 죽었다.
> 그가 내 나이만큼 살았더라면,
> 자신의 가르침을
> 취소했으리라."

– Friedrich Nietzsche,
〈Also sprach Zarathustra〉

전 BBC 기자 마틴 식스미스는 블레어 정권에서 교통부 홍보실장으로 근무했으나 정치 스캔들에 휘말려 해고된다. 갑자기 백수가 된 그는 기자 경력을 살려 책을 한 권 써볼까 생각 중이다. 그런 그에게 70대 할머니 필로미나 리가 찾아온다.

필로미나는 50년 전 스무 살 때, 첫눈에 사랑에 빠진 남자와 하룻밤을 보내고 임신을 한다. 결혼도 하지 않은 필로미나의 배가 불러오자 아버지는 그녀를 아일랜드에 있는 어느 수녀원에 버리듯이 맡겨버린다.

그 수녀원은 갈 곳 없는 '품행이 불량한 여자들'에게 숙식을 제공하고 가혹한 노동 착취를 하는 곳이다. 여기서 아이를 낳은 여성은 무조건 수녀원에서 4년 동안 일을 해야 한다. 그녀에게는 다른 선택권이 없었다. 출산일이 다가왔고, 난산이었다. 고통이 컸지만, 수녀들은 "신이 주신 고난을 받아들여야 한다"며 진통제 하나 주지 않는다. 출산 이후에는 출산보다 더 힘든 시간이 기다리고 있었다. 수녀원에서는 엄마와 아이들을 분리해 관리했고, 하루에 딱 1시간만 만나게 해줬다. 그녀는 혹독한 노동에 시달렸지만, 하루에 한 번 아이(안소니)를 만나는 기쁨으로 그 시간을 버텨냈다.

필로미나가 수녀원에 온 지 4년이 다 되어갈 무렵, 수녀원은 그녀와 한마디 상의도 없이 안소니를 미국인 부부에게 입양시켜 버린다. 상의는커녕 통보조차 하지 않았다.

그렇게 50년이 넘는 시간이 흘렀다. 그녀는 죽기 전에 한 번만이라도 아들을 만나보고 싶다. 하지만 방법을 알 수 없었고, 혹시나 하는 기대에서 기자인 마틴을 찾은 것이다.

강제 노동을 시키고 아이를 강제 입양시킨 수녀원이라니, 마틴은 필로미나의 사정이 '팔릴 만한 이야기'란 걸 직감한다. 그는 그녀가 아들을 찾도록 도와주고, 그 과정을 르포기사로 낼 계획을 세운다.

그들은 먼저 수녀원을 찾아간다. 수녀원에서는 몇 년 전 화재가 일어나 입양 기록이 모두 사라져서 안타깝게도 도와줄 수 없다고 말한다. 그런데 그날 저녁, 마틴은 동네 술집 주인에게서 놀라운 사실을 듣게 된다. 수녀원에 불이 났던 것이 아니라 수녀들이 일부러 기록을 태웠다는 것. 당시 수녀원은 아이 한 명당 1천 파운드에 팔았고, 그 사실이 들통날까 봐 증거를 없애버린 것이다.

수도원에서 아이를 팔았다고? 점점 더 대박 기사가 되어가니 마틴은 열정이 불타오른다. 마틴은 신문사에 흥미로운 기삿거리를 제공할 것을 약속하고 진행비를 받아낸다. 마틴과 필로미나는 그 돈으로 이제는 50대가 되었을 아들을 찾아 미국으로 떠난다.

이 영화는 두 사람이 티격태격 나누는 대화로 진행된다. 50대인 마틴은 이성적이고 냉철한 무신론자로 모든 사안을 냉소적으로 바라본다. 반대로 필로미나는 감성이 충만하고 모든 사람에게 친절하며 삶을 긍정적으로 바라보는 가톨릭 신자다. 그녀는 자신과 하룻밤을 보낸, 아무 책임도 지지 않은 남자에 대해서도 '정말 좋은 사람'이라고 추억한다. 수녀들의 악행(아이를 팔고 돈을 받았다는 사실)을 전해 들은 딸이 수녀들을 비난하자, '좋은 곳으로 입양 보내준 것'이라며 수녀들 편을 들어주기도 한다. 영화는 정반대 성향을 가진 두 사람을 붙여놓음으로써 무거운 내용을 가벼운 마음으로 따라갈 수 있게 도와준다.

그들은 미국에서 안소니의 행방을 알아내지만, 그는 이미 몇 년 전 불치병에 걸려 세상을 떠난 뒤였다. 그들은 안소니가 어떤 삶을 살았고 어떻게 죽었는지 듣기 위해 주변 지인들을 찾아다니던 중, 놀라운 사실을 알게 된다.

안소니가 불치병에 걸린 뒤, 친부모를 찾기 위해 아일랜드의 수녀원을 직접 방문한 적이 있다는 사실이다. 당시에도 수녀원은 필로미나에게 그랬듯이 자료가 없다며 안소니를 돌려보냈다. 수녀원이 당시에 제대로 연락만 해줬더라도 필로미나는 살아있는 아들을 만날 수 있었다.

이것이 끝이 아니다. 안소니가 고향에 묻히고 싶어 해 재산을 기부하고 수녀원 안뜰에 묻혔다는 것이다. 필로미나와 마틴이 수녀원을 찾아갔을 때, 안소니의 묘가 가까이에 있었는데도 수녀들은 태연히 "기록이 불타 알 수 없다"며 거짓말을 한 것이다.

분노한 마틴은 수녀원에 들이닥쳐 담당 수녀에게 사과할 것을 종용한다. 하지만 수녀는 "이곳에 있던 여자들은 한순간의 욕망을 이기지 못한 더러운 존재들"이고, "그들의 죽음과 아픔은 모두 신이 준 죗값"이라며 오히려 소리를 지른다. 결국 대폭발하는 마틴. 그는 수녀들을 위선자라 비난한다. 그때 필로미나가 끼어들어 마틴을 제지한다.

필로미나: 수녀님, 저는 당신을 용서합니다.
마틴: 이렇게 쉽게요?
필로미나: 상처 입은 마음을 추스르기 쉽진 않지만, 누굴 미워하며 살긴 싫거든. 지금 네 모습을 봐.
마틴: 화가 나요. 화가 나서 돌아버릴 거 같아요.
필로미나: 미워하면 나만 망가져.

이후 마틴은 이 사건을 기록한 『잃어버린 아이』를 출간한다. 영화 〈필로미나의 기적〉은 이 책을 바탕으로 만들어졌다.

***

이 영화는 이 책에 실린 다른 영화와는 선정 이유가 다르다. 다른 영화들은 영화를 먼저 고르고 떠오르는 생각을 썼는데, 이 영화는 반대다. 책을 다 쓰고 보니 종교 관련 내용이 없어 일부러 종교 영화를 찾은 것이다. 그래서 앞으로 이어질 이야기는 이 영화와 큰 연관은 없다(마치 이제까지는 영화와 관련이 있었다는 듯). 얼마나 자연스러울지는 모르겠지만, 뒤에서 한번 끼워 맞춰 보겠다.

종교를 비판하는 2가지 방법

종교를 비판하는 데는 크게 2가지 방법이 있다.

하나는 과학적 사실로 종교의 허구를 무너뜨리는 방식이다. 『이기적 유전자』로 유명한 리처드 도킨스가 이 방면에 일가견이 있다. 그는 종교, 특히 미국 개신교가 주장하는 창조과학의 허구를 집요하게 공격한다. 나는 그의 강연을 몇 번 본 적이 있는데, "개신교가 단합된 단체로 미국 정치권에 영향을 행사하니, 무신론자 협회를 만들어 국가를 압박해야 한다"라는 말을 한 적이 있다. 크게 공감했다. 어느 나라나 정치권은 인원수도 얼마 안 되는 종교집단에 휘둘린다. 무신론자가 종교인보다 훨씬 많은데 말이다.

근대 이후 과학의 발전으로 종교는 점점 그 세를 잃어가고 있다. 지구는 태양을 돌고, 지구 나이는 46억 살이고, 우주에는 신이 절대 계획했을 리 없는 것들로 가득 '비어' 있다. 이 사실은 종교 전체를 흔들었다. 단순히 신자 수가 줄었다는 문제가 아니라 종교가 하나의 세계관에서 단순한 취미로 위상이 격하된 것이다. 현재는 종교를 갖더라도 과거처럼 종교를 모든 것으로 생각하는 사람은 거의 없다.

　자본주의의 발달은 과학보다 종교에 더 치명적이었다. 돈이라는 절대적 신이 등장한 것이다. 모든 종교가 돈 앞에 대동단결했다. 돈이야말로 완벽한 신이다. 돈은 얄팍하게 천국 같은 공수표를 날리지 않는다. 그냥 버는 족족 바로 행복을 선사한다. 10만 원을 벌면 10만 원어치의 행복! 1,000만 원을 벌면 1,000만 원어치의 행복! 돈은 즉각적이며 공정한 신이다. 최고 악당이 등장했는데, 누가 졸개에게 관심을 갖겠나.

　초기 아나키즘의 중요한 주제 중 하나는 '종교를 어떻게 거부하는가?'였다. 그런데 나는 이 챕터를 책을 다 쓰고 나서 마지막에 추가하고 있다. 종교는 어느새 비종교인에게는 말할 가치가 없는 그들만의 리그가 되어버렸다. 물론 세계의 많은 지역에서 여전히 종교분쟁이 일어나고 있지만, 경제가 안정적인 민주주의 국가가 종교 문제 때문에 시끄러운 경우는 거의 없다(현 테러 문제가 단순히 종교 때문이 아니라 본다면).

　다 죽어가는 종교를 과학을 이용해 비판하는 건 반칙에 가깝다. 마치 프로 복싱 선수가 초등학생을 린치하는 느낌이다. 너무 쉽다. 너무 쉬워서 당하는 종교계가 마치 순교라도 하는 것처럼 비장하게 보인다. "과학을 받아들인다 해도 과학이 아직 밝히지 못한 부분이 있고, 결국 그 모든 게 신이 창조하신 것"이라는 주장을 들으면, 얼마나 외로우면 저럴까 싶다가, '저렇게까지 바보 소리를 하는 걸 보면 정말 내가 모르는 뭔가가 있나 봐' 하는 생각도 들었다가, '과학이 아무리 발전해도 저들은 생각을 고쳐먹지 않을 것'이라는 좌절감을 느낀다.

그래서 나는 종교를 비판하는 데 과학적 사실을 사용하지 않겠다. 아나키스트가 종교를 거부하는 데 과학은 필요 없다.

종교를 비판하는 두 번째 방법은 종교의 부패를 문제 삼는 것이다. 하지만 나는 이 방식도 사용하지 않겠다. 내가 만나본 종교인들은 종교의 부패에 관한 어떤 충격적인 사례를 들고 오든 이를 개인의 일탈로 받아들이기 때문에, 절교 효과가 별로 없었다. 비종교인에게 종교에 대한 혐오감을 심어주기에는 적당한 방법이지만, 종교인에게는 그다지 효과적인 방법은 아니다.

그곳에 신이 있다, 그래서 믿지 않는다

일단 오해를 줄이기 위해서 '믿는다'는 표현 대신 '따른다'는 표현을 쓰도록 하겠다. 종교에서 사용하는 '믿는다'는 표현은 '존재를 믿는다'와 '신을 따른다'는 두 가지 의미가 합쳐져 있다. 나는 대통령이 실재한다고 믿지만, 그를 따르지는 않는다.

종교별로 다르지만 여러 종교에서 말하는 공통점을 대충 찾아보면,

(1) 신은 존재한다.

(2) 신이 세계와 인간을 창조했다.

(3) 신의 말씀(율법)을 따르면 세상이 더 좋아진다.

이 정도가 아닐까 싶다.

그런데 이 가정을 다 받아들인다고 해도 사람이 신을 따라야 할 이유는 어디에도 없다. 대부분의 종교에는 절대적인 신이 있다. 불교같이 절대적인 신이 없는 종교도 있지만, 현실에서는 신이 없으면 만들어서라도 가져다 놓는다. 그래야 잘 팔리니까. 신자는 신이 있다고 믿기에 종교를 믿는다. 반대로 무신론자는 신이 없기 때문에(과학적으로 말도 안 되기에) 종교를 믿지 않는다. 하지만 나는 그곳에 신이 있기 때문에 종교를 믿지 않는다.

아나키스트의 1원칙은 '권위에 복종하지 않는 것'이다. 그러니 종교든 국가든 경제든 절대자가 존재한다면, 그곳에 속하지 않거나, 어쩔 수 없이 속해야 한다면 그 권위를 없애려고 노력해야 한다.

신? 훌륭한 존재고 좋은 말씀 많이 하시겠지. 그렇다고 신이 우리 앞에 설 순 없다. 세종대왕의 백성보다 이명박의 시민이 낫다. 그것이 세계가 이룬 진보다. 종교도 마찬가지다. 신이 세상을 다 만들었다고 믿는다 한들, 그게 신을 따를 이유는 안 된다.

지난 역사에서 절대자가 필요한 시기가 있었는지는 모르겠다. 모르는 게 너무 많아서 '모든 건 신의 뜻대로 했어'란 설명이 필요한 시기가 있었을지도 모른다. 하지만 그렇다 해도 신을 따를 이유는 없다. 부모님을 생각해보라. 부모님이 날 낳으신 건 믿고 자시고 할 게 없는 명확한 사실이다. 그렇다고 해서 내가 부모님의 소유물도 아니고 부모님을 따라야 하는 것도 아니다. 물론 부모가 나를 존중하고, 내 의견을 경청하고, 위기에서 나를 보호해준다면, 나는 부모의 희생에 감사하며 사이좋게 오순도순 지낼 수 있다. 하지만 부모가 나에게 폭행을 일삼고, 자신이 생각하는 선을 강요하고, 말을 안 들으면 지옥에 보내버리겠다고 협박한다면, 아무리 나의 창조주라고 해도 빨리 도망쳐야 한다. 역사를 돌이켜보면 아무래도 신은 전자보다 후자에 가까운 부모다. 이런 부모라면 모른 체하는 것이 여러모로 바람직하다.

절대자의 존재는 단순히 우리 앞에 상징적인 존재가 있다는 정도로 끝나지 않는다. 종교에는 '말씀'이 존재한다. 절대자가 만들었는지, 이후 그를 따르던 권력자가 만든 것인지는 중요하지 않다. 그 말씀에 따라서 선과 악이 생겨난다. 착한 사람과 나쁜 사람이 생긴다.

어릴 때부터 내재된 생각은 강력해서 삶 전체를 지배한다. 결국, 우리는 우리 자신이 아니라 종교에서 원하는 사람이 된다. 우리는 오롯이 자신이 되지 못하고 자신과 타인을 종교적 잣대로 평가한다. 절대적인 이데아가 있고, 그 이데아를 향해 끝없이 닮아가려고 하는 내가 있을 뿐이다. 하지만 인간은 결코 그 단계에 이를 수 없기에, 종교는 죄책감을 강요한다. 단순히 계율을 어기는 사람에게만 해당하는 게 아니다. 이 영화의 악역인 수녀를 봐라. 그녀는 신이 정한 규칙을 평생 따랐다. 수녀는 신의 규칙을 어긴 필로미나를 저주한다. 그녀는 필로미나가 정숙하지 않기 때문에 고통을 받는 게 당연하다고 여긴다. 수녀의 정신은 지금 온전한 상태인가? 신의 말씀 때문에 수녀는 완전히 망가졌다.

종교의 계율대로 살기는 어려운 일이다. 그러니 신을 믿는 이에게는 마땅한 보상이 있어야 한다. 신이 만든 유일한 규칙이 있다면, '기브 앤 테이크'다. 신의 말을 들었으니 보상을 받아야 한다. 하지만 종교는 보상을 줄 수가 없다(거짓말이니까). 그러니 말세론 같은 비관론으로 흘러갈 수밖에. 종교는 신자들에게 천국을 약속한다. 신앙을 가지고 참고 견디면 죽어서 천국에 갈 수 있다고 말한다. 누가 봐도 사기꾼의 투자 유치인데 삶에 지친 사람들은 이런 말에라도 기댈 수밖에 없다.

그런 면에서 종교보다 타로나 사주가 낫다. 적어도 타로나 사주는 내세를 이야기하지 않는다. 사주를 보면서 자신이 죽어서 천국에 가는지를 궁금해하는 사람은 없다. 당장 올해 애인이 생기는지, 사업이 잘되는지를 묻는다. 점쟁이가 말해준 미래는 실재한다. 맞았는지 틀렸는지 올해가 끝나면 확인할 수 있다. 틀렸다면 다른 점쟁이를 찾아가면 그만이다.

지저스 크라이스트 슈퍼스타

많은 비판에도 불구하고 어쨌든 종교는 살아남았다. 종교만큼 불특정 다수를 하나로 묶어내는 데 효과적인 방법은 없다. 괜히 리처드 도킨스가 비종교인을 조직화하자는 말을 하는 게 아니다. 아무리 수가 많아도 조직화하지 못하면 제대로 힘을 발휘하지 못한다. 심지어 아나키스트 그룹 중에서도 종교를 바탕으로 하는 공동체가 있는데, 이들이 다른 이나키스트 공동체보다 결속력이 높다. 그들을 과연 아나키스트 그룹으로 봐야 할지는 모르겠지만, 본인들이 아나키스트라니 아나키스트겠지. 하지만 종교가 매개된다면 아무리 단합이 잘

돼도 구성원들이 진정으로 연대하는 것은 아니라고 생각한다.

현재 한국에서 종교집단만큼(혹은 그 이상으로) 뛰어난 결속력을 보여주는 조직이 있다. 군대? 검찰? 아니다. 바로 아이돌 팬클럽이다. 이들은 돈 한 푼 받지 않고, 심지어 돈을 써가며 자신이 사랑하는 스타를 위해 일사불란하게 움직인다. 그들의 단합력은 가히 우주 최강이다. 팬들이 운집한 스타의 콘서트 장면을 떠올려보라. 몇만 명 팬들이 하나가 되어 노래를 부른다.

그렇다고 그들이 연대한 것은 아니다. 팬과 팬 사이에는 직접적인 유대가 없다. 그들은 오로지 스타를 중심으로 모여든다. 그들은 스타를 따르는 종교집단이다(물론 종교집단보다는 낫다. 이들은 적어도 실체가 있는 것에 몰두하니까). 이들 사이에 스타가 사라진다면, 이들의 연대도 한순간에 사라진다. 팬클럽에서 개인은 중요하지 않다. 만약 누군가 다른 스타를 좋아하게 되면, 즉시 조직에서 쫓겨난다.

종교집단도 마찬가지다. 그들은 신의 말씀을 따라 착하게들 살겠지. 그러다 신이 금지한 일을 한 사람에 대해서는 가차없이 단죄를 한다. 모두를 포용해야 한다고 겉으로는 말하지만, 자신의 선함을 위해서지 죄인을 위해서가 아니다. 마치 영화에 나오는 수녀처럼. 그들은 한 명의 스타를 바라보고 있을 뿐이다. 모두 하나 된 것처럼 굴지만, 상대방이 누군지는 관심이 없다. 같은 신만 믿고 있다면.

사람과 사람 사이에 매개체는 사라져야 한다. 자유로운 개인의 공동체란 개인과 개인이 만나는 공동체다. 이게 말처럼 쉽지는 않다. 가령 콘서트장에서 스타가 사라진다고 생각해보라. 그전까지다 같이 노래 부르던 사람들은 한순간 조용해질 것이다. 어디를 쳐다봐야 할지 모를 것이다. 우왕좌왕 혼란스러운 상황 속에서 그들은 하나가 될 수 없다. 함께한 사람들에 대해 모르기 때문이다.

누구도 매개되지 않은 상황에서, 서로의 이야기를 들어주고 나누는 것이 진정한 연대다. 중간에 신이든 스타든 왕이든 영웅이든 대통령이든 누구든 자리 잡고 있는 집단이라면, 끊임없이 새로운 존재가 나타나야 한다. 그 속의 개인은 평생 그 자리에 머물 뿐이다(비유를 한 것일 뿐 팬클럽 문화를 비난하는 것이 아님을 명확히 밝힌다).

'과학 때문에 신을 안 믿는다', '신이 없어서 종교를 안 갖는다'는 사람들은 사실 진짜 종교를 안 갖는 것이 아니다. 그들은 신이 너무 비현실적이어서 안 믿는 것뿐이지 진정으로 종교를 거부한 건 아니다.

신이 존재해. 정말 사람의 인생을 좌지우지할 정도로 강력해. 그럼에도 신을 따르지 않는 것, 그게 진정으로 신을 믿지 않는 것이다. 나보다 잘난 신이 있고, 왕이 있고, 영웅이 있고, 자본이 있지만, 그럼에도 따르지 않는 것, 그것이 진정한 비종교인의 자세다.

과학이 신의 존재를 밝히고 신이 정말 세상을 만들었다고 밝혀진다 한들, 그게 대체 무슨 상관이란 말인가. 창조과학에 목매는 종교인들이 한심한 이유는 멍청한 과학지식 때문이 아니다. 노예근성 때문이다. 주인이 나타나지도 않았는데 굳이 찾아서 모시겠다니, 이끌어줄 사람이 없으면 불안해서 잠시도 가만히 있지 못하는 그 꼴을 그들의 조물주가 본다면, 아마 쪽팔려서 모습을 드러내지 않을 거다.

신의 의미를 찾아서

나는 비종교인이긴 하지만 무신론자는 아니다. 나는 세상 만물에 신이 존재한다고 믿는다. 신이라고 표현했지만, 꼭 신이라기보다는 '함부로 해선 안 될 어떤 것'이 있다고 믿는다. 세상 만물은 각자의 우주를 가지고 있고, 그래서 모든 존재를 소중히 여겨야 한다고, 미물이라도 파괴하면 하나의 우주가 파괴된다고 믿는다. 나도 당연히 하나의 우주를 가지고 있고, 그래서 나도 존중받을 가치가 있다고 믿는다. 이 생각에 과학적인 증거는 없다. 있을 거 같지도 않다. 하지만 그게 무슨 상관이람. 이 믿음에는 우열이 없다. 권력이 없다.

　아인슈타인은 "신을 믿느냐?"는 질문에 "나는 스피노자의 신을 믿는다"라는 답변을 한 적이 있다. (스피노자의 종교관에 관한 설명을 해야겠지만, 귀찮으니 간추리자면) 우주를 만든 원칙으로서의 신을 믿는다는 뜻이다. 신을 절대적인 존재로 여기긴 하지만, 신이 원칙을 만든 뒤에 관여하지 않으니, 이 정도 신념을 가지고 있다고 해서 딱히 남들에게 피해를 줄 거 같지는 않다. 아인슈타인이 상대성이론을 만들 수 있었던 이유는 하나의 원칙이 존재할 것이라는 믿음이 있었기 때문일지도 모른다. 『안티 크라이스트』 저자 니체조차 '영원회귀'라는 개념을 말할 때는 현실 그 너머를 봤다.

　꼭 기성 종교가 아니어도 얼마든지 신앙을 가질 수 있다. 내 가까운 친척 어르신은 나무에 특별한 기운이 있다고 믿는다. 운전 중에도 큰 나무가 보이면 잠깐 차를 세워두고 인사를 하고, 쓰러진 나무를 보면 자기 일처럼 안타까워한다. 그리고 집 안을 나무 가구와 나무 바닥으로 도배를 해놓았다. 뭔가 앞뒤가 안 맞지만, 그분의 세계 속에는 내가 모르는 일관된 믿음이 있을 것이다. 나는 그 어르신이 나무에 인사할 때, 늘 경건한 느낌을 받는다.

영화에서 필로미나는 가톨릭 신자로 나오지만, 그녀의 세계관은 나와 비슷하다. 물론 훨씬 성숙하다. 그녀는 어떤 것도 가볍게 여기지 않고, 누구도 상처받지 않기를 바란다. 그녀에게 예수가 최고인지 어떤지 모르겠지만, 그녀는 종교적 금기를 어긴 사람에 대해서도 편견 없이 애정을 가진다. 그녀는 성 소수자인 아들을 사랑한다. 본인이 미혼인 채 사랑을 나눈 것이 죄라고 말하면서도 행복한 순간이었다는 걸 거부하지 않는다.

그녀는 아들을 사랑하고 자신의 인생을 사랑한다. 그녀는 아픔을 온전히 자신의 것으로 받아들인다. 그렇기에 그녀의 인생은 불행하지 않다. 그녀는 신의 이름으로 악행을 저지른 수녀들마저 용서한다. 이건 좀 너무하다 싶지만, 그게 그녀가 믿는 신의 모습이다. 그녀의 선택을 수긍할 순 없지만, 그렇기에 그 선택은 위대한 것이었다. 그녀의 세계에서 모두는 각자의 모습으로 존중받는다. 그녀의 태도에는 범인인 내가 이해할 수 없는 품격이 있다.

종교적인 선을 향해 평생을 성실히 산 수녀와 자기 인생을 산 필로미나 중에 누가 더 신의 모습에 가까운가? 모르겠다. 신을 본 적이 없어서. 신이 성경에 나온 대로 처벌의 신이라면 수녀가 신에 가까울 것이고, 반대라면 필로미나와 가까울 것이다. 만약 신의 모습이 후자에 가깝다면, 나도 한 번쯤 만나보고 싶다. 친구가 될 수도 있을 것 같다. 물론 내가 원하면 말이다.

**

후일담

2013년 취임한 프란치스코 교황은 영화를 보고 큰 감명을 받아 필로미나 할머니를 바티칸에 초청했다. 그녀는 교황과 함께 만찬을 하고 대화를 나눴다. 그녀는 수도원의 수녀들이 이 소식을 들으면 자신을 부러워할 것이라며 즐거워했다고 한다. 소녀같이 신나 하는 할머니의 모습이 눈에 그려진다. 역시 인생은 알 수 없어서 즐거운 법이다. 그녀의 남은 인생에 즐거움이 가득하길 빈다.

마나나의 가출(2017)
ჩემი ბედნიერი ოჯახი, *My Happy Family*

장르 | 정치스릴러

**"뭘 훌륭한 사람이 돼.
그냥 아무나 돼."**

마나나는 50대 여성이다. 그녀는 남편, 친정부모, 아들과 딸, 딸의
남자친구와 함께 살고 있다. 전형적으로 3대가 함께 사는 가정이
라고 하긴 뭣하지만, 하여튼 3대가 평범한 중산층 아파트에 모여
산다.

　그녀는 고등학교 선생으로 재직 중이고, 남편은 적당히 괜찮은
회사에 다닌다. 아들은 아직 직장을 구하지 못하고 방구석에서 컴
퓨터만 하고 앉아 있지만, 전 세계 어디나 많은 청년이 취직을 못
하고 컴퓨터만 하고 있으니 특별히 불행한 건 아니다. 딸의 남자친
구가 얹혀살고 있다는 게 조금 이상하지만, '이 나라도 부동산 문제
가 심각한가 보군' 하면서 이해할 수 있다. 집안일은 어머니가 대부
분 처리한다. 아버지? 아버지는 그냥 있다. 과장이 아니라 영화를
보면 정말 그냥 있다. 동생 부부와 집안 어르신들도 마나나의 집을
가끔 방문한다.

가족 사이는 특별히 나빠 보이진 않는다. 죽고 못 사는 사이도 아니지만, 저녁을 함께 먹고 소소한 대화를 나누는 정도는 된다. 가족이 원래 그러하듯이.

'원래 그런 가족'이 마나나에게는 너무 큰 짐이다. 그녀는 혼자 조용히 시간을 보내고 싶지만, 일을 마치고 집에 오면 가정을 돌봐야 한다. 집안일은 기본적으로 어머니가 맡아서 해주지만, 어머니가 할 수 없는 부분은 자신의 몫이다. 다른 사람들은 도와주지 않는다. 집안일은 여성의 몫이니까. 그녀는 혼자 있고 싶다고 말하지만, 가족들은 크게 신경 쓰지 않는다. 그녀가 한 끼 굶고 싶을 때도, 어머니는 계속 함께 식사하기를 강요한다. 그래야 가족이라고. 물론 좋은 의도다. 하지만 그녀에게는 이 모든 것이 너무 피곤하다.

마나나의 생일, 마나나는 제발 오늘 하루만이라도 혼자서 편하게 쉬고 싶다고 가족에게 부탁한다. 남편은 알겠다고 해놓고 아내의 주변 사람과 자신의 회사 사람을 불러 깜짝 파티를 계획한다(그녀의 어머니는 그녀에게 '깜짝' 파티에 쓸 고기를 사 오라고 한다). 마나나는 그들과 어울리고 싶지 않지만, 남편은 자신을 봐서라도 어울려달라고 부탁한다. 분위기 파악 못 하는 남편은 사람들과 함께 준비한 노래를 부르고, 마나나는 그들을 흘깃 보고는 방으로 들어가 버린다. 남편은 마나나에게 "대체 뭐가 문제냐"며 화를 낸다.

시간이 지나도 마나나의 불만은 사라지지 않는다. 여유가 사라지고 짜증이 늘어난다. 하지만 마나나는 아무 말도 하지 못한다. 학교에서도 그녀는 도통 강한 주장을 하지 못한다. 수업 시간에 아이들이 졸거나 스마트폰을 봐도 힐끗 쳐다볼 뿐, 제대로 대응하지 못한다. 그녀 앞에 한 달간 결석한 학생이 나타난다.

마나나: 왜 학교에 오지 않았니?

학생: (망설이다) 문제가 있었어요.

마나나: 열일곱 살이 무슨 문제가 있길래, 한 달간 수업을 빼먹니? 아팠어?

학생: (잠깐의 침묵) 남편과 이혼했어요.

마나나: 이혼? 결혼은 언제 했는데?

학생: 지난 학기에요.

마나나: (애써 담담하게) 무슨 일 있었니? 왜 이혼했어?

학생: 그냥 서로를 이해 못했어요. 우린 너무 달라요. 그냥 안 맞았어요.

마나나: 남편은 몇 살인데?

학생: 그저께가 생일이었어요. 21살이에요.

마나나: 둘이서만 살았니? 아니면 다른 가족이랑?

학생: 처음엔 시어머니랑 같이 살다가, 뒤에는 둘이 나와 살았어요. 그래도 잘 안 됐죠. 내가 뭘 원하면 남편이 원하지 않고, 남편이 원하면 내가 원하지 않았어요. 제가 우린 안 되겠다고 하고 나왔어요.

마나나: 남편이 붙잡지 않았어?

학생: (잠시 생각하더니) 선생님, 하나만 말할게요. 거절할 거면 진

심으로 해야 해요. 망설이는 것처럼 보이지 말고요. 많은 여자 애들이 애인한테 헤어지자고 하지만, 다시 만나요. 한번 말하면 그대로 해야 해요. 그게 제 의견이에요.

마나나: (침묵)

학생: 제 의견에 동의하세요?

마나나는 학생을 상담하다 본인이 상담을 받는다. 그녀는 퇴근 후 집에 돌아와서 집을 나가겠다고 선언하고 짐을 싼다. 남편은 어찌할 줄 몰라 밖에서 담배만 피운다. 어머니는 이미 이마에 물수건을 올렸다. 아들은 엄마가 왜 집을 싫어하는지 모르겠다며 아빠를 탓하고, 딸은 누가 상처를 줬냐며 위로한다. 어머니의 전화를 받고 찾아온 동생은 혹시 다른 남자가 생겼냐고 묻는다. 가족들은 모두 어떤 특별한 이유가 있어서 마나나가 가족을 떠난다고 생각한다. 그들은 이유를 캐묻지만, 마나나는 할 말이 없다.

그녀를 설득하기 위해 집안 어른들이 총출동한다. "인생은 원래 그런 거다", "너 정도면 행복한 거다" 하며 도움이 되지 않는 충고가 이어진다. 마나나는 고개를 끄덕이지만 충고를 받아들일 생각이 없다. 그녀는 가족이 말리든 말든 집을 떠난다.

작은 아파트에서 혼자 살아가는 마나나. 특별한 것은 없다. 여전히 학교에 출근한다. 퇴근 후에는 집에 와서 밥을 해 먹고 혼자 조용히 책을 본다. 기타를 연습한다. 그녀에게는 그런 시간이 필요했던 것이다. 모든 주변 사람이 그녀를 걱정한다. 친구들은 곧 문제가 해결될 거라며 그녀를 위로하지만, 마나나는 모든 게 이상하다. 자기는 어떤 결과를 보기 위해 집을 나온 게 아니다. 그냥 혼자 살고 싶을 뿐이다. 하지만 굳이 오해를 바로잡으려 애쓰지도 않는다. 혼자 시간을 보낼 수 있으니, 그 정도 오해는 감수할 수 있다.

그 사이 가족에게는 (늘 그렇듯) 크고 작은 일들이 일어난다. 마나나는 딸의 남자친구가 다른 여자와 키스하는 장면을 목격한다. 하지만 그녀는 그들의 일에 간섭하지 않는다. 다만 이후 그 남자와 헤어진 딸에게는 잘된 일이라며 위로를 해준다. 마나나는 젊은 시절 남편이 불륜을 저질러 사생아가 있다는 사실도 알게 된다. 충격을 받지만, 남편에게 이를 따져 묻지 않는다. 아들은 임신한 여자 친구를 가족에게 소개한다. 아들은 방구석에서 일어나 일자리를 찾으러 다닌다.

이 모든 가족의 대소사에 마나나는 늘 함께한다. 아버지가 다쳤을 때도 가족들은 마나나에게 먼저 연락을 한다. 그녀는 혼자 살지만, 여전히 가족들과 함께 살아간다. 가족들은 끊임없이 마나나에게 돌아오라고 불평을 하지만, 다들 시간이 지날수록 익숙해져 간다. 마나나가 하던 집안일은 자연스레 남은 가족들이 분담하게 된다.

영화의 마지막, 마나나는 자신의 집에 남편을 초대한다. 돌아가려는 것도 아니고 화해하는 것도 아니다. 그냥 남편에게 요리를 해주고 함께 저녁을 먹는다. 어떤 사건이 발생하고, 마나나는 자신을 (여자라는 이유로) 누군가에게 속한 사람으로 여기는 남동생에게 화를 낸다. 그러자 남편이 말한다.

남편: 처남은 원래 그런 식이잖아. 평생 그렇게 살았다고.

마나나: 당신은 아주 잘 이해하네.

남편: 아니, 난 그냥 그렇게 화낼 필요는 없다는 얘기야. 진정해.

마나나: 평생 그렇게 살았다? 그럼 난 어떻게 하라고? 당신은?

남편: 나?

마나나: 당신은 어떻게 살아왔는데? 알기는 해? 당신은 누군데?

'원래 그렇게 살아왔다.' 영화를 한마디로 정리하는 대사다. 남편과 아내의 관계, 부모와 자식의 관계, 나아가 우리 사회 모든 관계에 질문을 던진다. 남편은 조용히 마나나의 집을 떠나고 영화는 끝이 난다.

＊＊＊

소극적이고 예민한 사람에게 필요한 것

이 영화는 아마도 여러 가지 관점으로 해석할 수 있을 것이다. 내가 '아마도'라고 가정형 문장을 쓰는 이유는 아직 여러 가지 관점의 해석을 보지 못했기 때문이다.

이 영화는 조지아에서 만들어졌다. 여기서 조지아는 캔커피 브랜드가 아니라 동유럽 국가를 말한다. 내가 이 나라에 대해 아는 거라곤, 소련 붕괴 때 독립한 신생국이라는 것과(국가 나이가 나보다 어리다) 오래된 와인 산지로 도자기에 담긴 고풍스러운 와인을 판다는 것 정도다(안타깝게도 한국에서는 구할 수가 없다). 한마디로 아는 게 거의 없다.

살면서 꽤 많은 영화를 봤다고 자부하는 편임에도, 이 영화는 내가 본 최초의 조지아 영화다. 영화 사이트 IMDB에 검색해보니 조지아 영화는 총 538편이 나온다. 이 사이트에 등록되지 않은 영화까지 감안한다면 조지아에서 1,000편 이상의 영화가 만들어졌을 것이다. 그중에 달랑 한 편밖에 못 봤다니 무비 호더로서 조금 자존심이 상하지만, 굳이 검색해서 아는 척하진 않겠다.

영화진흥위원회의 홈페이지에 들어가면 이제껏 한국에서 개봉한 모든 영화를 검색해볼 수 있다. 2017년 1월 5일 기준으로 62,866편의 정보가 있다. 이 중에 조지아 영화는 단 한 편도 없다. 어쩌면 있는데 못 찾는 것일 수도 있다. 상세검색으로 제작 국가를 지정할 수 있는데, 조지아는 목록에 없어 검색조차 할 수 없다. 기타항목에 조지아 영화가 한두 편 있을 수도 있지만, 있다 한들 누가 알겠나.

〈마나나의 가출〉 역시 영진위에 등록돼 있지 않다. 국내에서는 극장 개봉 없이, 넷플릭스를 통해 공개됐기 때문이다. 그마저도 〈옥자〉처럼 떠들썩하게 공개한 것도 아니고, 수많은 작품과 함께 어느 날 조용히 넷플릭스 한구석에 업데이트되었다. 이 작품을 만든 제작진과 배우 중 우리가 알 만한 스타는 단 한 명도 없다. 이 영화는 대형 서점에서 매대도 아니고 구석 서가 하단 1/3 지점에 꽂혀 있는 책 같다. 그러니 이 영화를 본 한국 사람이 몇이나 있을 것이며, 그 사람 중에 이 영화를 비평한 사람이 몇이나 있겠나.

그나마 찾아볼 수 있는 한국어 영화평은, 대부분 페미니즘 관점에서 중년 여성의 자아 찾기로 이 영화를 해석한다. 영화 속에서 그려지는 여성, 여성을 대하는 사회의 시선, 마나나와 다른 가족과의 관계를 봤을 때, 페미니즘적인 해석은 누구나 직관적으로 이해할 만한 모범 답안이다.

하지만 이런 시선으로만 이 영화를 이해한다면 이 영화는 다소 애매한 위치에 놓인다. 마나나는 집을 나가지만, 여전히 가족에 묶여있고, 여전히 그들의 뒤치다꺼리를 한다. 그녀는 남편의 과거 불륜 사실로 상처를 받지만, 조용히 넘겨버린다. 가부장제의 다른 희생자인 어머니를 구제하려는 시도조차 하지 않는다. 페미니즘으로 변화된 인물이라고 보기에는 그다지 시원한 드라마가 아니다.

대신 이 영화를 '소극적인 사람, 감수성이 예민하고 자기주장이 강하지 않은 사람이 살아가는 방법'에 관한 이야기로 바라보면 훨씬 자연스럽다. 그녀는 가족을 싫어하지 않는다. 그녀는 여전히 자식을 사랑하고, 부모에게 연민의 감정을 느낀다. 남편을 열렬하게 사랑하진 않지만 부부로서 동지 의식은 충분히 느끼고 있다. 그녀는 가족과 헤어질 생각이 없다. 그녀는 단지 어느 정도 거리가 필요할 뿐이다.

그녀가 집을 나가겠다고 선언하자 가족들은 그녀에게 새로운 남자가 생긴 거냐고 따져 묻는다. 그들에게 가족은 함께 살아야 하는 존재다. 그러니 새로운 가족이 (혹은 남자가) 생기지 않는 이상, 가족을 떠날 리가 없는 것이다. 그녀는 그 질문에 코웃음 친다. 새로운 남자도 없고 변화도 없다. 그녀는 그냥 집을 나간다. 혼자 차를 마시고, 음악을 듣고, 글을 쓴다.

　작은 여유, 이 여유가 그녀의 삶을 변화시킨다.

　만약 마나나가 가족과 함께 살아갈 때, 남편의 과거 불륜 사실을 알았다면, 딸 남자친구의 외도를 알았다면, 그녀는 폭발했을 것이다. 분노가 극에 달했겠지. 하지만 혼자 사는 그녀에게는 생각할 여유가 있다. 그녀는 적당히 침묵하고(그것이 옳은 것인지에 대해서는 사람마다 생각이 다르겠지만), 딸의 일에 간섭하는 대신 딸이 필요로 할 때 적당한 위로를 보낸다. 그녀는 가족과 조금 떨어져서 나름의 방법으로 가족에게 힘이 되어 준다.

　영화 후반부가 되면 가족들도 조금씩 성장해 있다. 여전히 그녀에게 돌아오라는 입에 발린 잔소리를 하지만, 그녀는 이제 그 정도 잔소리는 흘려버릴 정도로 여유가 있다. 영화 초반부와는 완전히 달라진 것이다.

　이 영화의 엔딩은 인상적이다. 보통의 할리우드 영화였다면 마나나와 가족은 서로를 이해하고 그녀가 다시 가족 속으로 들어가며 끝났을 것이다. 하지만 이 영화는 가족 만만세를 부르짖는 영화가 아니다. 그렇다고 페미니즘에 눈떠서 완전히 새로운 삶을 찾아가는 영화도 아니다. 다만 그녀는 영화가 끝날 때까지(그리고 아마 그 이후로도), 가족에게서 한 발 떨어져서 자신의 삶과 가족의 삶을 유지한다. 정말 오랜만에 보는 잘 만들어진 엔딩이다. 자극적이지도 비극적이지도 않다. 한 발 떨어져서도 가정은 얼마든지 제대로 굴러갈 수 있다.

조용한 이들을 위한 사회

나는 가끔 이 사회가 비정상적으로 시끄럽다고 느낀다. 사회의 주도권을 목소리 크고 적극적인 사람들이 가지고 있기 때문이다. 사회는 너무 시끄럽고, 너무 가깝다. 과장된 감정은 가끔 우스꽝스럽게 느껴질 정도다. 모든 시스템이 나대는(!) 사람들에 의해 만들어졌다는 건 슬픈 일이다. 적극적인 사람들은 목소리가 크다는 이유로 과잉 대표되고 있고, 소심한 사람의(소극적인 사람, 자신의 의견을 드러내지 않는 사람, 그들을 뭐라 부르든) 의견은 무시된다.

이는 최소 단위의 사회 집단인 가족에서도 마찬가지다. 현재의 가족 시스템은 얼마나 이상한가. 가족이 단순히 가부장적이라는 말이 아니다. 평등한 가족 관계에서도 필요 이상의 친밀함이 강조된다. 가족은 반드시 함께 살아야 한다고 믿고, 그렇지 않으면 비정상으로 여긴다.

조금만 이성적으로 생각하면 이 비정상적인 친밀함이 정신건강에 좋지 않다는 사실을 알 수 있다. 명절만 되면 가족을 보기 위해 10시간씩 차를 타고 와서 모인 사람들이 갑자기 칼싸움을 벌이는 뉴스를 우리는 매년 접한다. 전혀 정상적이라 할 수 없다. 하지만 우리는 '단지' 가족이라는 이유로 이 비정상을 정상으로 여긴다. 물론 가족이 함께 살아가면서 친밀함을 느끼는 것을 중요하게 여기는 사람도 있고, 거기서 안정감을 느끼는 사람도 많다. 하지만 모든 사람이 그런 것은 아니다. 그것을 당연히 여기는 사회 분위기는 많은 문제를 야기한다.

우리 사회가 시끄럽다는 비판을 떠드는 사람의 입을 막아야 한다고 받아들여선 곤란하다. 그 시끄러움 때문에 자신의 목소리를 내지 못하는 소극적인 사람들의 의견을 어떤 식으로 반영할 수 있을까, 고민해보자는 말이다.

방안을 생각해보기 전에, 먼저 소극적인 사람들의 의견이 반영된 정치란 어떤 것인지 생각을 해보자. 소극적인 사람들의 생각이 반영된(혹은 그렇다고 추정되는) 몇 가지 정책을 찾아봤다.

먼저 김영란법.

정확한 명칭은 '부정청탁 및 금품 등 수수의 금지에 관한 법률', 너무 기니까 그냥 '김영란법'이라 하자. 이 법의 핵심은 공무원, 공직자, 언론인 등에게 일정 금액 이상의 선물 자체를 금지하는 것이다. 이전에도 우리나라에는 뇌물을 방지하는 법이 존재했다. 하지만 벤츠검사 사건이 발생하자(검사가 변호사로부터 벤츠를 받았으나, 법원은 이를 뇌물이 아니라 단지 사랑해서 준 선물로 판단해 무죄를 선고), 앞으로는 대가성 입증과 무관하게 일정 금액 이상의 선물을 받으면 처벌할 수 있도록 한 김영란법이 만들어졌다.

나는 이 법이 한국사회에 만연한 부패 때문에 지금 당장은 필요하다고 생각하지만, 장기적으로 이 법이 필요한지, 정당한 법인지 다소 의문스러웠다. 기존에 있던 뇌물방지법이 제대로 작동하지 않은 이유는 법 자체의 문제라기보다 권력의 문제였다. 그러니 김영란법이 추가로 만들어져봐야 부패한 고위층은 걸리지 않고, 애꿎은 말단 공무원이나 교육자가 별것 아닌 일로 꼬투리 잡혀서 처벌받지 않을까 걱정을 했다. 위에는 관대하고 아래에는 엄격한 게 우리 사회 아닌가? 그래서 조금은 부정적인 시선을 가지고, 이 법을 제안한 김영란 씨의 인터뷰를 봤다. 그녀는 내 생각과 전혀 다른 이야기를 했다.

기자: 김영란법으로 우리 사회의 부정부패가 줄어들 것으로 생각하시나요?

김영란: 그럴 리가요. 부정부패가 그렇게 쉽게 사라질 것으로 생각하지 않습니다.

기자: 의외의 답변이네요. 그렇다면 이 법을 제안한 이유는 뭔가요?

김영란: 우리나라는 집단주의 문화, 수직적인 서열 문화가 강한 사회인데, 선배나 상사가 뭘 부탁하면 거절할 수가 없잖아요. 거절하고 싶어도 거절할 수 없는 문화고, 고가의 선물을 돌려주면 버릇없는 사람이 될 수도 있고요. 그러니까 거절의 자유가 없는 거예요. 이제 공무원들이 집단으로 어울려 다니면서 서로 접대하는 문화에서 벗어나도 되겠다, 그런 때가 됐다는 생각을 했고, 그럴 때 "No"라고 할 수 있는 법을 만들자 싶었습니다.

그녀의 말에 따르면, 이전에는 뇌물을 거절하고 싶어도, "분위기 깨게 왜 그래? 이건 뇌물 아니야. 이 정도는 다 받아" 이런 반응 때문에 소심한 이들은 원하지 않아도 접대를 받아야 했다. 이 법을 만듦으로써 "아, 죄송해요. 김영란법 때문에 못 받아요. 하하" 하면서 자연스럽게 빠져나갈 수 있게 해주고 싶다는 것이다.

그러니까 이 법을 만든 사람에게 중요한 건 벤츠검사가 아니었다. 기존의 뇌물방지법이 뇌물을 주고받지 못하게 하려고 만든 법이라면, 이 법은 부패가 만연한 사회에서 살아가는 소심한 사람들을 위한 피난처인 셈이다. '소수자의 대법관'이란 별명이 과장이 아니구나 싶었다. 물론 관점이 훌륭하다고 해서 전부 훌륭한 건 아니다. 꼭 이런 법을 통해 입장을 관철해야 하는지 논쟁해볼 수 있다. 하지만 다양한 사람들의 입장을 고려했다는 점에서 이 법은 가치가 있다. 꼭 법이 누군가를 단죄하기 위해 필요한 것은 아니다. (이 법의 아이러니는 법을 집행하기 위해 강력한 단죄를 전제하고 있다는 점이다.)

사형제 폐지에 대해서도 비슷한 입장이 있다.

한국은 아직 공식적으로 사형제가 폐지되진 않았지만, 1997년을 마지막으로 사형이 집행되지 않아 사실상 사형제 폐지 국가로 분류된다. 사형제에 대한 입장은 사람마다 다를 수 있다. 개인적으로 사형제 폐지를 지지하는 입장이지만, 강력 범죄가 발생했을 때, 인터넷 댓글을 보고 있노라면 많은 사람이 여전히 사형제를 찬성하는 것으로 보인다(온갖 욕설로 범죄자를 저주한 다음 능지처참을 요구한다).

사형제 폐지를 주장하는 가장 흔한 논리는 사형을 집행했는데, 시간이 지나서 무죄로 밝혀지면 어쩔 거냐는 거다. 특히 우리나라처럼 정치범 사형이 많이 이루어진 나라에서는 이런 문제가 매우 심각하다.

하지만 누가 봐도 **빼도 박도** 못 하게 나쁜 놈들이 있지 않나? 연쇄 살인마나 아동 강간범 혹은 전두환. 범죄를 저지른 완벽한 증거가 나왔다고 해보자. 흉악한 범죄에 분노한 시민들은 범죄자를 사형시켜야 한다고 주장할 것이다. 이 성난 사람들에게 어떤 말로 반박을 할 수 있을까? (물론 반박 거리는 많다. 하지만 성난 사람에게 먹힐 만한 반박은 없다.)

이에 대해서 최근 흥미로운 주장을 봤다. "사형을 집행할 만큼 나쁜 놈이 존재한다고 하자. 그렇다고 과연 누가 그를 죽일 것인가?" 아무리 사형제가 간소화돼서 버튼 하나만 누르면 된다고 해도 누군가는 최종 명령을 내려야 하고, 누군가는 버튼을 눌러야 한다. 지금 당장에는 괜찮을 수도 있고, 어쩌면 평생 괜찮을 수도 있지만, 어느 날 불현듯 자신이 사람을 죽였다는 사실을 떠올리며 괴로워할 수 있다. 이들이 입을 영혼의 상처는 어떻게 보상할 것인가? 사형에 처해야 할 나쁜 놈이 없어서가 아니라, 사람을 죽일 수 없기 때문에 사형 대신 격리해 가둬놓는 것이다. 누군가는 나약하다고 비난할 수 있다. 하지만 시대정신이란 이런 식으로 성립된다.

대만 수의사 지안지쳉簡稚澄 씨 이야기가 떠오른다. 그녀는 유기동물보호소에서 일하던 수의사다. 유기동물보호소에 들어온 동물은 일정 기간 동안 주인이 찾아가지 않거나 새로 입양되지 않으면, 안락사를 시킨다. 오래전부터 잔인하다는 비난은 있었지만, 늘어나는 유기동물을 무한정 감당할 순 없으니 나름 합리적인 방식으로 여겨졌다. 그녀는 2년간 유기동물보호소에 근무하면서 700여 마리

유기동물을 안락사시켰다. 동물을 안락사시킨 날에는 밥도 먹지 못하고 잠도 자지 못했다고 한다. 결국 2015년 그녀는 죄책감을 떨치지 못하고 스스로 목숨을 끊었다.

우리가 당연하고 어쩔 수 없다고 생각하는 일이 누군가에게는 회복할 수 없는 상처일 수 있다. 이 사건 이후 대만은 유기동물 안락사를 금지했다. 늘어나는 유기동물 문제에 대한 대책이 필요하겠지만, 안락사는 해답이 아니라는 결론을 내렸다.

분명 그 수의사도 자살하기 전에 자신의 의사를 직간접적으로 표현했을 것이다. 하지만 적극적인 사람들이 주도하는 사회는 소극적인 이의 목소리를 듣지 못했다. 조용한 사람들이 극단적인 방식으로 자신의 의사를 표현하기 전에 제도가 고쳐졌다면 얼마나 좋았을까. 마나나가 집을 나가기 전에 가족들이 그녀의 목소리에 귀 기울였다면 얼마나 좋았을까. 하지만 그런 일은 일어나지 않는다. 조용한 사람들의 의견은 반영되지 않는다.

〈마나나의 가출〉에서 가장 비현실적인 부분은 마나나가 가출을 선언하는 지점이다. 그녀의 가출은 긍정적 변화를 가져오지만, 현실에서 마나나 같은 이들은 참고 말기 때문에 변화가 일어나지 않는다.

그렇다면 어떻게 마나나 같은 이들의 의견이 더 쉽게 사회에 반영되게 할 수 있을까?

선거는 민주적인가?

이쯤에서 선거 이야기를 해보자(가출 이야기하다 멀리도 간다).

우리는 흔히 선거를 '민주주의의 꽃'이라고 말한다. 그런데 과연 선거는 얼마나 민주적일까? 아니 민주주의에 걸맞기는 한 걸까?

누군가를 '대신한다'는 범위를 생각해보자. 가령 저녁에 된장찌개를 끓이기 위해 두부 한 모를 사 오라고 아이를 보내면, 아이는 두부를 사 올 것이다. 이때 아이는 명백히 나를 대신한 것이다. 여기까지는 어떤 논쟁도 없다.

조금 더 나아가보자. 아이에게 저녁 찬거리를 적당히 사 오라고 하면, 아이는 자신이 생각하는 적당한 저녁거리를(치킨, 피자, 삼겹살 등) 사 올 것이다. 여기서부터는 조금 헷갈린다. 이것은 내 의견을 대신 수행한 것인가, 아닌가? 이 정도까지는 넓은 범위에서 저녁거리라는 업무를 수행한 것이니 나를 대신했다고 할 수도 있다.

이번에는 아이에게 생활비를 다 주면서 가정 경제를 맡겼다고 해보자. 아이는 그 돈으로 식사를 준비하고 필요한 비품을 사고, 나아가 집을 바꿀 수도 있다. 이 경우 아이는 나를 대신한 것인가? 그냥 제 맘대로 한 것인가?

선거는 이보다 훨씬 더 심각하다. 시민이 주인이라지만, 주인의 권리는 지도자를 뽑는 것뿐이다. 나랏일을 맡길 지도자를 선거로 뽑기는 하는데, 그들이 정확히 무엇을 하겠다는 것인지 알지 못한다. 물론 후보들은 공약을 발표하지만, 이는 눈속임에 불과하다. 시민의 의견에 귀 기울이는 척하지만, 제스처에 불과하다는 것은 후보도 알고 언론도 알고 시민도 안다. 그러니 공약집을 찾아보는 시민이 거의 없는 것이다.

심지어 공약으로는 후보를 분간할 수도 없다. 2017년 대선을 돌이켜보라. 모든 후보가 최저임금 1만 원, 경제 민주화, 개헌, 4차 산업혁명 같은 공약을 내걸었다. 북한에 대한 태도를 제외하고는 공약이 거의 같았다. 공약대로라면 여야가 왜 지금 이렇게 싸우는지 도무지 이해할 수가 없다. 누가 당선되더라도 내뱉은 공약을 다 지키지 못한다(후보 때야 무슨 말을 못 하겠나). 루소는 이런 현상을 두고 "우리는 선거 때만 주인이 되고, 선거가 끝나면 다시 노예가 된다."라는 말로 비판했다.

루소의 비판은 정확하지만, 시민 모두가 모든 사회 문제에 관여할 수도 없고 모든 사안에 관심을 가질 수도 없으니, 대리자에게 맡기는 건(심지어 내 의견과 다르더라도), 어느 정도 합리적이고 타당해 보인다. 거기까지는 그렇다 치자. 어쩔 수 없이 우리 사회에 대표자가 필요하다고 치자. 그럼 우리의 대리자를(국회의원이든 시장이든 대통령이든) 우리의 공정한 대표라고 할 수 있을까?

현대 국가에서는 선거를 통해 대리자에게 정당성을 부여한다. 정기적으로 선거를 하고, 자발적으로 참여한 후보 중에 시민이 각자 1표씩을 행사해 다수의 표를 얻은 후보를 선출한다. 국가마다 소수표를 배려하는 몇 가지 장치가 있지만, 다수결이 기본 원칙이다. 선거제도는 부분적으로 논란은 있지만, 어느 정도 합리적이고 공정해 보인다. 그럼 결과적으로도 선거제도는 공정하고 합리적일까?

2017년 대통령 선거로 돌아가 보자. 당시 민주당 문재인 후보는 선거기간 내내 아들의 취업 청탁 문제로 공격을 받았다. 후에 이 사건은 국민의당 측의 조작으로 밝혀졌지만, 당시에는 진실이 명확하지 않았다.

나는 이 의혹이 불거진 당시부터 말이 안 된다고 생각했다. 내가 사건의 내막을 알고 있었다거나, 문재인 후보 지지자였기 때문은 아니다. 문재인 후보 아들이 얻었다는 일자리가 그다지 대단한 자리가 아니었기 때문이다. 그는 5급 공무원으로 특별 채용됐는데, 1년 동안 받은 급여는 수당과 식대를 모두 포함해서 3,500만 원이 채 안 됐다. 물론 청년 취업이 워낙 힘드니까, 공무원이라는 안정성과 매달 250만 원이 넘는 월급이 결코 적은 돈은 아니다. 하지만 대통령의 비서실장이 힘을 써서 마련해준 자리라고 하기에는 너무 하찮다. 수많은 낙하산 인사들이 공기업 대표로 가서 연봉 몇억을 챙기는 게 현실이다. 만약 문재인 후보가 불법적인 개입을 하려고 했다면, 훨씬 좋은 자리를 구해줬을 것이다(물론 직접적 요구가 없었음에도 채용 담당 공무원이 알아서 기었을 가능성은 있다).

몇 년 뒤, 문재인 후보의 아들은 이 일을 그만두고 미국의 파슨스 디자인 스쿨에 입학한다. 연봉도 적은 공무원 자리를 위해 부정 청탁을 했다면 유일한 이유는 안정성일 텐데, 그 안정성마저 걷어차버린 셈이다. 파슨스는 뉴욕에 위치한 세계 최고의 디자인 학교니 그만한 능력이 있었다고 볼 수 있다. 더 중요한 점은 학비가 한 해 5천만 원이 넘고, 각종 재료비와 뉴욕 생활비를 감안하면 아무리 거지같이 살아도(주변인들의 증언에 따르면 실제 거지같이 살았다고 한다) 매년 1억 원 가까운 비용이 들어갔을 것이다.

　문재인 후보 자녀만의 이야기가 아니다. 안철수 후보의 자녀는 미국에서 매년 억대의 돈을 써가며 호화생활을 누렸다는 의혹을 받았다. 안철수 후보의 재산 규모를 생각해보면, 자녀가 그렇게 사는 것이 이상할 건 없다. 홍준표 후보의 두 자녀는 (공식적으로 신고된 액수만으로는) 후보 자녀들 가운데 가장 부유했고, 각각 건물을 한 채씩 가지고 있었다. 아무리 '개천에서 난 용'이라고 자신을 포장해도, 부유하긴 매한가지였다. 유승민 후보의 자녀는 대학생이지만 억대 예금을 가지고 있고, 심상정 후보의 자녀는 1년 학비가 500만 원이 넘는 중학교에 다녔다(그나마 가장 양호하며 그럴 만한 이유가 있었다).

　다섯 후보의 자녀들은 모두 평균 이상의 학교에 다녔고, 평균 이상의 성적을 냈으며, 그에 걸맞은 사회적 성취를 이뤘다. 타고난 재능과 노력도 있었겠지만, 과연 부모의 경제력이 전혀 영향을 끼치지 않았다고 누가 자신할 수 있을까.

　나는 지금 후보들을 비난하는 게 아니다. 그 자녀들을 비난하는 건 더더욱 아니다. 합법적이기만 하다면야 부자라는 것을 비난할 순 없다. 누구든지 자녀에게 좋은 교육을 시킬 수 있고, 재산을 양도할 수 있다. 하지만 후보 전원이 부유하고, 자녀 전원이 평균 이상의 교육을 받았다는 건 이상한 일이다. 선거가 민주적이고 모두에게 동등한 기회가 주어지는 제도라면, 이는 상당히 불균형해 보인다. 우리 사회에서 부유층을 20퍼센트라고 본다면, 후보 5명 중 1명, 많아야 2명 정도만이 부유해야 이치에 맞다. 이런데도 과연 이들이 우리를 대표하는 사람들이라고 할 수 있을까?

이런 현상은 우리나라뿐 아니라 선거가 시행되는 세계 모든 국가에서 발생한다. 선거에 나서는 이도 당선되는 이도 대부분 상류층이다. 꼭 돈이 많다 적다의 문제가 아니다. 돈이 없다면 그에 상응하는 명성을 가지고 있다.

이쯤에서 다시 한번 질문을 던져보자. 과연 선거는 공정한 제도인가?

선거는 기회의 평등이라는 측면에서는 얼핏 공평해 보인다. 누구든 출마할 수 있고, 누구든 투표할 수 있다. 하지만 결과적으로 선거는 늘 상류층이 독점했다. 이 정도 성적표를 받아들었다면, 선거제도 자체가 공정한 기회를 제공하지 않았다는 사실을 인정해야 한다. 이제까지 선거는 민주적인 결과를 낳지 않았다.

이 불공정을 어떻게 극복할 수 있을까. 우리에겐 두 가지 길이 있다. 하나는 완전히 다른 제도를 채택하는 것이고, 또 하나는 선거제도를 개선하는 것이다. 선거제도를 개선하는 방법부터 먼저 생각해보자.

선거제도의 개선?

대의 민주주의가 정착된 이후, 각국에서는 불공정한 선거제도를 개선하기 위해 여러 정책을 시행해 왔다. 경제력이 없는 이도 후보가 될 수 있게 선거자금을 보전해주거나, 과도한 선거비용을 제재하는 정책이 대표적이다. 또 소수자를 배려한 지역 쿼터, 성별 쿼터, 청년 쿼터 등을 만들어 다양한 계층의 참여를 독려했다. 이런 정책은 방향성도 훌륭하고, 일정 부분 성과를 냈다. 하지만 선거의 본질을 바꿀 정도는 아니었다. 선거비용은 아무리 줄여도 적은 돈이 아니다. 설령 돈이 한 푼도 들지 않는다 해도 선거에 뛰어들 시간적 여유는 상류층에 훨씬 많았다. 선거에 뽑힌 이들은 부패했든 정의롭든, 소수자이든 주류이든, 상류층이었다.

선거는 본질적으로 공평해질 수 없다. 시민들은 선거에서 더 나은 후보를 뽑고 싶어 한다. 하지만 누가 더 나은지 어떻게 알 수 있을까? 우리는 후보들을 속속들이 알 수가 없다. 그렇기 때문에 단번에 드러나는 외적인 조건을 중시하게 된다. 더 좋은 학벌과 경력, 외모, 재산이 선거에서 경쟁력이 된다. 이 모든 조건은 상류층에 유리하다. 한번 당선되면 그 자체가 경력이 되기 때문에 선거는 점점 상류층이 독점하게 된다. 이조차도 귀찮으면 정당을 보고 투표를 한다. 그 사람이 성범죄자이거나 죽은 사람이어도 큰 정당에서 공천을 받으면 당선될 수 있다(두 경우 모두 한국에서 실제 벌어진 일). 우리는 우리를 대변해줄 대표를 원하지만, 결코 우리와 같은 처지에 있는 이들에게 투표하지 않을 것이다.

이런 문제를 해결하기 위해 최근 선거에서는 후보 간의 정책 토론을 강화한다. 말을 잘하는 것은 중요한 덕목이다. 하지만 언변 역시 길러지는 것이고, 좋은 환경에서 교육받은 사람이 뛰어난 경우가 많다. 게다가 말을 잘하는 것이 대표자의 유일한 덕목이어서는 곤란하다. 갈수록 우리는 좋은 사람이 아니라, 말만 번지르르한 사기꾼을 뽑고 있다는 느낌을 받는다.

선거제도의 또 다른 개선 방향은 정당 정치를 강화하는 것이다. 유럽의 많은 국가가 이 방향으로 정치를 발전시켰다. 개인의 원맨쇼 대신 특정 계층을 대변하는 정당을 중심으로 정치제도를 개편하는 거다. 비례대표제를 강화하거나 내각제를 시행하는 경우도 같은 맥락으로 볼 수 있다. 정당정치가 자리 잡으면 정당의 정체성이 확실해진다. 그러면 노동자는 노동자를 대변하는 정당에 투표할 것이고, 이 기반을 바탕으로 정당은 정치적 성향이 일치하는 사람을 공천할 수 있다. 진짜 노동자가 의원도 되고, 지도부도 되는 거다. 그렇게 됐다는 게 아니라 이론상은 그렇다는 거다.

하지만 이상은 실현되지 않았다. 생각해보라. 후보가 시민에게 직접 표를 받진 않더라도, 어쨌든 정당은 누군가를 공천해야 한다. 결국 자체 선거든 줄 서기든 선발 과정을 거친다. 당 지도부도 당내 경선으로 이루어진다. 그러니 규모만 작아졌을 뿐이지, 선거와 매한가지다. 결과는 같다. 상류층과 엘리트가 당을 장악하고, 당 지지층과 당 지도층이 분리된다. 시간이 흐를수록 당과 계급의 연관성은 약해진다. 당은 대중에게 인기 있는 개인에게 의존하게 되고, 결국 기존 선거의 문제점이 그대로 반복된다. 이 문제는 정당뿐 아니라 노조나 지역 공동체에서도 비슷하게 발생한다.

선거제도만으로는 본질적 불공정을 개선할 수 없다는 사실을 깨달은 일부 시민들은 이를 해소하기 위해 외부 장치를 이용한다. 언론과 시민단체가 대표적이다. 실제로 언론과 시민단체는 권력을 감시하는 역할을 해왔다.

하지만 언론과 시민단체의 한계는 명확하다. 언론은 쉽게 정치권과 재계에 매수됐고, 매체 환경의 변화로 경영 위기에 빠진 뒤로는 결탁이 더 두드러졌다. 시민단체 역시 2000년 이후 정체기에 빠지며 확장성에 한계를 드러냈다. 시민단체의 핵심은 자발적 참여인데, 먹고살기도 힘든 시민들이 만사에 적극적으로 호응해줄 수는 없는 노릇이다. 또한 기득권을 지지하는 어용 시민단체들이 생겨나면서 시민단체 전체의 물을 흐리고 있다.

언론과 시민단체가 생각보다 파괴력을 발휘하지 못하자, 과거에는 이들을 두려워하던 기득권층도 이제는 그들의 목소리를 신경 쓰지 않는다. 특히 한국의 상황은 세계 평균에도 미치지 못해서, 정치적 영향력은 고사하고 대부분의 괜찮은 언론과 시민단체가 존폐의 위기에 빠져 있다.

그나마 학벌, 지역, 재산같이 명백히 드러나는 지표가 있으니 사회 상류층이 권력을 독점한다는 사실은 어느 정도 파악할 수 있다. 확실한 수치가 있으니 언론과 시민단체가 이를 지적할 수도 있고, 그 덕에 소수자 쿼터가 만들어졌다. 하지만 여전히 드러나지 않는 소수자들이 있다. 바로 마나나처럼 (배려심이 많든 무슨 다른 이유 때문이든) 자기주장이 강하지 않은 사람, 소극적인 사람들이다. 이들의 의견은 정치에 거의 반영되지 않는다.

지금의 정치는 적극적인 사람들의 것이다. 부패한 정치인이든 정의로운 정치인이든, 나대는 사람이라는 점에서는 같다. 시민단체

활동도 본질적으로 나대는 사람이 한다. 사회적 약자나 평범한 시민의 목소리를 알리려면 기득권보다 훨씬 더 큰 소리를 질러야 하니, 시민단체는 더 나대야 한다. 나 역시 나대는 사람이니까 이런 책을 쓰는 거다.

민주주의는 시끄러운 만큼 발전해 왔다. 다양한 의견이 종합되면서, 좋은 해답이 나온다.

하지만 사회가 시끄러워질수록 소극적인 사람들은 입을 닫는다. 정치 참여층은 점점 줄어들고, 어느 순간부터는 확대는 없고 소리만 커지고 있다. 소극적인 사람들은 귀를 막고 그저 이 혼란이 지나가길 원할 뿐이다. 가끔 작은 목소리로 중얼거리지만, 사회는 그 목소리를 듣지 못한다.

선거 대신 제비뽑기?

선거제도는 지난 수십 년간 보완이 돼왔으나, 만족스러운 결과를 얻지 못했다. 물론 상대적으로 더 나은 선거제도가 존재하지만, 그 한계는 명확하다. 그렇다면 민주주의에서 선거제 자체를 대신할 다른 방법은 없을까? 우리가 본 민주주의는 대의 민주주의뿐이어서, 선거 외에 다른 방식을 생각하긴 쉽지 않다. 그럼 과거 역사에서 아이디어를 얻어 보자.

민주주의는 고대 그리스 아테네에서 시작됐다고 보는 의견이 지배적이다. 교과서에서는 당시의 민주주의를 지금의 대의 민주주의와 구분하기 위해 '직접 민주주의'라고 부른다. '시민들이 광장에 모여 직접 국가 문제를 논의하고 전체 표결로 정책을 결정했다'는 것이 교과서에서 배우는 내용이다. 그리고 마지막은 '현대 국가는 현실적으로 직접 민주주의를 채택할 수 없기 때문에, 대의 민주주의를 채택했다'는 식으로 마무리한다.

그런데 한번 생각해보자. 아무리 아테네가 작은 지역이라고 해도, 모든 정치적 사안을 시민이 광장에 모여서 표결한다는 게 가능했을까? 교과서에서 언급하지 않은 그리스 정치의 비밀이 바로 여기에 숨겨져 있다. 아테네는 광장 정치 외에 또 다른 형태의 직접 민주주의 제도를 사용했다. 바로 추첨제도다.

추첨, 제비뽑기!

그리스의 700여 개 공직 중 600여 자리가 제비뽑기로 선발됐다. 임기는 1년이었고, 한번 공직을 맡은 사람은 다시는 공직에 오를 수 없었다. 아테네는 현대 국가보다 인구가 많지 않아서 서른 살 이상 남성 중 절반은 죽기 전에 한 번씩은 관직을 맡았다. 모든 시민이 참여할 만큼 중대한 사안이 아닌 일은 추첨에 뽑힌 공직자들이 알아서 처리했다. 그들은 시민의 관리를 받았으며, 능력이 모자라거나 일을 열심히 하지 않으면 파면당하기도 했다.

아테네에는 구성원이 광장에 모여 직접 투표를 하는 민회, 추첨으로 뽑힌 행정관, 선거로 뽑히는 행정관이 모두 존재했다. 선거는 입후보한 후보 중에 일부를 뽑는 방식이었다. 선거로 뽑힌 사람은 추첨으로 뽑힌 사람과는 달리 재임할 수 있었다. 재밌는 사실은, 그리스인들은 선거제가 민주정이 아니라 귀족정 성향이 있다고 생각했다는 점이다. 그들은 추첨과 민회는 민주정 성향, 선거는 귀족정 성향으로 구분했다. 그 시대에도 선거로 뽑히는 행정관은 대부분 부유하거나 유력 가문 출신들이었다. 하지만 이들은 민회와 시민법정(미국의 배심원 제도와 유사)의 감시 아래 있었다. 이것이 그들이 말하는 민주주의 제도다.

그리스의 민주주의는 문제점이 많았다. 그들의 민주주의는 여성과 노예를 제외한 남성들의 민주주의였다. 노예들이 필요한 노동을 대부분 해결해줬기에 모여서 정치놀음을 할 수 있었다. 이런 한계를 시대 상황으로 이해해준다면, 그리스 민주주의에는 분명 배울 점이 있다. 특히 추첨을 활용했다는 사실을 눈여겨볼 만하다.

그렇다. 나는 지금 선거 대신 추첨제를 사용하자고, 우리의 대표를 로또처럼 뽑아보자고 진지하게 주장하는 바다. 처음 이 의견을 접한 사람은 미쳤다고 생각할 수도 있다. 하지만 아리스토텔레스, 몽테스키외, 루소 같은 저명한 학자들도 추첨제를 진지하게 고민했다. 그들은 선거제가 본질적으로 귀족적인 성향을 가질 수밖에 없다는 걸 알았고, 추첨제를 하나의 민주주의 방식으로 여겼다. 우리는 이들의 철학과 사상을 배우면서도 추첨제에 대해서는 알려고 하지 않는다.

날이면 날마다 오는 추첨제가 아니에요

이제부터 여러분에게 추첨제를 팔아보겠다. 살지 말지는 들어보고 판단해보시라. 먼저 추첨제의 장점을 생각해보자.

추첨제는 재산 유무, 외모, 성별, 나이, 건강, 지역, 학벌, 정치 성향, 성적 지향과 무관하게 무작위로 대표를 뽑는다. 딱 한 사람만 추첨으로 뽑는다면? 국가의 운명을 운에 맡기는 짓이다. 이명박 같은 사람이 뽑힐 수도 있으니까(물론 우리는 투표로 이 사람을 뽑았다).

그럼 국회의원 300명을 추첨으로 뽑는다면? 아니 국회의원 수를 늘려 1,000명쯤 뽑으면 어떨까? 진짜 말도 안 되는 개차반이 일부 뽑힐 수도 있다. 하지만 1,000명이라는 수는 이를 충분히 상쇄해준다. 필요하다면 기초적인 테스트로 최소한의 커트라인을 만들 수도 있겠지만, 아무런 제약이 없다고 하더라도 지금보다 이상한 국회의원이 적을 거라 장담한다. 우리는 선거로 얼마나 많은 이상한 사람을 뽑았는가? 이렇게 이상한 사람들이 어떻게 동시에 뽑힐 수 있는지 여전히 미스터리다.

추첨제로 뽑힌 이들은 국민의 의견을 제대로 반영하는 모집단이 될 것이다. 이들은 그리스의 추첨제 행정관과 민회의 두 가지 의미를 동시에 갖는다. 굳이 소수자 쿼터를 만들 필요도 없다. 추첨제는 이미 소수자를 배려한다. 여성도 남성만큼 뽑힐 거고, 지역도 분배하고, 장애인과 이민자도 비율만큼 포함될 것이며, 성적 지향도 인구비와 맞을 거다. 내 입장에서는 소수자에게는 주류보다 많은 대표성을 줬으면 싶지만, 역차별 논란이 생길 테니 그렇게까지 하자고 하진 않겠다. 단순히 인구 비율만큼만 소수자 대표를 보장하는 것만으로도 혁신적이다.

그간 정치에서 고려되지 않았던 성격의 다양성도 보장할 수 있다. 앞에서 말했듯이 지금까지 정치는 나대는 사람들의 전유물이었다(원래 나대지 않던 사람도 정치를 하다 보면 변한다). 하지만 추첨제가 도입되면 그전에는 결코 정치를 하지 않았을 마나나 같은 사람들까지 포함될 것이다. 물론 나서기 싫어하는 이들은 국회의원 따위 하고 싶어 하지 않을지도 모른다. 그래서 과거 그리스에서는 지원자 중에서만 추첨했다. 적극적 참여를 유도할 수 있으니 이도 나쁘지 않은 방법이다. 하지만 역시 소극적인 사람을 제외하게 된다. 대신 우리는 충분한 보상을 제시해서 그들을 정치에 참여시킬 수 있다. 현재 국회의원의 연봉은 1억 5천만 원 정도인데, 이 정도면 대부분의 사람에게 충분한 대가일 것이다. 그럼에도 거절한다면? 그렇다면 굳이 강요할 필요는 없다. 원치 않는 사람의 자리는 다시 추첨하면 그만이다.

이렇게 뽑힌 이들이 제대로 일을 할까? 가장 중요한 질문이다.

나는 마키아벨리의 『군주론』을 좋아한다. 이 책이 군주제를 찬양한 책이라고 오해하는 사람이 많지만, 나는 공화정과 민주주의를 찬양한 책이라 확신한다. 『군주론』을 찬찬히 읽어보라. 『군주론』 속 군주는 현실에서는 실현 불가능한 존재다. 『군주론』의 모델이 된 체사레 보르자조차 완벽한 군주는 아니었다. 이 책은 군주가 이탈리아를 통일하고 오래도록 통치하는 방법에 대해 자세히 서술하지만, 읽을수록 그것이 불가능하다는 역설을 보여준다. 『군주론』을 쓴 마키아벨리 본인은 어떻게 생각했는지 모르겠지만, 이 책은 뼛속까지 공화정과 민주주의를 찬양한다.

책에서 마키아벨리는 군주국을 점령하면 그 지역의 백성을 다스리기가 수월하지만, 공화국 점령에 대해서는 난색을 보인다. "공화국은 활력이 넘치고 증오와 복수심 역시 더 깊다. 자유에 대한 기억은 결코 그들을 가만히 놔두지 않는다. …… 그러니 공화국을 점령하게 된다면, 그들을 절멸하라." 마키아벨리는 공화국을 군주국보다 더 껄끄러운 전쟁 상대로 명시하면서 은연중에 공화정이 더 나은 체제라고 인정했다.

추첨과 관련된(것처럼 보이는) 언급도 한다. 그는 군주에게 "거리의 백성을 아무나 데려와 당신의 자리에 앉혀도, 그가 지금 당신이 듣는 조언을 들을 수 있다면, 그는 당신보다 훨씬 나은 지도자가 될 것입니다. 왜냐하면, 그는 교만하지 않기 때문입니다"라고 조언한다. 물론 이 말은 군주에게 자기 말 좀 잘 들으라고 한 잔소리에 불과하지만, 내가 말하고자 하는 바의 핵심을 짚고 있다.

선거는 결국 전쟁이고, 승자는 보상을 원한다. 선거에서 승리하고 나면 겉으로는 겸손한 척하겠지만, 누구나 우월함을 가진다. 고생해서 열매를 얻었는데, 누군들 뿌듯하지 않겠나. 이긴 사람이 우월감을 갖는 건 당연하다.

중요한 건, 일반 시민들 또한 당선자가 우월하다고 느낀다는 점이다. 선거에서 이겼다는 것만으로 당선자는 권위를 갖는다. 이제 그는 우리의 대리자가 아니라 우리의 대표가 된다. 만약 모든 시민이 권력 앞에 주눅 들지 않는다면, 권위는 생기지 않고 선거제도가 제 역할을 할 수도 있다(누가 당선되든 시민을 두려워할 것이기 때문에). 하지만 모든 시민에게 강심장을 강요할 순 없다. 결국 선거는 당선자에게 권위를 안겨준다. 권위는 권력을 안겨주고, 권력자는 많은 경우 교만해진다.

왜 세계 어느 나라나 부패하고 게으른 정치인들이 득세할까? 한국은 왜 유독 그런 정치인이 많을까?

마르크스는 부패한 자본가를 비난하지 않은 최초의 경제학자다. 그는 자본가가 부를 탐하고 부패하는 것은 어쩔 수 없는 일이라고 생각했다. 누구나 그 자리에 앉으면 그렇게 될 것이기에. 당시 주류 경제학자들은 부패한 자본가를 비난하며 강력히 처벌할 것을 요구했다. 그렇게 경제 정의를 바로 세우면, 부패가 줄어들고 자본주의가 제대로 돌아갈 거라 주장했다. 그러나 마르크스는 개인을 처벌하는 것이 아니라, 경제 시스템을 바꿔야 한다고 주장했다. 마르크스가 개인이 아니라 사회구조를 지적하면서 사고의 패러다임이 바뀌었다.

권력자의 타락도 마찬가지다. 타락의 모든 책임이 개인에게 있을까? 물론 부패와 타락에 대해서 당사자는 책임을 져야 한다. 하지만 모든 걸 개인의 탓으로 돌릴 수는 없다.

그렇다면 혹시 우리 사회의 권력자가 타락한 이유는 견제할 시스템이 부족해서는 아닐까? 그렇지도 않다. 권력자를 견제할 법과 시스템은 차고 넘친다. 하지만 그 법과 시스템은 막상 권력자 앞에 가면 무용지물이 된다. 결국, 부패의 본질은 그들의 권위다. 그런데 우리는 부패 사건이 생길 때마다 권력을 견제하는 법만 끊임없이 추가하고 있다. 이제는 견제가 너무 심한 나머지 나라를 제대로 운영하지도 못하는 수준에 이르렀다. 그런데도 법은 정작 필요할 때는 무용지물이 된다. 중요한 건 견제가 아니라 그들의 권위를 빼앗는 것이다.

　박근혜 대통령의 탄핵을 떠올려 보자. 그녀가 탄핵당한 이유가 뭘까? 세월호? 문고리 3인방? 뇌물 수수? 일정 부분 다 맞겠지만, 결국은 대통령의 권위가 사라졌기 때문이다. 그녀가 최순실 씨에게 조종당했다는 사실이 알려지면서 권위를 잃었고 우스운 사람이 됐다. 그 순간 과거에 저지른 모든 잘못이 합쳐지면서 대통령 자리에서 끌려 내려온 것이다. 최순실 국정농단보다 심각한 박근혜의 실축은 그 전에도 많았다. 하지만 이전에는 그녀에게 권위가(형광등 100개의 아우라) 있었기 때문에, 온갖 잘못에도 불구하고 대통령일 수 있었다.

　추첨으로 뽑힌 국회의원은 권위를 갖지 않는다. 교만하지 않다. 그들은 조언자의 이야기에 귀를 기울일 것이다. 그들은 시민의 감시를 두려워할 것이다. 일을 열심히 안 한다고? 쫓아내고 새 사람을 뽑으면 그만이다. 사람마다 다르겠지만, 연봉 1억 5천은 열심히 일할 마음이 날 만한 금액이다.

　추첨제가 한순간의 여론에 휩쓸리는 중우정치가 되지 않을까 우려하는 사람도 있을 것이다. 인터넷의 난장판을 보고 있노라면, 그런 우려가 생길 수밖에 없다. 하지만 인터넷에 말을 쏟아낼 때는 사안에 대해 깊은 고민을 하는 게 아니다. 삶이 팍팍하니까 떠오르는 생각을 뱉어내는 것이다.

　추첨으로 뽑힌 이들은 전문가들의 의견을 경청하고, 자료를 검토한 뒤, 신중하게 결정을 내릴 것이다. 단순히 대중의 뜻을 반영하겠다는 의도라면 여론조사로도 충분하다. 추첨으로 대표자를 뽑아 많은 월급을 주면서 국회의원으로 일하게 하는 방식은 단순히 여론을 쫓아가는 것과 다르다. 마키아벨리가 말했듯이, 그들에게 군주가 받을 만한 충분한 조언을 제공하면 그들은 군주보다 나은 선택을 할 것이다.

무엇보다 불특정 시민을 신뢰할 수 없다면, 애초에 선거도 불가능하다. 선거야말로 즉흥적인 선택으로 한 나라의 4~5년을 맡기는 일이다. 선거 때, 딱 한 달만 사람들이 듣기 좋아하는 말을 해주면 몇 년을 마음대로 지배할 수 있다. 실제로 이런 문제는 전 세계적으로 나타나고 있다. 나는 포퓰리즘을 싫어하지 않는다. 민중이 원하는 것을 해주는 것이 정치고 민주주의다. 하지만 지금 전 세계를 덮친 포퓰리즘은 말 잘하는 사기꾼들이 시민의 불만을 부채질해 자기 이익을 챙기는 것, 그 이상도 이하도 아니다.

추첨제는 선거에 드는 사회적 비용도 크게 줄일 수 있다. 선거에는 엄청난 시간과 돈이 들어간다. 정치인도 기업도 시민도 선거가 시행되기 몇 달 전부터 다른 사회적 문제는 제쳐두고 선거에만 집중한다. 그러면 밭은 누가 메고, 소는 누가 키우나? 지금 정치인들은 임기의 절반을 (본인 선거든 대통령 선거든 지방 선거든 간에) 선거 준비를 하면서 보낸다.

사람들은 일단 선거에서 이기기만 하면 모든 문제가 해결될 것이라 진심으로 믿는 것 같다. 모두가 목숨 걸고 달려들기 때문에 선거의 부작용도 만만치 않다. 치열한 선거는 상대에 대한 비방으로 이어지고, 결국 후보 본인뿐 아니라 지지자들도 분열시킨다. 상호 존중하는 토론은 선거에서 찾아보기 힘들다. 이기거나 지거나 둘 중 하나다. 패자가 잃는 게 많은 게임은 그 과정이 아무리 합당하다 하더라도 상처가 생길 수밖에 없다.

추첨은 서로 간에 감정적인 상처를 주고받을 일이 없다. 추첨은 순전히 운이다. 현대 국가는 인구가 많으니 아테네처럼 시민의 절반이 인생에 한 번 당첨될 순 없겠지만, 누구나 지도자의 자리에 오를 수 있다는 여지를 준다. 지금 지도자가 되더라도, 임기가 끝나면 다시 일상으로 돌아온다. 때문에 당첨이 된 사람도 이후 당첨 가능성이 있는 사람도 서로를 이해하고 존중하게 된다.

사회가 고도화될수록 시민은 정치에 무관심해진다. 특히 하층민과 젊은 층에서 이 현상은 두드러진다. 여러 이유가 있겠지만, 결정적 요인은 정치가 자신의 삶과 무관하다고 느끼기 때문일 거다. 하지만 누구든 정치인이 될 수 있다는 역학 관계의 변화는 정치적 무관심을 상당 부분 해소할 수 있다. 이런 사회에서라면 누구든 현실 정치에 관심을 갖고 이상적인 사회를 그려볼 것이다.

추첨제는 선거제보다 제도의 보완이라는 측면에서도 유리하다. 어떤 제도든지 만들어진 순간부터 완벽할 순 없다. 선거제든 추첨제든 선발 과정의 문제점을 조금씩 보완해 나가야 한다. 추첨제는 선거제보다 문제점을 보완하기가 훨씬 쉽다.

생각해보라. 선거제의 문제를 수정하는 사람은 누구인가? 바로 그 문제 있는 선거로 뽑힌 사람들이다. 그들이 법을 보완해 다음 선거를 치른다. 그러니 재선을 위해 자신에게 유리한 선거제도를 만들려고 할 것이다. 혹은 재선이 불가능하더라도 자신의 정당에 유리한 방향으로 법을 개정할 것이다. 공익에 따른 중립적 판단? 정말 그런 게 가능할 거라 생각하나? 선거는 전쟁이다. 공익 운운하면 순진한 사람 취급받는다.

뉴스에서 선거구 구획, 국회의원 수, 선거방식, 비례대표 비율을 놓고 국회의원들이 언쟁하는 장면을 많이 보았을 거다. 선거제도는 선거 결과에 직접 영향을 미친다. 선거 방식을 결정하는 것이 선거만큼 중요하다. 모두가 1표를 행사하니 얼핏 공정한 것처럼 보이지만, 제도 자체가 불공정하다면 과연 공정을 담보할 수 있을까? 이제까지 선거제도가 제대로 바뀌지 않은 이유는, 단순히 권력을 장악하려는 기득권자들의 욕망 때문일 수도 있다. 문제는 선거제는 본질적으로 이 욕망을 완벽히 통제할 수가 없다는 것이다.

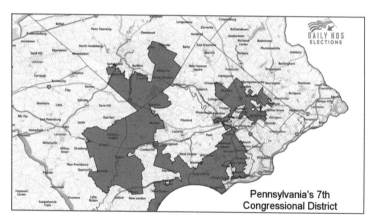

▲ 마치 구피가 도날드덕의 엉덩이를 발로 차는 것 같은 모양을 한 펜실베니아 7번 선거구. 많은 선거구가 현실과 동떨어진 채 오직 정치적 유불리 때문에 이상하게 나뉘어진다. 이를 게리맨더링(gerrymandering)이라 한다.

반면 추첨제는 이런 문제를 해소할 수 있다. 우리 사회가 어떤 식으로든 추첨제를 시행했다고 치자. 시행 후 문제점을 수정해야 한다. 의원 수, 권한, 임기, 견제 장치 모두 손봐야 한다. 어차피 추첨이기 때문에 이후 누가 뽑히는지는 순전히 운에 달려있다. 자신이나 집단의 이익과 무관하니, 제도를 손질할 때 좋은 제도를 만드는 데 집중할 거다. 순전히 사회적 이익만을 고려할 것이다. 아무리 대충 만들어도 결코 위의 그림과 같은 형태의 선거구를 만드는 일은 일어나지 않을 것이다. 추첨제 하에서는 누가 제도를 만드는지가 중요하지 않게 된다. 이는 존 롤스가 『정의론』에서 정의라고 주장한 '무지의 베일'에도 부합한다.

어떤가? 구매 의욕이 조금은 생기는가?

공무원을 추첨으로 뽑는다면

추첨제는 선거 외에도 여러 분야에 적용할 수 있다. 현재의 공무원 시험은 암기력 테스트일 뿐, 좋은 공무원을 뽑는 기준이라고 보긴 어렵다. 아마 대부분 이렇게 생각하고 있을 것이다. 그런데 왜 우리는 시험 제도를 정교하게 바꾸지 않을까? 실기도 넣고, 논술도 넣고, 봉사활동 점수도 넣고… 10분만 생각해봐도 지금보다 좋은 시험제도를 마련할 수 있다. 10년도 더 전에 이런 말이 나왔다. 하지만 아직도 바뀌지 않았다.

만약 공무원 시험에서 면접을 본다고 해보자(지금도 보긴 하는데 형식적인 수준이다). 당연히 공정성 시비에 휘말릴 것이다. 우리 사회가 유난히 부패해서 부정이 생긴다는 뜻이 아니다. 공무원 시험의 경우 경쟁률이 높고 지원자들이 목숨을 걸기 때문에, 주관적인 평가가 들어가는 시험제도를 채택하는 순간 공정성 시비가 생길 수밖에 없다. 지금과 같이 어처구니없을 정도로 단순한 시험제도가 유지되는 이유는, 이 방식이 가장 문제의 소지가 적기 때문이다.

그런데 우리가 잊고 있는 중요한 사실이 있다. 고려 시대에 편찬된 역사서의 순서를 외우는 것이(2018년 9급 공무원 시험 문제) 주민센터 직원과 무슨 관련이 있을까?

공무원 선발에 추첨제를 적용해보자. 먼저 공무원이 되길 원하는 사람은 업무에 필요한 최소한의 테스트를 치른다. 이는 절대평가로 운전면허와 비슷한 방식이라고 보면 된다. 이 테스트는 시험의 의미도 있지만 '자발적 참여'라는 의미가 더 크다. 공무원을 할 생각이 없는 사람에게까지 기회를 줄 필요는 없으니까. 테스트를 통과한 이에게는 3년이나 5년 정도 공무원 추첨에 참여할 기회를 부여한다. 국가나 지자체는 필요한 수만큼 추첨으로 공무원을 뽑는다.

음…… 어떤가?

이 방식이 공정한지 아닌지는 잘 모르겠다. 다만 공무원 시험을 준비하기 위해 지원자들이 들이는 시간과 노력을 생각해보라. 그나마 붙으면 다행이지만, 몇 년간 노력하고도 떨어진다면 그 시간을 온전히 날리게 된다. 개인적으로도 사회적으로도 너무 큰 낭비다.

추첨제를 실시하게 되면 지원자는 간단한 테스트만 치른 후 다른 일을 하고 있을 수 있다. 그러다 자신의 적성에 맞는 다른 직업을 구할 수도 있다. 공무원 자리는 한정되어 있으므로 대부분은 다른 일을 찾아야 할 것이다. 그래도 공무원 시험을 준비하느라 청춘을 소모하는 일은 사라질 것이다. 어쩌면 이 제도는 수많은 '공시생'의 인생을 구할 수도 있다.

이렇게 뽑힌 사람들이 과연 그전보다 공무원으로서 임무를 못 할까? 지금의 공무원 시험이 단순 암기 테스트이긴 하지만, 어쨌든 경쟁률이 높은 시험을 통과한 사람들이니 평균적으로 훌륭한 자질을 갖춘 사람일 수도 있다. 그렇다고 그들이 훌륭한 공무원이 된다는 보장은 없다.

시험을 통과해서 공무원이 된 사람은 무슨 생각을 할까? 일단 기쁘겠지. 그리고 그간 들인 시간과 노력을 생각할 거다. 그동안 감내한 고생을 생각하면 이 자리는 자신이 응당 받아야 할 대가라고 생각하게 될 거다. 선거의 승자가 그랬듯 이렇게 생각하는 게 당연하다. 학원에서, 고시원에서 자신과 고독한 싸움을 벌인 뒤에 합격한 사람이 과연 공동체에 감사하는 마음을 가질까? 뭐 하러? 순전히 내 노력으로 성취한 건데!

반면 추첨으로 공무원이 된 사람을 생각해보자. 운 좋게 평생직장을 보장받는다. 물론 고작 공무원 한자리를 받았다고 시민을 위해 헌신하는 청백리가 되리라곤 생각하지 않는다. 하지만 조금은 사회에 감사하는 마음을 가질 것이고, 조금 더 적극적으로 사회 활동에 참여할 것이다.

국회의원은 무엇을 하는 사람인가

국회의원은 큰 의미에서 국가의 나아갈 방향을 정하고, 법을 만들고, 행정부와 사법부가 잘 돌아가는지를 감시한다. 이 일에 전문가가 있을까? 그렇다고 생각할 수도 있고, 아니라고 생각할 수도 있다. 국회의원은 나라에서 일어나는 모든 분야의 일에 관여하니 어떤 분야든 전문지식이 있다면 도움이 될 것이다. 하지만 국회의원 일을 더 잘하는 전문기술이 따로 있는가?

나는 없다고 생각한다. 선거가 처음 시행되던 시기에는 문맹률도 높았고, 교육받은 시민도 적었기 때문에, 교육을 받은 상류층을 뽑을 필요가 있었다. 하지만 이제 한국은 세계에서 평균 학력이 가장 높은 국가다. 모든 사람이 중학교 교육을 마치고 대부분 대학까지 진학한다.

물론 국회의원 업무를 특별히 잘 수행하는 사람도 있을 것이다. 그런데 과연 선거로 그런 사람을 골라낼 수 있을까? 관심이 집중된 선거라서 모든 유권자가 성실하게 모든 후보에 대해 파악한다면, 그럴 가능성도 있다. 하지만 대부분의 선거에서 유권자는 그 정도로 열성적이지 않다. 열심히 가려낸다 해도 작정하고 달려드는 사기꾼을 얼마나 골라낼 수 있을지 모르겠다.

추첨제는 결코 완벽한 제도가 아니다. 분명히 이상한 사람이 많이 섞일 거다. 하지만 평균치만 놓고 보면 추첨제로 자질이 훌륭한 사람을 더 많이 뽑을 수 있지 않을까? 만약 국회의원직을 수행하는 데 전문지식이 필요하다면 전문가들의 도움을 받으면 된다. 지금도 그런 식으로 운영된다. 수많은 보좌관과 각 분야의 전문가들이 괜히 있는 게 아니다.

법을 만드는 일의 핵심은 전문지식이 아니라 시민의 이해관계를 파악하는 것이다. 그래서 정치인들이 '국민의 입장에서', '서민의 입장에서' 같은 표현을 많이 한다. 그런데 이상하지 않은가? 국민과 서민이 차고 넘치는데, 왜 우리는 기득권자들을 앉혀다 놓고 서민 코스프레를 강요하는 걸까? 물론 그 사람이 정의롭고 훌륭한 사람이라 진심으로 서민을 위한 정치를 할 수도 있지만, 어쨌든 그는 서민이 아니고, 서민만큼 서민을 이해할 수도 없다. 상류층은 상류층을 대변하면 그만이다. 왜 버스비도 모르는 사람에게 국밥을 먹이려고 하는가.

정치인을 평가하는 쟁점은 사회현상을 어떤 입장에서 바라보는가 하는 점이다. 그 시선은 각자가 놓인 처지와 조건에 따라 다르다. 어쩌면 의원 한 명 한 명의 자질은 선거제로 뽑을 때보다 떨어질지도 모른다. 하지만 추첨제로 뽑힌 국회의원들의 다양한 시선은, 선거 시스템이 낳은 단일한 시선과는 차원이 다른 스펙트럼을 선사할 것이다.

물론 추첨제가 제대로 시행되기 위해서는 여러 가지 제도적인 변화가 있어야 한다. 임기는 몇 년이 적당한지, 권한은 어디까지 줄 것인지, 대통령제와는 병행할 것인지(한다면 어떻게 뽑을 것인지), 하나하나 새롭게 논의해야 한다. 아무도 실행해보지 않았기에 생각지 못한 부작용이 나올 수도 있다.

그래서 나는 국회의원 대신 지자체 의원(도의원, 시의원, 구의원 등)

선거에서 먼저 시행해보자고 제안한다. 지자체 의원은 나름 큰 권한을 갖고 있는데도 시민들은 관심이 없다. 이 책을 읽는 독자도 대부분 자신이 사는 동네의 지자체 의원이 누군지 모를 것이다. 선거 때도 정당만 보고 찍었을 것이다. 현실이 이러니 지역 정치는 동네 유지나 정치꾼들이 돌아가며 나눠 먹는다.

2006년, 부산 금정구 구의원에 출마한 '새누리당' 소속의 박 모 씨는 선거 유세 기간 동안 한 번도 모습을 드러내지 않았다. 상상이 가는가? 후보가 선거기간 내내 외부 활동을 전혀 하지 않았다. 하지만 당시 부산은 새누리당의 텃밭이었고, 그는 당의 이름을 등에 업고 구의원에 당선됐다. 그런데 그는 당선된 뒤에도 나타나지 않았다. 알고 보니 이미 사망한 상태였다. 선거 중간에 죽은 것도 아니고, 후보로 등록하기 이전에 사망했는데, 부인이 죽은 남편을 후보로 등록한 것이다. 시신은 당연히 유세 활동을 할 수 없었지만, 그는 당당히 당선됐다.

지역에서도 선한 의지로 열심히 정치하는 분들이 많다. 하지만 시민들은 이들을 알지 못한다. 4인 선거구제 같은 대안이 나오지만, 역시 임시방편일 뿐, 근본적인 무관심을 해결하긴 힘들다(심지어 이 대안조차 거대 양당의 반대로 무산됐다).

나는 지방자치를 강화하려는 현 정부의 정책에 찬성한다. 하지만 지금 같은 정치 구조에서 지방의 힘이 강화되면, 지역 유지들의 권력만 더 강화될 것이다. 그러니 어차피 누가 뽑히는지 관심도 안 갖는 지역 선거부터 추첨제를 시행해보자. 지역 행정에 진짜 민의가 반영될 것이다. 몇몇 시범지역에서 추첨제 경험을 쌓고 나면, 20년

안에 전국에서 시행할 수 있는 안정적인 시스템을 구축할 수 있다.

추첨제의 실현 가능성은 얼마나 될까? 매우 낮겠지만 내가 로또에 당첨될 확률보다는 높다(난 로또를 사지 않기 때문이다). 제도를 만드는 이들이 선거로 뽑히는데, 그들이 추첨제를 스스로 만들어낼 수 있을까? 꿈같은 이야기다. 혁명에 준하는 변화가 일어나면 가능할 수도 있지만, 혁명을 일으킨 사람들조차 기껏 권력을 잡았는데 추첨제를 도입할 것 같지는 않다. 하지만 상상만으로도 즐겁지 않나?

현재 우리 사회의 권력은 특정 계층이 독점하고 있다. 어떤 식으로든 이 독점을 깨고 다양한 시민이 참여하는 새로운 형태의 정치를 꿈꿔본다. 꼭 추첨제가 아니어도 좋다. 그것이 어떤 방식이든 변화가 필요하다고 본다. 다만 내 머릿속에서는 이 영화에 나온 마나나 같은 이를 정치에 끌어들일 방법이 추첨제 외에는 딱히 떠오르지 않는다.

추첨제를 비판하긴 쉽다. 조목조목 비판하기 시작한다면, 장점보다 훨씬 긴 단점을 나열할 수 있다. 하지만 누군가의 의견을 비판하는 이유가 단지 '실현 가능성이 적다'거나 '시기상조'여서는 곤란하다. 그건 '네 말이 맞지만, 하기 싫다'는 말의 다른 표현일 뿐이니까.

10 법을 어기는
비범한 정신

카르텔 랜드(2015)
Cartel Land

장르 | 범법

> "사람들이 몽둥이로 맞고 있을 때,
> 그 몽둥이가 '민중의 지팡이'라고 해서,
> 그들이 행복해지진 않을 것이다."

– Mikhail Bakunin,
〈 Государственность и анархия
(Statism and Anarchy)〉

다큐멘터리의 배경은 멕시코의 미초아칸 지역이다. 이곳 농장에서 미국이 소비하는 아보카도의 약 80퍼센트가 생산되니, 부유하진 않지만 안정적인 경제 기반을 갖춘 곳이다. 그런데 마약 카르텔(마약 제조, 운반, 판매를 총괄하는 조직)의 주도권이 콜롬비아에서 멕시코로 넘어오면서 비극이 찾아온다.

　카르텔이 멕시코에 처음 들어왔을 때는 그리 큰 문제는 아니었다. 미국으로 마약을 운반하던 카르텔 조직원이 가끔 마을 주변에 출몰하긴 했지만, 주민들과 직접 마주칠 일은 없었다. 하지만 마약 카르텔 간의 경쟁이 치열해지면서 수익이 불안해지자, 카르텔은 지역 주민들을 착취하기 시작한다. 미초아칸 지역처럼 안정적인 경제 기반을 갖춘 곳을 카르텔이 가만히 놔둘 리가 없다. 처음에는 농장주에게 관리비 명목으로 돈을 뜯는 것으로 시작했다. 하지만 원하는 만큼 수익이 걷히지 않자, 농장에서 일하는 노동자를 살해하거나 가족을 납치해서 협박하는 등 심각한 범죄를 일으키게 된다. 치안이 악화되면서 살인과 강간이 일상적으로 일어난다. 당연히 경찰이 출동해야겠지만, 이곳에서 가장 가까운 파출소는 차로 1시간 30분 거리에 있다. 이 마을에서 공권력은 하느님이다. 있다고는 하는데 본 적이 없다. 하지만 카르텔의 위협은 바로 눈앞에 있다.

다큐멘터리의 주인공 마뉴엘 미렐레스는 마을에서 작은 병원을 운영하는 의사 선생님이다. 그는 인자하고 쾌활한 50대 후반의 존경받는 의사로 누구에게나 예의 바른 노신사다. 그는 계속되는 카르텔의 횡포에 가족과 고향을 직접 지키기로 마음먹는다. 그는 마을 주민들을 설득해 '오토디펜사'라는 자경단을 만든다. 카르텔에 원한이 쌓인 마을 주민들은 그의 계획에 동참한다.

자경단은 총기로 무장하고 전투 훈련을 한다. 미렐레스는 놀라운 지도력으로 빠르게 일을 진행한다. 지역 주민을 우습게 보고 있던 카르텔은 무방비 상태에서 공격을 받고 체포된다. 미렐레스는 마을의 영웅이 되고, 언론은 그를 전국적인 스타로 만든다. 이스트우드 영화에나 나올 법한 영웅의 탄생이다. 머리까지 백발이라 이미지도 비슷하다. 여기까진 아주 훌륭한 이야기다. 마을을 지키는 정의로운 아버지들.

하지만 현실은 그렇게 녹록지 않다. 자경단은 체포한 카르텔 조직원을 경찰에 넘기는데, 경찰은 이들 중 일부를 그냥 풀어줘 버린다. 카르텔이라는 명확한 증거가 없어서인지, 법 절차 때문인지, 뇌물 때문인지는 알 수 없다.

풀려난 카르텔은 당연히 동네 사람들에게 복수를 감행한다. 자경단원의 가족을 납치하고 폭행하고 강간하고 죽인다. 자경단도 분노할 수밖에 없다. 이들은 카르텔 조직원을 경찰에 넘기지 않고 직접 처형해 버린다. 폭력에 맞선 폭력. 마을 주민들은 오토디펜사의 복수에 열광한다. 카르텔에 신음하던 옆 마을 주민들까지 하나둘씩 자경단에 합류한다. 자경단의 규모가 커지면서 보호하는 마을도 늘어난다. 그럴수록 카르텔과의 전쟁은 점점 더 치열해진다.

정부 입장에서는 아무리 카르텔과 싸운다 하더라도 자경단을 인정할 순 없는 노릇이다. 자신들이 카르텔을 제압하지 못한 결과지만, 그렇다고 국가 외의 무력 집단을 허용할 순 없다. 심지어 이제 자경단은 살인까지 저지르고 있다. 정부는 자경단에 즉각 무장해제를 요구한다.

자경단 측은 답답해 미칠 노릇이다. 카르텔에 당할 때는 도움도 되지 않던 국가가, 이제 와서 무장을 해제하라니. 무장을 해제하면 카르텔이 자경단을 공격할 게 뻔하지 않은가. 그들은 정부의 명령을 거부한다.

결국 카르텔, 자경단, 국가, 세 집단이 서로 다투는 이상한 전쟁이 시작된다. 처음에는 워낙 카르텔의 횡포가 심했기 때문에, 자경단을 저지하려는 정부에 대해 주민들은 크게 반발했다. 주민들의 지지를 등에 업은 오토디펜사는 1년 만에 미초아칸 지역의 절반을 카르텔에게서 탈환한다.

그런데 조직이 커지면서 문제가 생기기 시작한다. 그들에겐 카르텔에 대한 분노가 있고, 이들을 처단할 힘도 있다. 하지만 스스로 모인 사람들이었기에 강력한 규율이 없다. 그들은 카르텔 조직원을 찾아내기 위해 무작위 검문을 하고, 집을 습격하고, 고문까지 자행한다. 무고한 주민들마저 피해를 입는 일이 생긴다. 당연히 주민들 사이에서 불만이 생기기 시작한다.

자경단이 위세를 떨치자, 카르텔 조직원들도 신분을 속이고 자경단으로 들어온다. 그들은 오토디펜사의 이름으로 잔혹하게 라이벌 카르텔을 숙청하고, 주민을 약탈한다. 그리고 카르텔 대신 마약을 판매한다. 낮에는 자경단원이, 밤에는 카르텔이 번갈아 습격하니 주민들은 점점 지쳐간다. 정부는 카르텔이나 자경단이나 모두 범죄자라고 외치니, 민심은 오토디펜사에 등을 돌린다.

정부는 해체를 거부하는 오토디펜사에게 지방군에 편입하라는 중재안을 내놓는다. 리더인 미렐레스는 "부패한 정부는 믿을 수 없다"며 이를 거부한다. 그러자 정부는 미렐레스를 제치고 자경단 단원에게 직접 지방군에 들어올 것을 회유한다. 아무 대가 없는 자경단 활동에 지친 단원들은 미렐레스를 저버리고 지방군으로 들어간다. 그중에는 미렐레스의 가장 가까운 친구들도 있었다.

다큐멘터리의 결말은 충격적이다. 여러분이 무엇을 상상하든 현실은 영화보다 더 가혹한 법. 결국 오토디펜사는 분열한다. 미렐레스는 조직은 고사하고 자신의 가족조차 제대로 지키지 못하고 불법 무기 소지죄로 교도소에 갇힌다. 자경단으로 위장한 카르텔은 지방군에 편입되어 완장질을 하며 뒤에선 마약을 판매한다.

이 다큐멘터리는 공권력이 제대로 작동하지 않는 곳에서 살아남으려는 주민과 자경단, 그리고 상황에 맞게 변하는 카르텔을 여과 없이 보여준다. 주인공 미렐레스는 모든 것이 망가진 후에 자경단을 시작한 자신의 선택을 후회하지만, 그가 어떤 선택을 했어도 결과는 참담했을 것이다. 희망은 영화에나 있지 현실에는 없다.

***

이 다큐멘터리에 관한 리뷰나 토론을 찾아보면, '자경단은 옳은가?'라는 주제가 꼭 포함된다. 평론가들은 어디선가 들어본 온갖 철학적, 정치적 논리를 끌어와 자경단의 옳고 그름에 대해 따진다. 좋은 글이지만 읽지는 않았다. 열심히 토론하는 이들에게는 미안한 말이지만, 이 영화를 보고 그런 질문을 하는 건, 영화를 제대로 보지 않은 것이다.

오토디펜사 단원들에게 자경단은 선택이 아니었다. 자경단이 좋지 못한 결과를 냈다고 하더라도 아무도 그들을 비난할 순 없다. 생사의 갈림길에 선 이들에게 '자경단은 과연 옳은가?'라니, 전혀 무의미한 도덕 논쟁이다. 그 땅에 살지 않는 사람이나 할 수 있는 관념 놀음이다.

작용과 반작용

박근혜 퇴진 촛불집회가 불붙기 시작한 2016년, 시위가 시작되고 1개월쯤 지났을 때, 인터넷에는 '이제는 무장 시위를 해야 한다'는 주장이 등장했다. 당시 국회에서는 탄핵에 대한 언급도 없었고, '대통령의 단계적 퇴진'이니 '조기 총선'이니 하면서 눈치만 보는 상황이었다. 그러자 시위대 일부에서 해외 사례를 들며, "우리 시위대는 너무 순하다. 우리도 폭력을 써야 한다"라는 주장이 나왔다.

이 의견은 이후 국회에서 탄핵이 가결되면서 잠잠해졌다. 6개월의 대장정 끝에 헌법재판소의 판결이 나오고 난 뒤 함께 축하주를 마시던 친구가 이런 소회를 밝혔다.

"그동안 평화적인 집회가 무슨 도움이 될까, 힘을 과시해야지 생각했는데, 지나고 보니까 평화 집회가 대단한 거구나, 꼭 폭력을 쓰지 않아도 되는구나, 하는 생각이 들었어."

나는 바로 비판적인 말이 떠올랐지만, 기쁜 날이기에 아무 말도 하지 않았다.

지난 역사를 돌이켜보면, 평화시위가 통한 경우도 있고, 폭력시위가 통한 경우도 있다(둘 다 안 통한 경우가 가장 많다). 처음 폭력시위를 해야 한다는 주장이 나왔을 때나, 나중에 평화시위가 대단하다는 친구의 이야기를 들었을 때나, 나는 같은 생각이 들었다. 평화 시위든 폭력 시위든 우리가 결정할 수 있는 게 아니라고.

촛불시위가 평화적으로 끝날 수 있었던 이유는 엄청나게 많은 시민이 거리로 쏟아져 나왔기 때문이다. 10만 명만 모여도 규모가 큰 시위인데, 당시에는 매주 100만이 넘는 사람들이 거리로 쏟아져 나왔다. 만약 여기서 경찰이 하던 대로 물대포를 쏘거나 시위대를 체포했다면, 사태는 걷잡을 수 없이 험악해졌을 것이다. 이미 시민의 다수가 정권에 등을 돌렸고 국회 분위기도 심상치 않은데, 공권력이 폭력을 행사한다? 경찰은 무력 진압을 안 한 것이 아니라 못한 것이다. 그러니 시위대 측에서도 폭력을 쓸 이유가 없었다.

나는 프로 시위꾼까진 못 되지만, 아마추어 시위꾼 정도는 된다(돈을 안 받고 참여한다는 점에서 확실히 아마추어다). 세월호 집회 당시에는 차벽과 물대포, 최루액이 자주 등장했다. 특히 1주기를 전후해서는 경찰의 탄압이 상당히 심했다. 나조차 경찰버스를 넘어간 적이 있을 정도다. 하지만 폭력시위를 할지 평화시위를 할지 미리 정하고 나간 적은 한 번도 없다. 경찰이 차벽으로 시위대를 고립시키고 물대포나 최루탄을 쏘면 저항을 하게 되는 것이다. 탄압도 하지 않았는데 폭력집회부터 시작하는 경우는 거의 없다('거의'라고 쓴 이유는 태극기 집회에서 일부 극단적인 행동이 나왔기 때문).

그나마 보는 눈이 많은 도심지에서 일어나는 시위는 진압도 강경하지 않은 편이다. 관심이 적은 지역에서 일어나는 시위에 대한 진압은 훨씬 과격하다. 몇 년 전, 현대차 하청 공장들의 노조 파괴 행위가 위세를 떨칠 때 관련 취재를 한 적이 있다. 보통 이런 곳의 시위는 패턴이 비슷하다. 먼저 노조가 협상을 요구한다. 사용자 측은 협상장에 나오지 않고, 협상은 그대로 결렬된다. 노조는 파업을 통보한다. 회사는 아무 반응을 보이지 않는다. 노조는 공장을 점거하고 파업에 돌입한다. 회사는 용역과 공권력을 투입해 진압하고는 공장을 폐쇄한다. 이 과정에서 온갖 진압 장비가 등장한다. 진압 장비는 과거보다 더 가볍고 튼튼하며 위협적이다. 노동자들은 버티려고 하지만, 압도적인 무력 앞에 대항할 방법이 없다.

시위를 진압하고 나면 사용자 측은 강제해고, 손해배상 청구, 어용노조 설립 등을 통해 신속하게 노동자의 목을 죄어온다. 이런 상황까지 몰리면 노조가 취할 수 있는 선택지는 많지 않다. 노조 지도부는 단식이나 고공농성 같은 투쟁을 한다. 가끔 울분을 참지 못하고 스스로 목숨을 끊기도 한다. 예전에는 이런 극단적 저항이 먹힐 때도 있었지만, 이제는 300일 이상 크레인 위에서 버텨도, 목숨을 끊어도 아무도 관심을 가져주지 않는다. 시민과 언론의 관심이 없으면 사용자 측은 대화조차 하지 않는다. 이런 상황에서 폭력에 대항한 폭력은 선택이 아니다.

철거민의 시위 진압은 더 심각하다. 철거민은 쫓겨나면 갈 곳이 없는 경우가 많기에 가장 격렬히 저항한다. 또한 이전에 시위를 경험하지 못한 사람들이 많다 보니 분노 게이지는 높은데 경험과 안전 수칙은 없다. 이런 이들을 상대로 용역과 공권력이 한 팀이 되어서 투입되니 철거민들은 공격적으로 행동하게 된다.

식민지 시절 독립운동이든, 흑인 인권운동이든, 여성운동이든, 노동운동이든 모든 투쟁이 처음부터 과격하지는 않다. 처음에는 합법적이고 비폭력적인 방식으로 자신의 의견을 주장한다. 하지만 이런 과정은 대부분 묵살 당한다. 그러면 과격한 투쟁 노선이 생길 수밖에 없다.

공권력에 맞선 폭력 투쟁이 효과적인지는 사안마다 토의해볼 수 있다. 합리적으로 생각해보면 폭력을 사용하지 않는 편이 좋은 경우가 더 많다. 현대 사회에서 시위대의 물리력이 공권력을 극복하기는 사실상 불가능하다. 한 되 주고 20말로 받는다. 여론전에서도 불리해진다. 시위대도 그 사실을 잘 알고 있다. 하지만 그것은 선택의 문제가 아니다. 심지어 그것이 선택처럼 보이는 경우에도 말이다.

안타깝게도 우리 사회 다수 대중은 공격적인 시위에 호의적이지 않고 시위 탄압을 당연하게 생각한다. 나도 시위대의 주장이 항상 옳다고 생각하진 않는다. 현실적으로 수용 불가능한 요구도 있고, 주장 자체가 이상할 때도 있다. 그렇다고 공권력의 진압이 정당화되는 것은 아니다.

세상 모든 일은 작용과 반작용이다. 투쟁도 마찬가지다. 그동안 억눌린 세월과 강도, 시위자들에게 가해지는 탄압 정도에 따라 시위대의 저항도 달라진다. 댐에 물이 많이 담겨 있을수록 터졌을 때 감당할 수 없는 법이다. 투쟁의 과정은 당신의 생각처럼 아름답진 않다. 비이성적이고 괴이하다. 만약 시위대의 행동이 이해되지 않는다면, 그들이 얼마나 오래 어떻게 차별당해 왔는지를 생각해보라.

괴물과 싸우면 괴물이 된다. 슬프게도 이 말은 사실이다. 고생한 약자가 행복하게 사는 일은 일어나지 않는다. 하지만 우리가 잊지 말아야 할 것은 첫 번째 괴물과 두 번째 괴물은 결코 같지 않다는 점이다. 만약 두 번째 괴물이 힘이 없다는 이유로 첫 번째 괴물보다 더 큰 공격을 받는다면, 사회가 그들에게 "네 뜻은 알겠지만, 이런 식은 아니지"라며 삿대질을 한다면, 나는 기꺼이 두 번째 괴물의 편에 설 것이다. 곪을 대로 곪은 상처는 더러울 수밖에 없다. 하지만 곪게 놔두는 것보단 터진 뒤의 혼란이 더 나은 선택이다.

과거의 법과 현재의 법

다시 〈카르텔 랜드〉로 돌아가자. 현실을 모른다고 비판하긴 했지만, 나 역시 관념 놀이 하는 사람으로서 이 영화의 떡밥을 남겨누고 넘어갈 순 없다. 자경단의 행동은 옳은가? 법이 부당할 때, 공권력이 미흡할 때, 법을 어겨도 되는가? 이 질문에 답하려면, 일단 법이 무엇인지부터 알아봐야 한다.

모세는 시나이산에서 40일간 있으면서 신의 음성을 들었다. 그는 하느님의 말씀을 석판에 옮겨 적고 산에서 내려와 이스라엘 사람들에게 외쳤다.

> 모세: 동지들, 기뻐하시오. 내가 하느님을 만나고 왔소. 여러분에게 알려드릴 좋은 소식과 나쁜 소식이 있소.
> 사람들: (대중의 함성) 와!!!
> 모세: 먼저 좋은 소식은 하느님이 직접 우리가 지킬 10가지 계율을 정해주셨다는 겁니다.
> 사람들: (대중의 함성) 와!!!
> 모세: 슬픈 소식은 10가지 계율 중 일곱 번째가 '간음하지 말라'라오.
> 사람들: 아…(한숨)

민주주의 체제가 도입되기 이전 법은 절대적인 것이었다. 신의 명령은 단순한 법이 아니라 우주의 규칙이었다. 십계명이 마음에 들지 않는다고 해도 계명을 어기거나 고칠 수는 없다. 종교적 율법에는 이유도 없고 변명도 없다. 물론 왜 율법이 생겼는지를 따지고 들어가 보면 자연적인 혹은 사회적인 원인이 있는 경우가 많지만, 일단 정해지고 나면 이유 불문하고 지켜야 한다. 예수가 등장해서 사랑을 이야기하기 전까지 이스라엘 사람들은 계율의 강박 속에 살았다 (물론 이후에도 딱히 나아지진 않았다). 종교 율법뿐 아니라 군주와 영주의 말 또한 절대적 규칙이었다.

반면 현대의 법은 고대의 법과 (적어도 형식적으로는) 다르다. 십계명에서 금지한 간통은 몇 년 전까지 한국에서도 불법이었다. 하지만 이 법에 대한 문제 제기가 있었고, 결국 2015년 폐지됐다. 여기서 중요한 점은 간통이 옳으냐 그르냐가 아니다. 간통이 잘못된 행동이라 하더라도, 공권력이 개인의 내밀한 영역까지 침해해선 안된다는 취지에서 간통법이 폐지된 것이다.

이처럼 민주주의 사회에서 법이란 필요에 따라 수정되기도 하고, 새롭게 만들기도 하며, 폐지되기도 한다. 즉, 법은 절대 선의 영역이라기보다는 구성원들 간 합의의 영역이다. 이 정도까지 동의가 된다면 다음으로 넘어가자.

그때그때 달라요

'법 앞에 만인이 평등하다' 라는 말을 믿는 사람은 아무도 없다. 법은 만인에 평등하지도 않고, 심지어 같은 사람이라도 그때그때 다르게 적용된다.

법을 설명할 때 사람들이 흔히 쓰는 표현은 '함께 살아가는 데 필요한 최소한의 도덕'이다. 법보다 넓은 의미의 광범위한 도덕이 있지만, 지키지 않으면 사회를 유지할 수 없는 최소한의 선으로 법이 존재한다는 것이다. 하지만 법은 결코 '최소한'을 유지하지 않는다. 법은 실제 집행되는 것보다 훨씬 넓은 범위를 포괄한다. 만약 국가가 법을 정해진 대로 모두에게 동등하게 적용한다면, 대다수 사람은 이제까지 일상적으로 해오던 일을 제대로 할 수 없게 될 것이다. 그만큼 법은 광범위하며 꼼꼼하다. 사실 법은 평소에는 적용되지 않음으로써 사회가 돌아가게 한다.

법이 광범위하고 언제나 적용되는 것은 아니라는 점은 권력자들에게 권력을 준다. 그들은 누군가에는 법을 적용하고 누군가에는 적용하지 않을 수 있다. 만약 법이 정해진 대로 적용된다면 권력자가 왜 필요하겠는가. 우주가 자연법칙으로 완벽히 설명된다면 신이 필요 없는 것과 마찬가지다.

가령 싱가포르에서는 2007년까지 이성 간의 구강성교와 항문성교가 불법이었다(동성 간에는 지금도 불법이다). 물론 이 법으로 처벌받는 사람은 거의 없었다. 누가 구강성교를 했는지 국가가 어찌 알겠나. 안다고 해도 굳이 이런 위반 사항을 일일이 처벌하진 않았다. 하지만 이런 법이 명목상으로라도 존재하면, 정치적 반대파나 반항적인 사람을 탄압하는 구실로 이 법을 사용할 수 있다. 자극적인 소재라 이슈화하기도 좋다.

한국에도 이런 법이 많다. 대표적으로 명예훼손. 이 법이 필요한 경우가 분명히 있긴 하지만, 적용 여부는 그때그때 다르다. 집시법(집회 및 시위에 관한 법률) 역시 필요에 따라 오락가락 적용된다. 여기서 '필요'란 대부분 정치적인 의미다.

"정부는 단호한 의지로 법질서를 확립할 것"이라는 멘트를 뉴스에서 여러 번 들어보았을 것이다. 정부는 이목이 집중되는 사건이 생기면 저런 논평을 내놓는다. 이상하지 않은가? 이런 멘트는 마치 국가가 평소에는 법을 제대로 집행하고 있지 않다가 이제야 집행하겠다는 말처럼 들린다.

"평화 시위는 인정하지만, 조금이라도 법에 저촉될 때는 단호히 대처할 것"이라는 표현도 어불성설이다. 대체 법에 저촉되지 않는 평화 시위란 무엇인가? 어떤 경우는 사람이 다치면, 어떤 경우는 기물을 파손하면, 어떤 경우는 신고된 지역을 벗어나면, 어떤 경우는 단지 소음이 일정 데시벨을 넘었다는 이유로 불법 시위가 된다.

정도의 차이만 있을 뿐, 모든 법이 그때그때 다르다. 국가는 촘촘히 깔아놓은 그물을 느슨하게 풀어놓고 있다가 목적이 생기면 갑자기 끌어 올린다.

법은 많은 경우 기득권층에게 유리하다. 그럼에도 법이 존재하는 한 기득권층도 그 법에 따라 언제든 처벌받을 수 있다. 부와 권력을 산처럼 쌓은 사람도 잘못 걸리면 법의 처벌을 받는다. 어쨌든 법의 원칙은 '만인 앞에 평등' 아닌가. 그러니 원리만 놓고 보면 법은 약자에 유리한 제도다. 만약 법이라는 제약이 없다면, 기득권층은 신과 같은 권력을 누릴 수 있다. 그런데 왜 기득권층은 자신들에게 불리함에도 법치를 인정하고 받아들일까?

이에 대해 이미 수많은 철학자, 사회학자, 법학자들이 논의를 해 왔다. 의견은 조금씩 다르지만, '법을 지키는 것이 지키지 않는 것보다 더 이익'이라는 것이 주류 학자들의 해석이다.

기득권층은 법이 없어도 자유를 얼마든지 누릴 수 있다. 심지어 법이 있는 것보다 없을 때 훨씬 더 큰 권력을 행사할 수 있다. 하지만 가진 게 많으면 잃을 것도 많다. 기득권층은 사회가 급변하는 시기에 분노에 찬 시민의 첫 번째 목표물이 될 가능성이 높다.

법이 존재하면 자신의 권리를 일정 부분 내려놓아야 하지만, 그 대가로 영구적인 안정을 획득할 수 있다. 법치 아래에서는 아무리 큰 사건이 일어나도 기득권층이 한 번에 모든 부와 권력을 잃지는 않는다. 벌금을 내거나 1~2년 감옥에 갈 순 있지만, 분노한 민중의 칼을 맞진 않는다. 분노한 민중에게 법적으로 차곡차곡 단계를 밟으라고 명령을 내릴 수 있다. 민중은 법이 강제한 시간을 버틸 수 없고 먼저 지쳐버린다(판결이 끝나기까지 걸리는 시간과 과정을 생각해보라). 기득권층에게 법은 일종의 보험이다. 평소에 조금씩 손해를 보지만 급변하는 시기에 안전장치가 된다.

반면 서민에게 법은 기초적인 생활을 보장해준다. 법과 공권력이 존재하기 때문에 사람들은 안심하고 삶을 영위할 수 있다.

법은 기득권을 일정 부분 통제함으로써 시민을 과도하게 착취하는 것을 방지한다. 만약 법이 없다면, 자신의 욕망을 제어하지 못한 기득권층이 시민을 죽음으로 몰아넣을 수 있다. 특히 지금처럼 일자리가 부족한 시기에 노동법이 없다면, 사용자 측은 노동자를 비인간적으로 착취하거나 제대로 임금을 주지 않을 것이다.

약자를 걱정해서 법을 만들었다는 뜻이 아니다. 일정 수준 이상의 착취가 일어나면 민중은 들고일어나 판을 엎어버린다. 그러면 기득권 입장에서는 모든 게 끝이다. 시민들의 생활을 보장하는 것은 국가에도 기득권층에게도 중요한 일이다. 시민의 생활이 실제로 보장이 되는지는 다소 의문스럽지만, 적어도 다수의 시민이 그렇다고 믿어야만 사회도 권력도 유지된다.

그럴듯한가? 나름 타당하다. 전통적인 설명에는 늘 설득력이 있다. 하지만 이런 해석이 현재에도 여전히 유효한지는 다소 의문이다.

법으로 싸우는 법

과거 국가에는 주인이 있었다. 심지어 민주주의가 성립된 뒤에도 마찬가지였다. 기득권층은 안정적으로 나라를 운영하고 나라를 발전시키려 했다. 그래야 자신들도 안정적으로 권력을 유지할 수 있기 때문이다. 그래서 그들은 부패할 대로 부패했으면서도 국가에 일정 부분 충성했다. 이것은 충성심의 문제가 아니라 소유의 문제다. 그들에게 나라는 '내 것'이었다. 그렇기에 역설적으로 과거 기득권은 나라를 운용하는 장기적 안목이 있었다. 그들은 장기적인 국가 발전을 위해 가끔 자신의 욕망을 스스로 제한하기도 했다. 어차피 모든 것이 내 것이라 확신했기 때문이다.

하지만 지금은 상황이 달라졌다. 민주주의가 발전된 나라일수록 현재 권력이 계속 권력을 잡을 수 있을지에 대한 확신이 없다. 권력 교체는 늘 벌어진다. 상황이 변했으니 전략도 변한다. 이제 그들은 해먹을 수 있을 때 왕창 해먹는다. 국가의 미래나 경제가 어찌 될지는 전혀 중요하지 않다. 지금 당장 내가 챙기는 액수가 중요하다. 챙긴 게 많아야 권력도 유지할 수 있다.

법을 지키는 데 있어서도 기득권층의 태도가 비슷하게 바뀌었다. 예전의 기득권층은 어느 정도 법치를 유지하는 것이 장기적으로 자신에게 도움이 된다고 믿었다. 하지만 이제 기득권층은 미래를 생각하지 않는다. 그들에게 장기적인 계획 같은 건 없다.

그런데 이상하다. 이런 논리라면 현재의 기득권층이 과거 독재정권 시절보다 위법 행위를 더 많이 해야 한다. 하지만 독재정권 시절만큼 막무가내로 범죄를 일으키진 않는다.

독재정권 시절 기득권층은 밥 먹듯이 법을 어기면서도 반대 세력에게는 법을 강력히 적용해 제압했다. 시민의식이 높지 않았으니 권력자로서 살아가기 쉬웠다. 하지만 민주주의가 발달한 사회에서는 그렇게 단순하지가 않다. 과거 기득권층은 소수였다. 소수의 기득권자들이 단합하여 원하는 대로 법을 만들었고, 그렇게 만든 법조차 지킬 필요가 없었다.

하지만 지금은 다양한 입장을 가진 다양한 기득권 세력이 생겼다. 일단 정치 자체도 양당 혹은 그 이상으로 나뉘었고, 경제적으로도 산업별로 기득권 집단이 있다. 언론계, 사법계도 일정 부분 기득권을 가지고 있다. 모두 저마다 자신들의 이익을 챙기려고 한다. 하지만 서로 입장이 다르기 때문에, 만약 한 세력이 이익을 위해 불법을 저지른다면, 다른 세력이 이를 보고만 있지 않는다. 이들은 자신의 이익을 위해 서로 견제하면서 다른 집단이 위법을 저지르지 못하도록 견제한다. 기득권층은 명분을 위해 시민을 자신의 지지 세력으로 만들려고 한다. 각 세력의 견제와 균형 속에서 힘이 없는 시민들도 권리를 키울 수 있었다.

각 세력은 법으로 싸운다. 그런데 그 법은 결코 평등하지 않다. 현대의 법에서 쟁점이 되는 것은 대부분 재산과 관련되어 있다. 옳고 그름이 아니라 서로의 이익이 충돌할 뿐이다. 옳고 그름이 명확하지 않으니 법은 힘이 센 쪽 손을 들어준다. 그러니 해결책은 하나뿐이다. 모든 구성원이 세력화해 법에 영향을 끼치는 집단이 되는 것이다. 무수히 많은 이익집단이 서로 간의 견제를 통해 부당한 법이 만들어지거나 부당한 법 집행이 이루어지지 않도록 할 수밖에 없다. 우리에게 필요한 것은 약자들을 강력한 집단으로 조직하는 것이다.

왜 노조 참여가 중요한가? 왜 시민단체에 참여하는 것이 중요한가? 우리 사회의 법은 정의가 아니라 힘으로 결정되기 때문이다. 그러니 밀리지 않으려면 세력화할 수밖에 없다. 우리는 힘에 좌우되지 않는 평등한 사회를 꿈꾸지만, 그것이 가능해지려면 힘을 키워야 한다. 힘이 충돌해야만 그나마 힘의 균형이 생겨날 수 있다.

피곤하다. 법은 정말 사람을 피곤하게 만든다.

법을 어기는 비범한 정신

1970년, 프랑스의 한 십 대 소녀가 강간으로 임신을 하게 된다. 임신중절(낙태) 수술을 해야 했지만 당시 프랑스에서는 불법이었다. 어찌할 줄 몰랐던 소녀는 어머니에게 사실을 털어놓았고, 어머니는 소녀가 수술을 받을 수 있도록 돕는다. 이 사실이 밝혀지면서 소녀와 어머니가 법정에 서게 되고 결국 징역형을 선고받는다.

이 판결에 분노한 정의로운 시민들이 거리로 쏟아져 나왔고, 모녀를 석방하고 낙태를 허용하라는 시위가 일어난다. 하지만 대다수 시민은 무관심했고, 경찰은 시위대를 강경 진압한다. 저항의 불꽃이 조금씩 꺼져 간다. 그때 특별한 사건이 벌어진다.

1971년 4월, 프랑스 여성 저명인사 343명이 모여 '나는 낙태했다'라고 밝히며 시위를 벌인다. 동시에 주간지 〈누벨 옵세르바퇴르〉에 343명의 실명이 실린 공개 성명서를 발표했다.

──────── 프랑스에서는 매년 백만 명의 여성이 낙태 수술을 받는다. 이 수술은 공식 의료진이 한다면 매우 간단한 수술이다. 그러나 현행법은 이 수술을 비밀리에 하도록 강요하고 있기 때문에 결국 여성은 대단히 위험한 조건에서 수술을 받을 수밖에 없다. 사람들은 오랫동안 이 수백만 여성들에 대해 알면서도 침묵하고 있다. 나 또한 침묵해왔다. 나는 이 자리를 빌어 낙태 경험이 있음을 선언한다. 우리는 피임 수단을 자유롭게 사용하듯이 낙태를 자유롭게 할 수 있는 권리를 요구한다.

선언문은『제2의 성』으로 유명한 시몬 드 보부아르가 썼고, 정치인, 언론인, 변호사, 교수, 문화예술인 등 분야를 막론한 인사들이 참여했다. 소설『연인』과 영화 〈히로시마 내 사랑〉의 시나리오를 집필한 마그리트 뒤라스,『슬픔이여, 안녕』의 작가 프랑수아즈 사강, 영화감독 아녜스 바르다도 명단에 이름을 올렸다. 유명 배우도 있었는데 〈쉘부르의 우산〉과 〈세브린느〉에 출연한 카트린 드뇌브, 〈쥘앤짐〉과 〈사형대의 엘리베이터〉에 출연한 잔 모로가 그 주인공. 당시 두 배우의 위상은 우리나라로 치면 김혜수, 전지현 정도라 생각하면 된다.

대단한 일이다. 이들의 의견에 동의하지 않는 이들도 이들의 결기에는 감탄할 수밖에 없다. 지금도 여성 연예인의 연애 뉴스가 들리면 상품 가치가 떨어지니 어쩌니 하는데, 당시에는 오죽했겠는가. 게다가 낙태란, 차별을 떠나 들추고 싶지 않은 상처일 것이다. 그런데 이들은 상처를 감내하면서 스스로를 '잡년'이라고 호명했다.

예상대로 비난은 거셌다. 한 극우 국회의원은 이들을 "343명의 창녀"라고 비꼬았으며, 범죄자를 빨리 체포할 것을 종용했다. 하지만 경찰은 이들을 체포할 시도조차 하지 못했다. 343명이나 되는 저명인사를 이런 사유로 체포하기는 곤란했을 것이다.

그날 이후 프랑스에서는 누구도 낙태로 처벌받지 않았다. 낙태 선언을 한 유명인들은 놔두고 일반인만 낙태로 처벌한다면 엄청난 비난이 쏟아질 테니까. 가혹했던 낙태법이 한순간에 사문화된 것이다.

1974년 보건부장관 시몬베이는 시위대가 주장한 낙태권을 전면 수용한 법안을 발표한다. 이 발표를 하는 와중에도 보수 정치인들의 야유가 쏟아졌지만 대세는 이미 기운 뒤였다. 1975년 1월, 프랑스는 길고 길었던 논쟁을 끝내고, 낙태를 허용하게 된다.

이 과정에서 쓸쓸한 에피소드가 있다. 〈누벨 옵세르바퇴르〉에 성명서가 발표된 다음날부터 신문사로 전화가 빗발쳤다. 가장 많은 내용은 무엇이었을까? 응원? 비난? 아니다. 낙태를 원하는 여성이나 그 가족들이 기사를 보고 혹시나 하는 마음으로 병원 정보를 얻기 위해 연락을 한 것이다. 딱한 사정을 모르는 체할 수 없었던 기자는 이들에게 런던의 한 병원을 소개해줬다. 그러던 어느 날 기자는 런던에서 한 통의 전화를 받게 된다.

"당신이 꾸준히 환자를 보내주고 있는 런던의 병원입니다. 통장 계좌번호를 알려주세요."

당황한 기자가 사례를 바라고 한 일이 아니라고 말을 하자 이어진 답변.

"이상하군요. 프랑스 의사들이 계속해서 우리 병원에 환자를 보내고 있고 우리는 정기적으로 사례를 하는데요!"

그렇다. 그동안 모두가 알고 있으면서도 침묵해왔고, 누구는 그 틈에서 돈을 벌었다.

루소의 '사회 계약론'을 들어보지 못한 사람은 없을 것이다. 루소가 이 개념을 처음 언급한 후 여러 사회학자가 인용했고, 교과서에 실릴 정도로 익숙한 개념이 됐다. 내용은 간단하다. 사회는 실체가 없고, 오로지 각 구성원의 계약으로 유지되는 허상에 불과하다는 것. 이 이론에 따르면, '각 구성원의 동의 없이는 사회 체제가 구성

되지 않으며, 구성원 사이에 체결된 합리적인 계약으로 사회를 바꾸면 다양한 사회 문제 해결이 가능하다.'

재밌지 않은가? 현실에서는 절대로 이와 같이 사회가 형성되지 않는데, 모든 사람이 이 이론을 당연하게 받아들인다. 각 개인이 협약을 맺고 사회를 구성했다고? 나와 내 주변 사람 누구도 그런 계약을 맺은 적이 없다. 혹시 계약하신 분 있으면 알려 달라.

우리는 사회에 그냥 던져진다. 태어나 봤더니 법이 존재하고, 법을 지켜야 한다고 배웠을 뿐이다. 사람들은 '일반의지' 개념을 끌어들여 이 어색한 상황을 합리화한다. 모두가 직접 계약을 할 수는 없으니, 선거로 국회의원을 뽑아 국회를 구성하고 국회에서 법을 만들어 통과시키면, 개별 시민도 그 법에 동의한 것으로 간주하겠다는 것이다. 여기에는 논리적 비약이 있다. 내가 지지한 후보가 당선이 안 될 수도 있고, 내가 지지한 후보라고 해도 개별 법에 대해서는 나와 의견이 다를 수 있다. 그런데도 모두가 동의한 것이고, 무조건 따라야 한다니, 그게 일반의지로 어물쩍 넘어갈 문제인가?

법은 국회가 만들고, 국회는 시민의 대표인 국회의원으로 구성된다. 법은 절대적인 것이 아니며 완벽한 선도 아니다. 시민은 법을 존중해야 하지만 짓눌릴 이유는 없다. '나는 낙태했다'고 선언한 343인처럼 우리도 잘못되었다고 생각하면 얼마든지 저항할 수 있어야 한다. 하지만 법에 저항해야 할 순간이 오면 쉽게 행동할 수 없다. 법을 지키는 것이 몸에 배어 있기 때문이다.

우리는 법이 절대적이지 않다는 사실을 늘 새기고 있을 필요가 있다. 평소에 남에게 피해가 가지 않는 한도 내에서 법을 어겨보기를 진지하게 권한다. '아무도 없는 차도 무단 횡단하기' 같은 것들 말이다.

음…… 그래도 이건 너무 위험한 제안이다. 공식적으로 법을 어기라는 말을 할 수는 없지. 그럼 법 대신 간단한 규칙을 위반해보자. 가령 한가한 오후 텅텅 빈 지하철에서 일부러 노약자석에 앉아보라. 어차피 자리는 널렸고, 당신이 그 자리에 앉았다고 해서 특별히 피해를 볼 노약자는 없다. 노약자가 오면 비켜주면 그만이다. 그럼에도 당신은 괜스레 찔려서 앉아 있는 내내 주변 눈치를 볼 것이다. 불편한 마음이 생기지 않을 때까지 시도하라. 본인이 정당한 행동이라고 판단한다면 기꺼이 행동할 수 있어야 한다.

가끔 법을 어겨봤을 때 그 법이 왜 필요한지를 깨닫기도 한다. 가령 무단횡단을 하는데 코너에서 갑자기 차가 나타나면, 평소에는 필요성을 느끼지 못했던 신호등과 횡단보도의 존재 이유를 깨달을 수 있다. 이후에 당신은 교통법을 존중하게 될 것이다. 법이니까 지키는 것이 아니라 왜 지켜야 하는지를 생각해보자는 말이다.

이제 처음 던진 질문에 답을 해보자. 자경단의 폭력 행사는 옳은가?

경우에 따라 다르다. 〈카르텔 랜드〉의 미초아칸 마을 주민들처럼 자신의 목숨을 지키는 데 필요한 행동이라면, 그 폭력은 충분히 이해될 수 있다. 식민지 시절의 테러 활동을 생각해보라. 당시 독립투사들의 활동은 법을 명백히 위반한 것이지만, 잘못된 행동이라 비난하는 사람은 별로 없다. 옳고 그름의 문제가 아니다. 여기에 객관적 기준은 없다. 어디까지는 폭력을 쓸 수 있고, 어디서부터 공권력을 신뢰할 수 있는지는 경우에 따라, 개인에 따라 다르다.

절대적 기준은 존재할 수 없다. 만약 내 선택이 다수를 설득해낼 수 있으면 나의 위법은 대중의 지지를 받고 세상을 바꿀 수 있다. 하지만 그렇지 않다 하더라도 그 일이 스스로 정당하다고 확신한다면, 어쩔 수 없지. 혼자서라도 나아갈 수밖에.

11 포기하지 않는 용기

소공녀(2017)
영어 제목: *Microhabitat*

장르 | 어떻게 살 것인가

주인공 '미소'는 30대 중반으로 가사도우미를 하며 하루 4만 5,000원을 번다. 그녀는 월세방(월 ₩250,000)에 살면서, 매일 한 잔의 위스키(₩12,000)를 마시며 담배 한 갑(₩2,500)을 피운다. 지병이 있어서 머리가 하얗게 세는데, 머리 색깔을 유지하기 위해서는 매일 약을 챙겨 먹어야 한다.

미소에게는 '한솔'이라는 남자친구가 있다. 웹툰 작가가 꿈이지만, 현재는 지방의 공장에서 일하고 있다. 미소와 한솔은 일주일에 한 번 소박한 데이트를 한다. 맛집을 갈 형편이 안 되기에 대부분 음식을 사서 방에서 먹거나 산책을 한다. 한솔은 자신의 무능력을 탓하지만, 미소는 함께 있는 것만으로 행복하다.

위스키와 담배 그리고 남자친구, 이 세 가지가 미소가 삶에서 부리는 사치다. 그녀는 한겨울에도 보일러를 켜지 않고 집 안에서 패딩을 껴입을 만큼 아끼고 아끼지만, 형편은 숨 쉴 틈 없이 빠듯하다.

어느 날, 편의점에서 담배를 구입하던 그녀는 충격적인 소식을 듣게 된다. 다음달부터 담배 가격이 2,000원 오른다는 것. 좌절해 집에 돌아온 미소에게 두 번째 비보가 기다리고 있다. 집주인이 월세를 5만 원 올리겠다고 통보한 것. 미소의 예상 가계부는 마이너스가 된다. 미소는 선택의 기로에 선다. 그녀는 살기 위해서 무언가를 포기해야만 한다.

　무엇을 포기해야 하지? 담배? 위스키? 남친? 여기서 그녀는 보통 사람들은 절대로 하지 않을 선택을 한다. 바로 집을 포기한 것이다 (이래야 영화가 되지!). 자신이 좋아하는 것을 지키기 위해 그녀는 별일 아니라는 듯 집을 포기한다.

　그렇다고 노숙자가 되겠다는 건 아니다. 대학 시절 함께 밴드를 했던 멤버들을 찾아갈 계획이다. 그녀는 월세방을 떠나면서 미세먼지 하나 없도록 걸레질을 한다. 그 정도로 미소는 남에게 폐를 끼치지 않는 성격이다. 하지만 멤버들 집에 가는 것은 결코 민폐라고 생각하지 않는다. 친구들이 자기 집에 놀러 올 때 늘 즐거웠기 때문이다. 미소는 오랜만에 만난 친구들이 자신을 반겨줄 것을 전혀 의심하지 않는다. 그녀는 달걀 한 판을 사 들고 가벼운 마음으로 친구들의 집으로 여행을 떠난다.

　첫 번째 멤버 '문영'은 회사원이 되어 있다. 대기업에 들어가 하루하루 착취당하는 중이다. 그녀는 쉬는 시간에 자기 팔에 스스로 수액을 놓으며 살아간다. 그녀는 미소의 방문을 반기지만, 잠을 재워달라는 부탁은 거절한다. 혼자 자는 게 편하기 때문이다. 미소는 개의치 않는다.

"괜찮아. 그냥 너 보고 싶어서 온 거야."

　두 번째 멤버 '현정'은 남편과 시부모를 모시고 오래된 공동주택에서 살고 있다. 그녀는 오랜 친구 미소의 방문에 행복해하지만, 남편과 시부모는 미소의 방문이 달갑지 않다. 현정의 집에서 하룻밤을 보내는 미소. 현정은 이제 키보드(피아노)를 치지 않는다. 혼자서 집안일을 다 하지만, 가족들은 그녀를 인정해주지 않는다. 다음날 집안일에 지쳐 잠든 현정을 보며, 미소는 청소를 하고 밑반찬을 해놓는다. 그녀는 쪽지를 남겨 놓고 현정의 집을 떠난다.

　세 번째 멤버 '대용'은 아파트에서 혼자 살고 있다. 결혼한 지 8개월밖에 되지 않았지만 아내와 사이가 틀어져 별거 중이다. 아마 곧 이혼할 것 같다. 집은 치우지 않아 쓰레기장이고, 실의에 빠져 밤마다 술을 마신다. 미소는 그의 집에 묵으면서 그에게 힘을 주기 위해 노력한다. 집을 청소하고 식사를 차려준다. 대용도 미소가 와준 것을 고맙게 여긴다.

　하지만 한솔(남자친구)은 미소가 남자와 단둘이서 지낸다는 것이 영 마음에 내키지 않는다. 관객의 입에선 "쪼잔한 새X"라는 욕이 바로 튀어나오지만, 한솔을 사랑하는 미소는 그의 마음을 편하게 해주기 위해 대용의 집을 떠난다. 집을 나오기 전, 미소는 마지막으로 대용과 이야기를 나눈다. 그녀는 대용에게 아파트를 정리하고 새 삶을 시작하라고 충고한다. 대용은 이렇게 답한다.

"못 벗어나. 집이 아니라 감옥이야. 이 집 한 달 이자가 얼만지 알아? 내 월급이 190인데 원금 조금 보태서 이자가 백만 원씩 나가. 아파트 사 달래서 겨우 대출받아 샀는데, 이렇게 20년을 내야 이게 내 집이 돼. 그런데 그때 되면 더 낡을 거 아냐."

네 번째 멤버 '덕문'은 결혼하지 않은 채 부모님과 함께 살고 있다. 가족들은 미소가 오기 전 상다리가 휠 정도로 저녁을 준비한다. 혹시 미소가 자기 아들과 결혼하지 않을까 하는 기대에서다. 그들은 연신 미소를 칭찬한다. 미소가 밖으로 담배를 피우러 나가려고 하자 집 안에서 피우라며, 재는 그냥 바닥에 털어도 괜찮다며 미소를 나가지 못하게 한다. 그날 밤, 덕문은 미소에게 결혼을 제안한다. 연인은 아니지만 자기는 부모 때문에 결혼해야 하고 너는 집이 필요하니 서로 좋지 않겠냐며 미소를 회유한다.

다음날 아침, 미소가 일어나 보니 집에 아무도 없다. 그런데 문이 잠겨 있다. 미소가 떠날까 봐 밖에서 문을 잠가둔 것이다. 공포감을 느낀 미소는 짐을 챙겨 창문 틈으로 도망친다.

다섯 번째 멤버 '재화'는 부유한 남편을 만나 청담동 며느리로 살고 있다. 그녀는 미소의 방문에 기뻐하며 빈방을 내어준다. 미소는 넓은 집에 안도한다. 이곳에서는 오래 머물 수 있을 것 같다.

월세 없이 살 수 있게 된 미소는 조금씩 돈을 모은다. 한솔과 처음으로 맛집도 간다. 미소는 지금의 삶이 더없이 행복하다. 한솔은 이대로는 살 수 없다며 웹툰을 포기하고 사우디아라비아로 일을 하러 떠날 것이라 밝힌다. "2년만 고생하면 함께 살 집을 구할 수 있을 것"이라 말하는 한솔에게 미소는 "나는 지금이 좋아. 위스키, 담배 그리고 네가 내 안식처야"라고 답한다. 하지만 한솔의 결심은 변하지 않는다. 미소는 한솔에게 "배신자"라고 비난하지만, 한솔은 "우리가 함께 있다는 상상을 하며 힘든 시간을 버티자"라고 답한다.

한편 재화는 자신의 집에 눌러앉은 미소가 마음에 들지 않는다. 얹혀사는 주제에 위스키를 마시고 담배를 피우는 꼴이 참을 수 없다. 미소가 남편 앞에서 자신의 대학 생활에 대해 솔직하게 말하는 것도 마음에 들지 않는다. 그녀는 미소에게 말한다.

"나는 네가 이해가 안 돼. 집세를 못 낼 정도면 나 같으면 술 담배를 먼저 끊겠다. 넌 염치가 없어. 이제 그만 나가줬으면 좋겠어." 그리고는 미소에게 보증금에 보태라며 백만 원을 준다. 미소는 재화가 건넨 돈을 거절하고 그대로 짐을 싸서 집을 떠난다.

미소는 집을 구하기 위해 부동산에 가지만, 그녀가 월세를 감당할 수 있는 집은 없다. 엎친 데 덮친 격으로 가사도우미 자리마저 잘린다. 한솔이 외국으로 떠나는 날, 미소를 걱정하는 한솔에게 그녀는 걱정하지 말라며 웃어 보인다.

혼자 남은 미소는 캐리어를 끌고 단골 바에 간다. 바텐더는 물가 상승으로 위스키 가격이 2,000원 올랐다고 말한다. 미소는 어깨를 으쓱할 뿐이다. 창밖으로 첫눈이 떨어지고 그녀는 천천히 위스키를 마신다.

몇 년 뒤, 덕문 아버지 장례식에 모인 밴드 멤버들. 모두가 여전히 현실에 쫓기며 살고 있다. 미소는 보이지 않는다. 덕문은 미소가 전화가 끊겨 연락이 되지 않는다고 말한다. 멤버들은 각자 자신을 방문했던 미소를 떠올린다. "미소는 지금도 그대로일까?"

영화의 엔딩. 머리가 하얘진 미소가 거리를 배회하고 있다. 그녀는 여전히 위스키를 마시고 담배를 피울 것이다.

* * *

사람을 굴복시키는 방법

사람을 굴복시키기는 방법은 간단하다. 한 가지 일만 할 수 있게 만든 다음 그 생산수단을 뺏는 것이다.

봉건주의 사회라면 땅을 가지면 된다. 땅에 주인이 있다는 게 얼마나 웃긴 생각인가. 그런데 힘을 가진 영주는 어제까지 공유하던 땅에 깃발을 꽂고 자신의 땅임을 선포한다. 수렵채집 사회였다면 사람들은 영주를 미친놈 취급하고 다른 곳으로 떠났을 것이다. 하지만 이미 정착했고 농사밖에 지을 줄 모른다. 이제 와서 수렵채집의 위험을 감수하고 싶진 않다. 그러니 그들은 영주의 소작농이 될 수밖에 없다. 그렇게 누구는 영주가 되고 누구는 농노가 된다.

산업시대에는 기계를 독점하면 된다. 산업혁명 이후 영국에서는 농사보다 양을 키우는 일이 이익이 커지자 농지가 차차 없어진다. 농사를 지을 수 없게 된 농민들이 도시로 몰려든다. 도시에는 공장이 생기고, 농민들은 임금 노동자가 된다. 박봉에 고되지만, 공장에서 일을 할 수밖에 없다. 기계는 자본가가 가지고 있으니 노동자는 자본가에게 순종한다.

나는 노조 활동에 호의적이지만, 노조가 세상을 바꿀 것이라고 기대하진 않는다. 그들은 이러나저러나 결국 회사 소속이기 때문이다. 그들이 평소에 아무리 노동자의 인권을 위해 싸운다 해도 회사에 위기가 오면, 노동자를 감축하는 구조조정까지도 스스로 받아들인다. 보수 언론에서는 마치 노조 때문에 회사가 망하는 것처럼 떠들지만, 노조 때문에 망하는 회사는 없다. 노동자는 이미 자신의 업무밖에 할 수 없게 길들었다. 노동자는 회사를 벗어날 수 없다. 그런 사람들이 회사를 망하게 한다고? 그러고 싶어도 그럴 수가 없다.

마르크스는 산업이 고도화되면 공산주의 혁명이 일어날 것이라고 했지만, 혁명이 성공한 곳은 모두 산업이 발전하지 않은 나라였다. 산업이 발전한 국가에서는 노동자가 아무리 힘이 있어도 혁명이 일어나지 않았다. 그것이 노조의 한계다. 지금보다 조금 더 나은 세상을 만들 순 있을지 몰라도, 다른 세상을 만들 순 없다.

그렇다고 공산주의가 해답이라는 뜻은 아니다. 공장주가 자본가인 곳에서 노동자는 자본의 노예이고, 공장주가 국가라면 노동자는 국가의 노예일 뿐이다. 현실 공산주의가 아무리 인민의 자유를 말해도 인민은 노예가 될 수밖에 없다.

지금은 이전 시대보다 훨씬 복잡하다. 누가 주인인지 노예인지 불명확하다. 불쌍한 자본가도 있고, 부유한 노동자도 있다. 하지만 이 복잡함 뒤에 숨어 있는 본질은 변하지 않았다. 생산수단을 독점한 자가 주인이 된다. 우리 시대의 생산수단은 뭘까? 땅? 기계?

바로 돈이다. 돈이 돈을 버는 시대다. 돈이 없으면 아무것도 할 수 없다. 자본은 우리를 패션, 자동차, 스마트폰, 노트북, 기호식품, 건강 보조제, 맛집, 에어컨, 생수 등등 수많은 소비재로 길들였다. 지금도 새로운 상품을 팔기 위해 보이지 않는 손은 열심히 작동 중이다. 자본이 선사한 풍요를 우리는 포기할 수 없고, 포기하고 싶지도 않다. 돈이 없으면 친구도 사귈 수 없고, 아이도 키울 수 없다. 돈이 없으면 '가오'도 없다. 그래서 우리는 일을 한다. 돈을 벌기 위해서 돈 가진 사람 앞에서 굽실대고, 하기 싫은 일도 기꺼이 한다.

우리는 돈의 액수만큼만 권리를 가진다. 주식을 가진 만큼 힘을 갖는다. 자본을 독점한 사람은 회사의 주인이고 세계의 주인이다.

그럼 이쯤에서 어느 30대의 자기소개서를 한번 읽어보자.

개인의 짐 싸기

──────── 혼자 살면 짐 쌀 일이 많다. 자기 집이 아닌 경우가 많으니, 늘 거주가 불안하다. 특히 나처럼 하는 일이 명확하지 않은 사람은 더욱 불안정하다. 혼자 이사할 때 불편한 점은, 이삿짐센터를 이용하기 애매하다는 점이다. 짐은 얼마 되지 않는데 가격은 부담스럽다. 그래서 나는 주로 택배를 이용한다.

전역 후에 나만의 공간을 처음 가졌을 때는, 공간에 대한 애착이 어마어마했다. 좋아하는 물건들을 고향집에서 모셔오고, 공간을 꾸미고 싶어 이것저것 많이 샀다. 당시에는 DVD와 책 모으기에도 심취해 있어서 짐이 상당히 많았다.

2년을 살다가 새로 잡은 직장 근처로 이사를 하게 되었을 때, 나는 엄청나게 많은 물건을 버려야 했다. 새로 이사 가는 집은 처음에 살던 집보다 훨씬 좁았고, 오래 있지 않으리라 생각했기에 내 짐은 처참하게 정리됐다. 책과 DVD는 주변 사람들에게 나눠주고 남은 것은 헌책방에 헐값에 넘겨야 했다. 가구는 버리는 데도 돈이 든다고 해서 혹시나 하는 마음에 '중고나라'에 올렸는데 생각보다 수요가 많았다. 모르는 사람들이 순식간에 들이닥쳐서 돈 몇만 원을 쥐어주고는 침대며 TV, 책상 모두 쓸어갔다. 잘 입지 않는 옷들은 헌옷 수거함으로 직행했고, 잡다한 소품은 지인에게 선물하거나 버렸다. 쓸모는 없지만 개인적인 추억이 있는 물건들은 고향집으로 돌아갔다. 그러고 나니 정말 필요한 것만 남게 되었고, 택배로 보낼 수 있는 수준이 되었다.

이직으로 인해 두 번째 짐을 쌀 때는 처음보다 훨씬 수월했다. 하지만 비슷한 과정이 반복되었고, 여전히 버릴 물건이 있다는 사실에 놀랐다. 세 번째부터는 이 과정이 거의 사라졌다. 정말로 내 삶에는 딱 필요한 물건만 남게 되었다. 배낭 하나와 박스 두 개. 배낭은 메고 박스는 택배로 보낸다.

몇 번의 짐 싸기는 어느새 내 생활도 바꿔 버렸다. 일단 불필요한 구매가 완전히 사라졌다. 사실 그 수준을 넘어섰다. 꼭 필요한 물건이라도 먼저 빌릴 수 없나 알아보게 되었다. 책과 음반, DVD를 사는 일은 완전히 사라졌다. 학교 도서관과 인터넷은 차고 넘치도록 읽을거리와 볼거리를 제공했다. 삶을 조금 이롭게는 하지만 꼭 필요하지는 않은 물건들(헤어드

라이어, 화장실 깔개 등)은 쓰지 않게 되었다. 뻔한 이야기지만, 없이 살다 보면 다 적응하게 된다. 주변 사람들에게 선물을 받아도 나에게 필요한 것인가를 먼저 따지게 되었고, 처음에는 마음에 걸리던 선물 재활용(선물을 받아서 포장째 다른 사람에게 주기)은 너무 자연스러워서 아무 일도 아닌 것이 되었다.

내 것에 대한 애착이 거의 사라져버리고, 노트북과 스마트폰과 옷 한두 벌 외에는 어떤 것도 중요하지 않게 되었다. 정확하게 말하면 이 물건들도 비싸기 때문에 중요한 것이지, 대체 불가능하기에 중요한 것은 아니다. 인간관계까지 간소해졌다. 사람을 만나도 굳이 친구가 되지 않는다. 만나서 즐겁지 않은 사람들과는 점점 형식적인 안부도 묻지 않게 되었다. 모든 것이 몇 번의 짐 싸기로 사실상 정리되어 버렸지만, 외롭거나 쓸쓸하다고 생각할 필요는 없다. 원한다면 언제든 택배로 주문하면 그만이다.

좋든 나쁘든, 나는 언제든 떠날 수 있는 사람이 되었다.

내가 서른 살 때 쓴 글이다. 글짓기 수업 때 가볍게 쓴 글인데, 이후 구직 활동할 때 자기소개서로 몇 번 사용했다. '언제든 떠날 수 있는 사람'이라고 쓴 글을 자소서라고 낸 걸 보면 나도 확실히 제정신은 아니다(이러니 취직이 안 됐지).

글짓기 수업에서 이 글을 발표했을 때, 수업을 같이 듣는 분들은 부럽다는 반응을 보였다. 자본주의 사회에서 물질에 크게 집착하지 않는 태도에 대한 부러움? 마치 이 글을 법정 스님의 『무소유』처럼 받아들인 모양이다. 그들의 반응이 나는 당혹스러웠는데, 왜냐면 나는 정반대의 이야기를 하고 싶었기 때문이다.

'미니멀 라이프'라는 함정

자본주의에서 삶은 단순하다. 돈을 벌고 소비를 한다. 100만 원을 벌면 100만 원을 소비하는 삶을, 1,000만 원을 벌면 1,000만 원을 소비하는 삶을 산다. 돈을 벌어서 차도 사고, 집도 사고, 부모님 용돈도 드리고, 옷도 사고, 맛난 것도 먹고, 스마트폰도 산다. 소비에 길들면 돈을 벌었으니 소비하는 것이 아니라 소비가 필수가 되어서 돈을 벌어야 한다. 그러니 직장의 노예가 될 수밖에 없다. 물론 노예 중에는 자발적인 노예도 있고, 행복한 노예도 있지만, 어쨌든 노예는 노예다.

일부는 소비문화에 염증을 느끼고 미니멀한 삶을 선택한다. 나도 그런 사람 중 한 명이었고, 그 덕에 최저임금에 가까운 임금을 받았지만 한 달 벌어 두 달은 살 수 있게 되었다. 물론 부양가족이 없어서 가능한 일이었다.

덕분에 나는 꽤 자유로운 사람이 되었다. 불만이 있으면 당당히 이야기할 수 있고, 일을 과하게 할 필요가 없는 사람. 자유시간도 많아졌다. 괜찮은 삶 같은가? 그래서 나는 진짜 내 삶의 의미를 찾게 되었을까?

결과는 정반대였다. 나는 취향이 사라진 무색무취의, 한없이 무기력한 존재가 되었다. 처음에는 사고 싶거나 하고 싶은 게 있으면,

'이 돈이면 한 달 차빈데…', '저 돈이면 일주일 치 식빈데…' 하면서 참았다. 이런 과정이 반복되다 보니 갖고 싶은데 참는 것이 아니라, 갖고 싶은 마음이 애초에 생기지 않았다. 나는 미니멀한 삶 그 자체가 되었다.

여기까진 그래도 괜찮다. 법정 스님의 『무소유』처럼 좋게 생각할 수 있다. 하지만 여기서 끝나지 않는다. 이런 사고는 인간관계로 확장된다. 사람들은 뭐 하러 만나나, 돈 쓰는데. 꿈, 희망? 뭐 하러? 다 소용없는 짓이야. 소비를 줄였을 뿐인데 결국 삶의 모든 부분이 줄어들어 버렸다. 남은 건 극단적인 무기력뿐. 삶을 비관한다는 뜻이 아니다. 그런 감정조차 사라져버린 것이다. 자본주의에 저항한 결과는 지극히 자본주의적 귀결이었다.

목적을 향해 합리적으로 사는 것만큼 너절한 인생은 없다. 수능을 앞둔 아이들이 뻘짓을 할 때, 부모는 어떤 말을 할까? "그게 수능에 무슨 도움이 돼? 돈이 나와? 쌀이 나와?" 익숙한 멘트 아닌가? 그렇게 하나씩 하나씩 취향이 사라진다. 언젠가 아이들이 그 허망함을 깨달았을 때 찾아올 무기력을 부모들은 어떻게 감당하려고 그런 말을 하는 걸까. 하지만 우리는 이런 고민을 하기도 전에 다음 목표를 향해 '합리적'으로 또 다른 것을 포기한다.

이제 와 생각해보면 미니멀한 삶은 내 의지로 선택한 것이 아니다. 그냥 돈이 없어서 소비를 줄였을 뿐이다. 자본주의 사회에서 가난한 사람이 선택할 수 있는 유일한 취향이 미니멀리즘이다.

그렇다면 어떻게 살아야 할까? 노예의 삶으로 돌아가야 하나? 그것도 딱히 좋아 보이진 않는다. 이럴 때 무난한 대답은 양극단 사이에서 중간값을 도출해서 적당히 살자고 하는 것이다. 그러나 이건 '아무 말'에 지나지 않는다. 애초에 적당히 일하고 행복하게 살 능력이 있었으면 이런 환경에 처하지도 않았다.

미소에겐 있고, 우리에겐 없는 것

영화의 주인공 미소와 앞에 소개한 자기소개서의 '나' 사이에는 많은 공통점이 있다. 일단 나이대가 비슷하다. 둘 다 대학을 중간에 그만뒀고, 특별한 목표 없이 하루하루를 살아간다. 교통비가 아까워서 1시간 이내 거리는 걸어 다니고, 대중교통을 이용하는 경우에는 환승 시간인 30분 안에 일을 처리할 수 있도록 일정을 짠다.

100년 만의 최고 한파를 기록했던 지난겨울, 나는 단 하루도 난방을 켜지 않았다. 영화 속 미소처럼 집에서 방한 양말과 내복과 패딩을 껴입고 있었다. 집에 놀러 온 친구는 궁상이라고 핀잔을 줬고, 나는 환경보호를 위한 결기라고 웃어넘겼다. 가난해서 환경이라도 보호할 수 있어 그나마 다행이다.

수많은 공통점에도 불구하고 영화 속 미소와 자기소개서의 나는 완전히 다른 사람처럼 느껴진다. 미소는 매력적이고 나는 그렇지 못하다(외모 이야기를 하는 게 아니다). 왜 이렇게 다를까? 두 사람 사이에는 결정적인 차이가 있다.

이 영화를 본 관객들은 미소가 집을 포기한다는 사실에 집중한다. 물론 그 점이 영화를 영화답게 만든다. 하지만 미소의 입장에서 보자면, 그녀는 집을 포기한 것이 아니라 위스키와 담배 그리고 남자친구를 포기하지 않은 것이다. 그녀는 중요한 것들을 포기하지 않기 위해 그보다 덜 중요한 집을 포기한다. 반면 자기소개서 속의 나는 소중한 무언가를 하나둘씩 포기하고 있다.

몇 년 전에 〈영수증〉이라는 방송이 큰 인기를 끌었다. 한 달 치 영수증을 분석해 소비가 현명한지를 따지는 방송이다. 현명한 소비에는 '그뤠잇'을, 어리석은 소비에는 '스튜핏'을 날린다. "돈은 안 쓰는 것이다"라는 캐치프레이즈를 내건 방송인 만큼 '그뤠잇'보다는 '스튜핏'이 많았다. 방송은 인기만큼 비난도 많이 받았다. "자본주의가 제대로 돌아가기 위해서는 소비가 필수인데, 시대 파악도 못 하고 과도하게 절약만을 강조한다"는 것이다. 맞는 말이다. 현대 자본주의에서 소비는 늘려야지 줄이는 게 아니다.

그런데 나는 그 점 때문에 〈영수증〉이 흥미로웠다. 이 방송은 자본주의의 이면을 잘 보여준다. 사람들은 자본주의 사회가 아니었으면 절대 사지 않았을 물건을 너무 쉽게 구매한다. 이 사실을 알긴 쉬워도 실천하긴 어려운데, 영수증을 복기하는 것만큼 효과적인 방법이 없다. 모든 사람이 불필요한 소비를 줄여서 자본주의를 멈출 수 있다면, 나는 그 방법도 좋다고 생각한다. 물론 방송에서는 아등바등 모은 돈으로 집을 사라는 결론을 내려서 나를 좌절시키긴 했지만 말이다.

아무튼, 만약 이 방송에 미소의 영수증이 소개되었다고 해보자. 좋은 평가를 받지 못했을 것이다. 반복적으로 나오는 술집 이름에 "스튜핏"을 외쳤겠지. 끝에는 처방이랍시고 "위스키는 병으로 사서 집에서 일주일에 한 잔씩, 담배는 끊자"라는 조언을 했을 것이다. 반면 나의 영수증을 보면 "그뤠잇"을 연발했을 것이다. "부업을 하나 더 구해서 가난을 빨리 벗어나라"라는 처방을 받긴 하겠지만.

십일조나 헌금을 강요하는 종교에 대해 우리는 부패했다며 비난한다. 종교가 영리를 추구하는 것은 종교 본연의 정신에 어긋난다고 말한다. 맞는 말이다. 그런데 한번 생각해보라. 대체 돈을 내지 않고 어떻게 당신의 믿음을 증명할 수 있나?

자본주의 사회에서 사람의 진심을 보여주는 확실한 방법은 돈이다(또 하나 '시간'이 있지만, 이것도 결국 돈이다). 내가 어디에 돈을 썼는지를 보면 내가 어떤 사람인지를 알 수 있다. 돈이 없는 사람이나 진심 같은 소리를 한다. 진심? 좋지. 그래서 진심을 어떻게 보여줄 건데?

영화 속 미소는 확고한 취향이 있다. 나도 물론 취향이 있다. 나는 책과 영화, 야구 보기를 좋아한다. 책은 대부분 도서관에서 빌린다. 가끔 선물용으로 책을 사긴 하지만, 내가 보려고 산 책은 지난 10년간 단 한 권도 없었다. 영화는 가끔 극장에서 보기도 하지만, 대부분 시사회에서 즐긴다. 집에서 볼 때는 넷플릭스 아이디를 빌리고, 야구는 인터넷으로 본다. 그렇다면 나는 영화, 책, 야구를 좋아하는 걸까? 과연 이 취미를 즐기는 비용이 더 비싸져도 나는 계속 즐길 수 있을까? 모르겠다. 아마 이삿짐을 줄였듯이 조금씩 줄여나갈 것이다. 난 '그뤠잇'한 사람이니까. 어쩌면 예전에는 나에게 취향이 더 있었는데, 지금은 가격이 싼 것만 남은 것일지도 모른다.

하지만 미소는 다르다. 그녀는 위스키를 마시고 담배를 피우고 가난한 남자친구를 만난다. 모두 돈이 든다. 수입이 줄고 취향을 즐기는 비용이 늘어도 셋 모두 포기하지 않는다.

이렇게 반문할 수도 있다. 미소와 나의 선택이 달랐던 건, 좋아하는 정도가 달랐기 때문 아니냐고. 그렇게 생각할 수도 있다. 나는 별로 좋아하지 않았기 때문에 포기했고, 미소는 진짜로 좋아하기 때문에 집을 버려서라도 포기하지 않은 것이라고. 하지만 반대로 생각할 수도 있다. 나는 포기했기 때문에 그것을 덜 좋아하게 된 것이고, 미소는 포기하지 않았기 때문에 그것을 더 좋아하게 된 것이라고.

영화 속 미소는 복잡한 사람이 아니다. 사회에 대해 그리 큰 고민을 하는 것 같지도 않다. 하지만 그녀는 좋아하는 것을 선택함으로써 자기 뜻을 분명히 밝힌다. 사랑은 결정적일 때 드러난다. 백날 사랑해도 결정적인 순간에 도망치면 사랑하지 않은 것이다. 나와 영화 속 다른 인물들은 도망쳤지만 미소는 도망치지 않았다. 그게 이 영화의 역설이다. 미소는 집을 포기하지만 삶을 포기하지 않았고, 어디론가 떠났으나 도망치지 않았다.

영화 속에서 주변 사람들은 미소를 쫓아내며(떠나며) 조언을 가장한 변명을 한다. 반면 미소는 확고한 삶의 태도를 가지고 있지만, 다른 사람에게 자기 생각을 강요하지 않는다. 단지 상대방이 자신과 다름을 슬퍼할 뿐이다. 그럼에도 그녀는 굴하지 않는다. 남들이 함께 가면 좋지만, 아니어도 괜찮다.

사랑이든 영화든 좋을수록 말이 필요 없다. 내가 이 책을 쓰는 이유는 아직 내가 고민이 많기 때문이다. 미소라면 결코 이런 책을 쓰지 않을 것이다.

세계적으로 신자유주의와 신패권주의의 광풍이 거세다. 이런 때에는 눈앞의 소중한 것이 휩쓸리지 않도록 지키는 것이 먼저다. 그것이 변화의 시작이다. 자본주의 사회에서는 돈이 없는 사람일수록 모든 것을 돈과 바꾼다. 우리에게 소중한 것은 거의 없다. 거의 없는 것을 늘려가는 것, 결코 양보할 수 없는 것을 지키는 것, 자신이 위로받을 수 있는 미소 서식지를 지켜내는 것, 이걸 사랑이라 해도 좋고 취향이라 해도 좋다.

영화 속에서 한솔은 사우디아라비아로 떠나면서 "함께할 더 나은 미래를 위해"라고 말한다. 미소는 답한다. "배신자", 그럼에도 그녀는 한솔을 보내준다. 한솔이 떠나기를 원하기 때문이다. 반면 그는 그녀의 부탁을 들어주지 않는다. 배신자. 지금 당장 함께하지 않는 것은 배신이다. 앞으로 나아질 것이라는 말은 아무것도 담보하지 않는다.

광풍을 뚫고 새로운 세상을 맞이했는데, 사랑하는 것이 하나도 남아 있지 않다면, 그 세상이 우리에게 무슨 의미가 있을까. 치열한 싸움 뒤에 공허함만 남는다면, 우리는 무엇을 위해 싸운 것인가. 유치하게도 나는 여전히 사랑만이 우리를 구원할 것이라 믿는다. 그 대상이 거대한 이상이 아니어도 좋다. 꿈이 아니어도 좋다. 사람이 아니어도 좋다. 너무 사소해서 다른 사람이 비웃는 것이라면 더 좋다.

남들이 비웃는 그 사소한 것을 위해 당신은 세상을 바꿀 것이다.

영화를 보다 보면, 아주 가끔 영화가 끝나지 않기를 바랄 때가 있다. 내게는 〈소공녀〉가 그런 영화였다. 이 영화의 엔딩은 암울하다. 미소의 경제 상황은 나빠지기만 하고, 모든 사람이 미소를 떠난다. 그럼에도 나는 이 영화의 엔딩이 전혀 슬프지 않았다. 뒤에 이어질 이야기가 결코 비극이 아니라는 것을 알기 때문이다. 미소는 결코 포기하지 않을 것이다. 그녀는 지금도 위스키를 마시고 담배를 피울 것이다.

오랜만에 와인을 사러 가야겠다. 나는 위스키를 좋아하진 않지만, 와인은 좋아한다.

- Baruch de Spinoza,
『Ethica』

키케로는 다음과 같이 말했다.
가장 고상한 사람들도 명예욕에 지배된다.
심지어 철학자들까지도 '명예를 격멸해야 한다'고 말한 책에
자신의 이름을 써 넣는다.

"Kill your Darlings!"

노벨문학상을 수상한 윌리엄 포크너가 글을 잘 쓰기 위해 제시한 한 가지 방법이다. 좋은 글을 쓰려면 "사랑하는 사람을 죽여라"……는 말은 아니고, 글을 쓸 때 감정을 최대한 배제하라는 뜻이다.

흔히 '작가 자신은 객관적으로 글을 쓴 것 같지만, 독자가 그 글을 읽고 스스로 어떤 감정을 느꼈다고 착각하게 해주는 글'을 좋은 글이라고 말한다. 신문기사든 소설이든 에세이든 마찬가지다. 반대로 '글쓴이가 무언가를 쉽게 결정지어버리는 글'은 오만하며 가르치려 한다는 느낌을 주기 때문에 독자에게 반발을 산다. 그래서 훌륭한 작가는 감정을 배제하고 결정을 유보한 채, 상황 묘사만으로 독자를 자신이 원하는 결론에 도달하게 만든다.

그런 의미에서 이 책은 '킬 유어 달링'과는 무관하다. 좋은 글이 아니다.

나는 가끔 우리가 좋은 글이라고 생각하는 글이 독자를 기만한다고 생각한다. 자신은 중립적인 척 굴면서 결국은 독자를 자신이 원하는 방향으로 끌어들여, 자신의 주장이 정답인 양 슬쩍 내어놓는다.

나는 누구를 기만하고 싶지는 않다. 그래서 글을 쓸 때 늘 생각과 감정을 최대한 드러내려고 노력한다. 이 책에 드러난 대로 나는 극단적이고 편협한 사람이다. 중립 같은 건 개나 주라지. 독자들은 내 주장을 쉽게 알아들을 것이고, 동의할 수 없다면 가볍게 무시할 수 있다. 좋은 글은 교묘해서 틀린 것 같아도 쉽게 반박할 수 없다(반대 의견을 가진 사람에게는 상당히 짜증 나는 일이다). 그런 면에서 나는 좋은 글쟁이가 되긴 글렀다.

감정에 휘둘리니 책의 흐름도 뒤죽박죽이다. 어떤 때는 뜨겁고, 어떤 때는 차갑다. 앞 장에서는 부모도 몰라볼 안하무인 코스모폴리탄처럼 굴다가, 바로 다음 장에서는 더없는 유생이 되기도 한다. 아마 내가 철학자였다면, 이런 부분을 공격받았을 것이다. 철학자에게 중요한 건 세계에 대한 일관적 해석인데, 그런 면에서 나는 철학자가 되기도 글렀다. 그나마 다행인 점은 나뿐 아니라 대부분이 철학자가 아니라는 사실이다. 철학자가 아닌 사람의 훌륭한 점은 그때그때 맞춰서 행동할 줄 안다는 것이다.

초고를 쓰고 수정을 할 때 챕터 사이의 간극을 줄여볼까 하다가 그냥 두기로 했다. 예전에 내게 글쓰기를 가르쳐준 선생님은 내 글이 1,2,3을 하다가 갑자기 7,8,9로 건너뛴다고 했다. 아마 그 지적은 타당할 것이다. 하지만 나는 독자들이 얼마든지 그 간극을 메울 수 있다고 믿는다.

아마 독자 중 상당수는 아나키즘이라는 콘셉트에 끌려 이 책을 집어 들지 않았을까 싶다. 이제 여러분이 책을 다 읽었으니 하는 말인데, 이 책이 아나키즘과 얼마나 관련이 있는지 잘 모르겠다. 아마 아나키스트들이 본다면 "우리가 이렇다고?" 하며 깜짝 놀랄 부분도 많다. 어떤 내용은 아나키즘과 별 관련이 없고, 어떤 내용은 현대 아나키즘 논의에 끼지도 못할 만큼 유치하고, 어떤 때는 혼자 안드로메다로 간다. 아나키스트라고 하기에는 '나'라는 캐릭터 자체가 안일하다는 생각도 든다. 현대 아나키즘은 훨씬 공격적이고 체계적이다. 나는 그들 뒤에서 같이 놀아달라고 떼쓰는 아이일지도 모른다. 하지만 그들은 나를 버리지 않을 것이다. 아나키스트는 개인주의자이지만 결코 혼자는 아니니까.

책을 다 쓰고 콘셉트를 바꿀까 고민을 잠시 했다. 하지만 사람들이 아나키즘에 갖는 편견과 거부감 때문에 그냥 밀어붙이기로 했다. 다른 이에게(특히 기득권자에게) 반감을 사는 걸 두려워해선 안 된다. 물론 두려울 때가 있는데, 두렵다는 티를 내선 안 된다.

극단적인 사람은 어느 시대에나 늘 욕을 먹는다. 어느 시대나 그 시대가 생각하는 합리적 중도만이 옳다고 가르치며, 대부분이 선을 넘지 않고 가운데서 살아간다. 그러니 우리까지 비좁게 가운데 설 필요는 없다. 어차피 세상의 중심은 합리적인 이들이 잘 잡아주겠지. 우리는 설 수 있는 한 가장 끝에 서자. 여차하면 선을 넘어 뛰쳐나갈 것처럼 행동하자. 그 태도가 '뺑'이어도 좋다. 당당한 '척'하기만 해도 세상은 생각보다 많이 바뀐다.

영화에서 주인공과 보조 캐릭터를 구분하는 법은 간단하다. 보조 캐릭터는 게임의 NPC와 같다. 정해진 역할만 수행한다. 반면 주인공은 다르다. 주인공은 선을 넘는다.

마지막은 내 책의 유구한 전통에 따라 심리학 실험으로 마무리할까 한다.

1961년, 27살의 예일대 심리학과 조교수 스탠리 밀그램Stanley Milgram은 '권위에 의한 복종'이라는 역사상 가장 많은 논쟁을 불러일으킨 심리학 실험을 설계한다. 밀그램은 지역신문에 '기억'에 관한 실험을 진행할 예정인데, 20세부터 50세까지 실험 참가자를 모집한다는 광고를 낸다. 1시간 정도 걸리는 실험이고, 실험 참가비로 4달러 50센트(현재 가치 약 $30)를 지급한다는 내용이었다. 사람들은 학문 발전에 이바지할 수 있고, 1시간에 3만 원을 벌 수 있으니, 즐거운 마음으로 실험에 지원했다.

실험에 참여한 사람들은 실험을 시작하기 전에 참가비를 받았다. 실험을 중도 포기하더라도 참가비는 돌려주지 않아도 된다. 이어서 실험에 대한 설명을 듣는다.

'징벌에 관한 학습 효과'를 측정하는 실험으로, 두 명이 함께 참여하며 한 사람은 선생, 한 사람은 학생 역을 맡는다. 역할은 제비뽑기로 정한다. 학생은 전기충격기가 설치된 의자에 앉은 뒤, 몸을 포박한다. 선생은 전기충격기 조종판 앞에 앉는다. 선생이 학생에게 일정 시간 동안 단어를 암기하도록 가르친다. 펭귄−권총, 깡패−마이크, 하늘−보리 같이 큰 연관이 없는 단어의 짝으로 이루어져 있다. 선생이 '펭귄'이라고 퀴즈를 내면, 학생이 '권총'이라고 답하는 식이다. 군대의 암구호라고 생각하면 된다. 학생이 답을 틀릴 때마다 선생은 전기 충격을 가한다. 처음에는 15V로 시작하고, 틀릴 때마다 15V씩 강도를 올린다. 최고 450V까지 올릴 수 있다.

이 설명은 속임수였다. 참가자는 제비뽑기에서 무조건 선생을 뽑게 되어 있었다. 학생은 참가자로 위장한 배우가 맡았다. 실제 전기 충격을 받진 않지만, 학생 역을 맡은 배우는 전기 충격을 받는 것처럼 연기했다. 120V쯤 올라가면, 배우는 비명을 지르며 제발 실험을 멈춰 달라고 사정하기 시작한다. 점점 연기의 강도를 올린다. 300V쯤 되면 배우는 날카로운 비명과 함께 발작을 일으키고, 375V가 넘어가면 정신을 잃고 마치 죽은 것처럼 행동했다. 전기충격기 조종판 300V 옆에는 '강한 충격'이라는 경고문이, 375V부터는 '위험: 극도의 충격'이라는 경고문이 붙어있다.

실험 과정은 연구진의 관찰 아래 진행됐다. 배우의 발작에 실험 참가자가 놀라면 연구진은 "그 정도 전기로 사람은 죽지 않는다", "고통은 있지만, 영구적인 손상을 주진 않는다", "연구에 관한 책임은 우리에게 있으니, 혹시 잘못되더라도 걱정할 필요 없다" 같은 메시지를 전달했다.

이 실험은 '기억'에 관한 실험이 아니라, '권위에 대한 복종' 실험이었다.

만약 당신이라면, 몇 볼트까지 전기 충격을 줄 것 같은가? 비명을 지른 115V? 혹은 경고문이 있는 300V 직전? 아마 대부분이 그 정도에서 멈출 것이라 생각할 것이다.

연구진도 실험 전에 비슷한 예측을 했다. 실험참가자의 3%만이 300V 이상 고통을 줄 것이며, 마지막 450V까지 올리는 참가자는 0.1%일 것이라 추측했다. 하지만 결과는 그들의 예상을 크게 빗나갔다.

대부분의 참가자는 상대방의 비명과 고통스러워하는 모습을 보며 힘들어했다. 하지만 65%의 실험참가자가 끝까지(450V까지) 실험을 진행했다. 0.1%가 아니라 65%. 나머지 참여자도 대부분 경고 문구가 있는 300V 이상 실험을 진행했다(300V나 450V나 치명적이기는 마찬가지다). 115V부터 상대방이 고통을 호소했지만, 300V 이전에 실험을 중단한 참가자는 12%에 불과했다. 이후 수차례 비슷한 실험이 진행됐으나 결과는 크게 달라지지 않았다.

이 실험의 의미는 무엇일까? 왜 사람들은 끝까지 실험을 진행했을까? 참가비 때문이었을까? 책임감이 너무 강해서 돈값을 해야 했기 때문일까?

밀그램은 실험 결과를 이렇게 정리했다. "대다수 사람은 어떤 명령이 일단 합법적인 권위에서 나온 것이라고 판단하면, 그것이 어떤 행동이든 양심의 가책 없이, 명령대로 행동한다." 극단적으로 말하자면, 인간은 권위에 복종하고, 명령을 받으면 아무렇지도 않게 악행을 저지른다는 것이다. 그렇기에 나치의 홀로코스트 같은 집단 범죄가 가능했다. 철학자 한나 아렌트가 말한 '악의 평범성'과도 일맥상통한다.

밀그램의 실험은 엄청난 반발을 불러일으켰다. 학자들은 이 실험은 사기극이며, 이런 실험으로 인간의 본성을 파악할 수 없다고 반발했다. 실험 자체가 가진 폭력성 때문에 이후 실험윤리가 정립되는 계기가 되기도 했다. 하지만 반발에도 불구하고 실험 결과는 대부분 받아들여졌다.

여기까지가 이 실험에 관해 흔히 알려진 사실이다. 『스키너의 심리상자 열기』에는 이 실험의 뒷이야기가 나온다. 작가 로렌 슬레이터는 이 실험이 참가자에게 어떤 영향을 끼쳤을지 궁금했고, 어렵게 한 참가자를 만나 인터뷰를 했다. 실험이 실시된 지 30년도 더 지나 이루어진 인터뷰다. (해당 책에는 글과 대화가 섞여 있지만, 편의상 대화로만 재구성.)

작가: 실험 당시 본인이 어떤 사람이었는지 간단히 소개 부탁합니다.

참가자: 저는 당시 23살이었습니다. 제가 동성애자라는 사실을 깨달은 지 얼마 안 됐을 때였죠. 당시 룸메이트가 제 첫 동성 애인이었는데, 물론 주변엔 비밀이었고요. 근데 실험에 참여하기 며칠 전에 실연을 당했어요. 그래서 우울증이 심한 상태였죠.

작가: 실험은 끝까지(450V까지) 마치셨나요?

참가자: 네, 끝까지 했습니다.

작가: 상황을 설명해주시겠어요?

참가자: 학생이 비명을 질렀지만, 연구진이 신체에 문제가 없을 거라고 해서, 별생각 없이 끝까지 버튼을 눌렀죠.

작가: 사실을 알고 나서 어떤 기분이었나요?

참가자: 실험이 끝난 뒤 설명을 듣고 나서 몸서리를 쳤어요. 정말 무서웠죠. 그들은 아무도 상처 입지 않았으니 걱정할 필요 없다고 내게 계속 이야기했어요. 하지만 너무 늦었죠. 아무리 해도 제 행동에 대한 생각을 지울 수 없었습니다. 돌이킬 수 없었죠. 만약 전기충격이 진짜였다면, 전 사람을 죽일 수도 있었어요. 지금도 그때 일을 떠올리면 손끝이 저립니다. 저린 게 물리적으로 느껴져요.

작가: 그렇군요. 충격이 크셨겠네요. 그럼 그 실험은 윤리적으로 문제가 있는 걸까요? 그 실험이 당신에게 해를 끼쳤다고 생각하나요?

참가자: 음… 아니요. 전혀 그렇지 않아요. 사실 그 반대예요. 그 실험으로

저는 제 인생을 재점검하게 되었습니다. 저의 순종적인 태도를 직면하고 싸우게 되었죠. 그간 숨겨왔던 동성애를 직시하기 시작했어요. 몰래 한다는 것은 순종의 또 다른 얼굴이니까요.

이후 커밍아웃을 했습니다. 강한 도덕적 중심을 찾는 일이 얼마나 중요한지 깨달았죠. 실험을 통해 저 자신의 도덕성이 얼마나 약한지를 깨닫고 놀랐습니다. 그래서 저는 윤리 운동을 시작했습니다. 제 말을 이해하시겠어요? 커밍아웃을 하기 위해서는 많은 힘이 필요했습니다. 힘을 길렀죠. 제가 권위에 병적으로 취약하다는 것을 알게 됐습니다. 저 자신을 엄격하게 감시했고, 누군가의 기대에 저항하는 법을 배웠습니다. 성 정체성을 숨기고 의대 진학을 꿈꾸던 평범한 학생이, 빈민가 아이들을 가르치는 게이 운동가로 변한 거죠.

실험이 제 인생을 바꿨어요. 권위에 휘둘리지 않게 해주었죠.

밀그램 실험 참가자 명단은 2075년까지 기밀로 부쳐졌기에, 그들이 이후 어떻게 살아가는지 알려지지 않았다. 하지만 몇몇은 스스로 참가자임을 밝히고 인터뷰를 했는데, 상당수가 외상 후 스트레스장애를 겪었다고 고백했으며, 실험이 자신의 인생을 바꾸는 계기가 되었다고 밝혔다. 좋든 나쁘든 밀그램 실험은 참가자들의 인생에 큰 흔적을 남겼다.

나는 전문가가 아니어서 밀그램 실험이 어떤 의미가 있는지, 윤리적으로 어떤 문제가 있는지를 평가할 능력은 없다. 하지만 이 인터뷰를 보는 순간 찌릿한 감동이 밀려왔다.

인간은 분명 권위에 순종하는 존재다. 이 실험처럼 극단적인 상황에 놓이진 않지만, 일상에서 늘 권위에 복종하며 사회가 강요한 선을 지키며 살아간다. 사회에서, 직장에서, 학교에서, 가정에서. 가끔은 굴복하는지도 모른 채 굴복한다. 김수영 시인이 〈풀〉에서 말하듯이 '바람보다 먼저 눕는 것'이 우리의 삶 아니겠는가. 가끔 비굴한 자신이 처량하지만, '인생이 다 그런 거지' 하며 받아들이지 않는가. 그런 의미에서 복종을 인간의 본성이라고 해도 좋다.

하지만,
어제 굴복했다고 해서, 오늘 굴복하는 것은 아니다.
오늘 굴복한다고 해서, 내일 굴복하는 것도 아니다.
내일 굴복한다고 해서, 평생 굴복하는 건 아니다.
자유로운 사람은 목소리를 내야 할 순간에는 바람보다 먼저 일어선다. 어른들이 입버릇처럼 말하듯이, 사람은 쉽게 바뀌지 않는다. 하지만 어느 날, 자신의 본모습을 직면하는 순간, 우리는 전혀 다른 사람이 될 수도 있다. 어쩌면 그게 당신의 본모습일지도 모른다.
세상에 당연한 건 없다.
당신의 인생에 당연한 건 없다.
선을 넘자. 주인공은 선을 넘는다.

작가 후기 & 감사의 글

이 책은 4년 전부터 쓴 글을 묶은 것이다. 격동의 시기(박근혜 대통령 탄핵 정국)에 쓴 글이 많다 보니 다소 감상적이거나 시대착오적인 부분도 많다. 유머 하나 없이 진지하게 써 내려간 과거의 글을 들추어 보자니 살짝 부끄러워진다. 그럼에도 뻔뻔하게 이 책을 세상 밖으로 내보내는 이유는 지금의 나는 가지고 있지 않은 어떤 찬란함이 들어있기 때문이다. 나는 그 찬란함이 부끄럽지 않으며, 지금 우리 사회에 필요한 부분이 있다고 믿는다.

4년이면 인생은 그대로인데, 사회는 몰라보게 변한다. 〈로그 원〉 편에서 그토록 찬양했던 광장은 그사이 혐오의 공간이 되어버렸다. 광장에 모인 사람들은 상대편을 깎아내리며 자신의 존재감을 확인한다. 그들이 이제라도 삶의 의미를 찾았다니 축하해줄 만한 일이지만, 광장과 촛불은 이제 철 지난 코미디가 되어버렸다. 하긴 그 어떤 도구도 영원할 순 없다. 모든 것에는 유통기한이 있게 마련이니까.

2011년 튀니지에서 시작된 민주화의 열망은 트위터를 포함한 각종 SNS를 타고 아랍세계 전역으로 퍼졌고, 아랍 전체가 시위로 들끓었다. 어떤 이들은 '중동의 봄'이라고 불렀고, 어떤 이들은 '트위터 혁명'이라 불렀다. 당시 사람들은 SNS가 인류를 구원할 것이라고 진지하게 믿었다. 하지만 곧 IS라는 괴물이 탄생했다. 그들은 트위터로 조직원을 모으고 페이스북으로 홍보했다. 시간이 지나 그들도 몰락했다. 이제는 트위터를 하는 미국 대통령이 있을 뿐이다.

우리는 분명 이전보다 더 좋은 세상을 살고 있는데, 여전히 희망은 생기지 않는다. 하지만 좌절할 필요는 없다. 우린 또 새로운 도구를 찾아낼 것이므로.

사우출판사 문채원 편집자와 이 책이 나오는 데 약간이라도 수고를 해준 모든 노동자에게 감사를 전한다. 그들이 없었다면 이 책은 독자를 만나지 못했을 것이다.

물론 모든 것은 책을 사서 읽어주는 독자들이 있기에 가능한 일이다. 세상에 변하지 않는 것이 있다면, 글쟁이는 독자가 있어야 먹고산다는 거다. 독자의 의견은 언제든 환영한다. todayohoo@gmail.com으로 메일을 마구마구 보내주시라. 물론 답장을 쓰고 안 쓰고는 순전히 내 마음이다.

2020년 2월의 어느 날